Hermann Geiss

Christiani – basics

Prüfungswissen

Industriemechaniker/-in

Aufgaben zur Abschlussprüfung Teil 1

1. Auflage 2023

Dr.-Ing. Paul Christiani GmbH & Co. KG

Hermann Geiss
Herausgeber: Dr.-Ing. Paul Christiani GmbH & Co. KG

Umschlaggestaltung: Dr.-Ing. Paul Christiani GmbH & Co. KG, Konstanz
Umschlagfoto: ©goodluz/123RF.COM

Best.-Nr. 101530
ISBN 978-3-95863-330-8

1. Auflage 2023

Alle Drucke derselben Auflage sind parallel verwendbar.

Zu diesem Buch

Diese Aufgabensammlung eignet sich besonders zur Vorbereitung der Facharbeiterprüfung Teil 1. Dies begründet sich vorrangig darin, dass die Aufgaben jeder Gruppe in prüfungsrelevanter Weise gemischt sind, was eine effektive Selbstkontrolle ermöglicht.

Jede Aufgabengruppe wird durch ein Projekt eingeleitet. Ähnlich wie in den Facharbeiterprüfungen beziehen sich Teile der Aufgaben auf dieses Projekt. In jedem Fall werden diese Projekte auch bei den Aufgabengruppen zur Vorbereitung auf die Abschlussprüfung Teil 2 vertiefend bearbeitet.

30 Single-Choice-Aufgaben schließen sich dem Projekt an. Die Lösung dieser Aufgaben wird auf den Auswertebogen übertragen.

Den Abschluss bilden 10 ungebundene Aufgaben (Teil 2), deren Lösungen schriftlich eingetragen werden müssen. Diese Aufgaben werden mit 0 bis 10 Punkten bewertet. Die erreichte Punktzahl wird eingetragen.

Die Auswertung erfolgt folgendermaßen:

- Die Anzahl der richtig gelösten Single-Choice-Aufgaben wird eingetragen. Zum Beispiel **25**.
- Die erreichte Gesamtpunktzahl der ungebundenen Aufgaben wird eingetragen. Zum Beispiel **90**.
- Der Divisor für die Single-Choice-Aufgaben ist **0,6**. Der Divisor für die ungebundenen Aufgaben ist **2,0**.

Bei diesen Divisoren ist der Anteil, den beide Aufgabengruppen am Gesamtergebnis haben, gleich groß (50 %).

Bei der Ermittlung des Gesamtergebisses wird gerundet. Damit ergeben sich in obigem Beispiel 87 %.

Single-Choice-Aufgaben, Teil 1

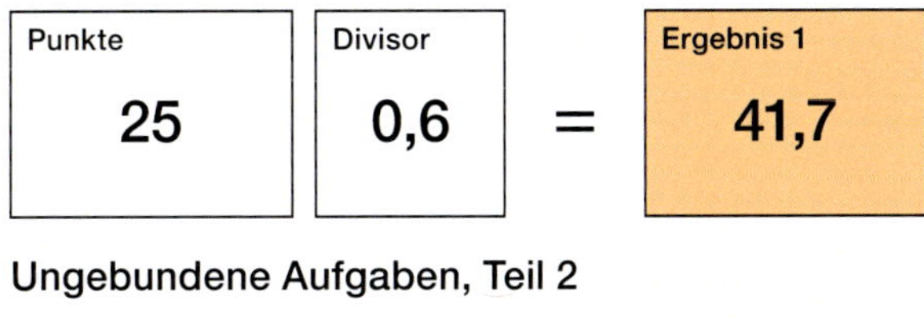

Ungebundene Aufgaben, Teil 2

Punkte	Divisor		Ergebnis 2
90	2	=	45,0

Gesamtergebnis (Ergebnis 1 + Ergebnis 2)

Gesamtergebnis
87

Bewertungsschlüssel

Punkte	Note
0 bis 29	ungenügend
30 bis 49	mangelhaft
50 bis 66	ausreichend
67 bis 80	befriedigend
81 bis 91	gut
92 bis 100	sehr gut

Dies bedeutet bei dem vorgegebenen Bewertungsschlüssel die Note „gut“.

Selbstverständlich unterliegt die Gewichtung der beiden Aufgabenteile dem Ausbilder. In diesem Fall muss er nur die Divisoren ändern. Der Bewertungsbogen ist auch dann in vollem Umfang nutzbar.

Bewertungsbögen finden sich im Anhang. Ebenso Lösungsschablonen für die schnelle Auswertung der Lösungsangaben. Selbstverständlich sind auch Lösungsvorschläge für die ungebundene Aufgaben angegeben.

Inhalt

Anleitung und Tipps zur Bearbeitung

Diese Aufgabensammlung soll Sie gezielt auf die Facharbeiterprüfung Teil 1 im Beruf Industriemechaniker/-in vorbereiten. Daher sind die Aufgaben so ausgeführt, wie Sie diese auch in der Prüfung wiederfinden.

Im Projekt 6 finden Sie ausschließlich Aufgaben, die sich auf die Automatisierungstechnik beziehen.

Bevor Sie mit dem Bearbeiten der Prüfungsaufgaben beginnen, hier noch ein paar Erklärungen und Tipps, die für die Bearbeitung der Übungsaufgaben und später für die Bearbeitung für die Prüfung hilfreich sein können.

Die Prüfungsaufgaben werden aus folgenden Themengebieten zusammengestellt:

Werkstoffkunde

- Technische Kommunikation
- Technische Mathematik
- Werkstofftechnik
- Mess- und Prüftechnik
- Manuelle Fertigungsverfahren
- Maschinelle Fertigungsverfahren
- Verbindungstechnik
- Automatisierungstechnik
- Arbeitssicherheit

Diese Prüfungsfragen sind in den Aufgabensatz A und den Aufgabensatz B unterteilt.

Beide Aufgabensätze (Aufgabensatz A und Aufgabensatz B) werden bei der Bewertung der Prüfung mit jeweils 50 Punkten bewertet. Sie werden also gleich gewichtet.

Aufgabensatz A

Der Aufgabensatz A besteht in der Prüfung aus 23 programmierten Aufgaben. Von diesen 23 Aufgaben müssen drei Aufgaben weggestrichen werden. Sollte jemand dies vergessen, werden die letzten drei Aufgaben, die gestrichen werden dürfen, nicht gewertet.

Sind Aufgaben schwarz gekennzeichnet (siehe unser Beispiel), dürfen diese Aufgaben nicht gestrichen werden. Sie müssen also beantwortet werden. Bei diesen Aufgaben handelt es sich um mathematische Aufgaben und Aufgaben aus der technischen Kommunikation.

Hier ein Beispiel: **04**

Für die Beantwortung der Aufgaben vom Aufgabensatz A steht Ihnen ein Bewertungsbogen zur Verfügung. Kreuzen Sie also nicht die Fragen im Aufgabenblatt an. Benutzen Sie auch hierfür einen Kugelschreiber. Ein Bleistift würde sich nicht genügend durchdrücken.

Sollten Sie ein Kreuz an die falsche Stelle gesetzt haben, machen Sie dieses unkenntlich (Bild 0.1) und setzen das Kreuz an die richtige Stelle.

Sollten Sie sich dennoch für das unkenntlich gemachte Kreuz entschieden haben, so setzen Sie Ihr Kreuz rechts neben das unkenntlich gemachte Kreuz.

Bild 0.1

Die Aufgaben, die Sie streichen wollen, sollten Sie wie in Bild 0.1 dargestellt wegstreichen. Wird das Kästchen mit der Bezeichnung A angekreuzt, so gilt diese Frage als gestrichen. Das funktioniert auch, wenn bereits ein Kreuz gesetzt wurde. Sollten Sie dennoch eine gestrichene Aufgabe lösen wollen, so füllen Sie das mit A angekreuzte Kästchen komplett aus und kreuzen Sie die Aufgabe an, die Sie lösen wollen.

Aufgabensatz B

Der Aufgabensatz B besteht aus 8 ungebundenen Aufgaben. Bei diesem Teil der Prüfung müssen alle Aufgaben in kurzen Sätzen beantwortet werden. Es dürfen also keine Aufgaben weggestrichen werden. Bei mathematischen Aufgaben muss der vollständige Rechengang mit Formel, Ansatz, Ergebnis und Einheit aufgeführt werden. Die Antworten werden in das Aufgabenheft geschrieben.

Dieses Heft wird vom Prüfungsausschuss bewertet. Hierbei kann der Prüfungsausschuss je Aufgabe zwischen 0 und 10 Punkte vergeben.

Beim Aufgabensatz B haben Sie die Möglichkeit, die Ausgabe des Tabellenbuches anzugeben (Bild 0.2). Wird dieses Feld ausgefüllt, kann bei Rückfragen festgestellt werden, von welcher Quelle Ihre Daten stammen.

Bei der Bearbeitung der Aufgaben wurden folgende Tabellenbücher verwendet:
Christiani Tabellenbuch 7. Auflage

Bild 0.2

Für die gesamte Prüfung, also Aufgabensatz A und Aufgabensatz B, steht Ihnen eine Bearbeitungszeit von 90 Minuten zur Verfügung.

Erlaubte Hilfsmittel sind:

- Taschenrechner
- Tabellenbuch
- Zeichenwerkzeuge

Zur Beantwortung der Fragen steht Ihnen ein kompletter Zeichnungssatz mit Stückliste sowie Pneumatik- und Elektroschaltplan zur Verfügung.

Die Aufgabensammlung in diesem Buch

In diesem Buch stehen Ihnen bei jedem Projekt im Aufgabensatz A 30 Aufgaben und im Aufgabensatz B 10 Aufgaben zur Verfügung. Somit steht Ihnen eine breit gefächerte Aufgabensammlung für Ihre Prüfungsvorbereitung zur Verfügung. Der Punkteschlüssel, den Sie bei den einzelnen Projekten verwenden, wurde der Anzahl der Fragen angepasst und ist somit aussagekräftig. Die Referenzbezeichnungen der pneumatischen Elemente wurden nach der aktuellen Norm DIN EN IEC 81346-2 erstellt. Hier werden die pneumatischen, hydraulischen und elektrischen Bauteile einer Steuerung nicht wie gewohnt mit zwei Kennbuchstaben und der laufenden Nummer gekennzeichnet (-MM1). Zu der bereits bekannten Kennzeichnung wird nun noch ein Buchstabe hinzugefügt, dadurch soll das verbaute Bauteil noch genauer definiert werden (-MMB1).

Hintergrundwissen

Im Anhang zur Prüfung finden Sie jeweils noch Erläuterungen, die Ihnen Hintergrundinformationen zu den einzelnen Fragen liefern können. Es ist nicht zielführend, wenn Sie laut der Lösung zwar wissen, dass z. B. im 1. Projekt bei der Frage A-8 die Antwort 3 richtig ist, aber Sie nicht wissen, warum diese Antwort richtig ist. Mit dem Hintergrundwissen sind Sie auch in der Lage, allein zu lernen.

Diesen Punkt „Hintergrundwissen" finden Sie natürlich in der wirklichen Prüfung nicht.

Der Notenschlüssel

Noten-schlüssel
clef

Der von uns verwendete Punkte- und Notenschlüssel (Bild 0.3) entspricht dem Schlüssel, der bei den IHKs verwendet wird.

1	**sehr gut (100–92)**	Punkte Note	100 - 99 **1,0**	98-97 **1,1**	96 **1,2**	95 **1,3**	94 **1,4**	93–92 **1,5**				
2	**gut (91–81)**	Punkte Note	91 **1,6**	90 **1,7**	89 **1,8**	88 **1,9**	87 **2,0**	86 **2,1**	85 **2,2**	84 **2,3**	83 **2,4**	82–81 **2,5**
3	**befriedingend (80–87)**	Punkte Note	80 **2,6**	79 **2,7**	78 **2,8**	77 **2,9**	76 **3,0**	75–74 **3,1**	73–72 **3,2**	71–70 **3,3**	69–68 **3,4**	67 **3,5**
4	**ausreichend (66–50)**	Punkte Note	66 **3,6**	65 **3,7**	64 **3,8**	63–62 **3,9**	61–60 **4,0**	59–58 **4,1**	57–56 **4,2**	55–54 **4,3**	53–52 **4,4**	51–50 **4,5**

nicht bestanden

5	**mangelhaft (49–30)**	Punkte Note	49–47 **4,6**	46–45 **4,7**	44–43 **4,8**	42–41 **4,9**	40 **5,0**	39 **5,1**	38–37 **5,2**	36–35 **5,3**	34–33 **5,4**	32–30 **5,5**
6	**ungenügend (29–0)**	Punkte Note	29–25 **5,6**	24–20 **5,7**	19–15 **5,8**	14–10 **5,9**	9–0 **6,0**					

Bild 0.3

Aufbau der Prüfung Teil 1 und Teil 2

(Bild 0.4) Die nachfolgende Grafik zeigt den Aufbau der Facharbeiterprüfung Teil 1 und Teil 2. Hier ist auch die Gewichtung der Prüfungsteile 1 und 2 aufgezeichnet.

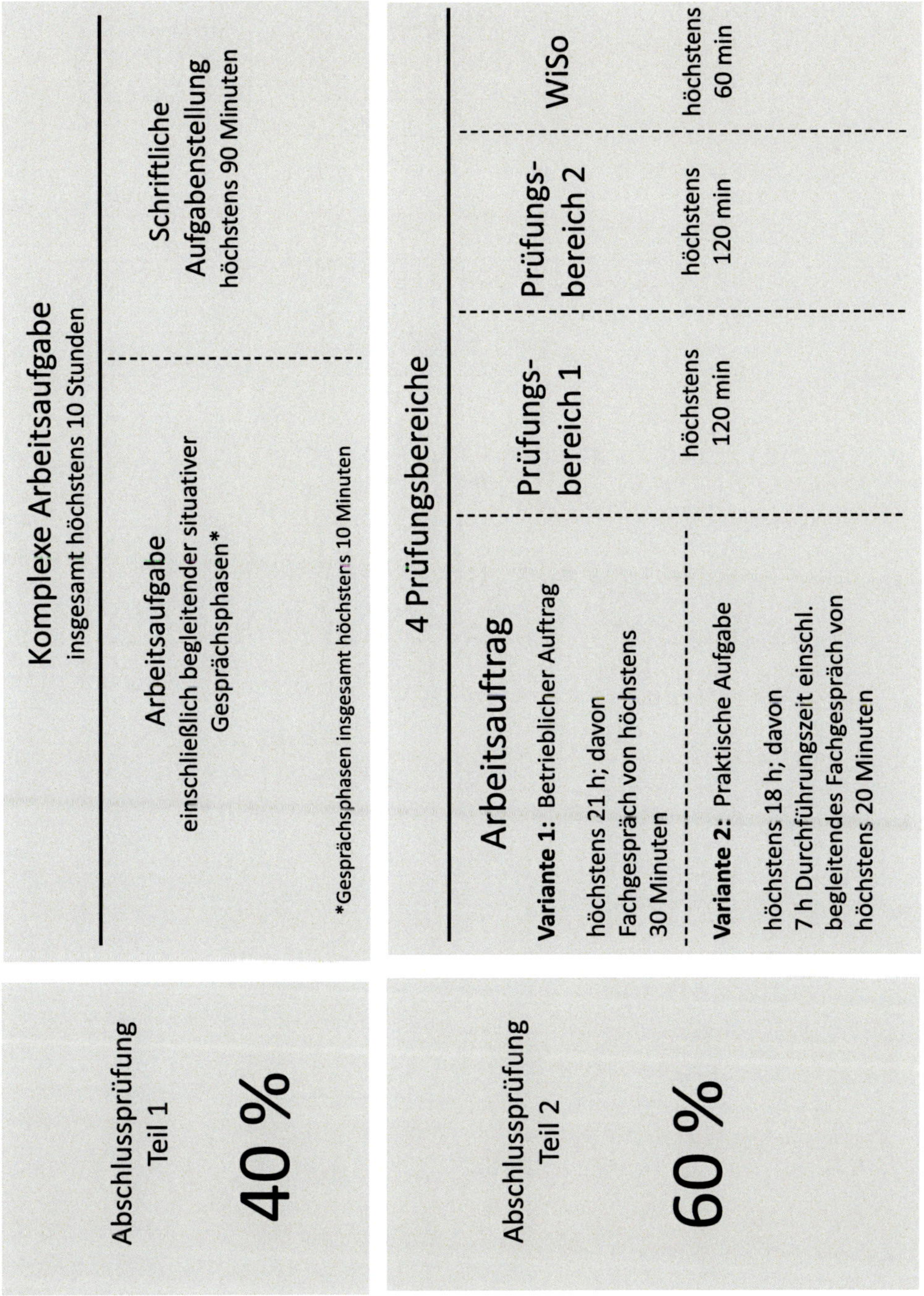

Abschlussprüfung Teil 1	Komplexe Arbeitsaufgabe insgesamt höchstens 10 Stunden	
40 %	Arbeitsaufgabe einschließlich begleitender situativer Gesprächsphasen*	Schriftliche Aufgabenstellung höchstens 90 Minuten

*Gesprächsphasen insgesamt höchstens 10 Minuten

Abschlussprüfung Teil 2	4 Prüfungsbereiche			
60 %	Arbeitsauftrag	Prüfungsbereich 1	Prüfungsbereich 2	WiSo
	Variante 1: Betrieblicher Auftrag höchstens 21 h; davon Fachgespräch von höchstens 30 Minuten **Variante 2:** Praktische Aufgabe höchstens 18 h; davon 7 h Durchführungszeit einschl. begleitendes Fachgespräch von höchstens 20 Minuten	höchstens 120 min	höchstens 120 min	höchstens 60 min

Bild 0.4

Facharbeiterprüfung proficiency examination

Info zur technischen Kommunikation

Wie auch im richtigen Leben gibt es meistens nicht nur einen Weg, der zum Ziel führt. Daher sind auch in der technischen Kommunikation mehrere Darstellungsmöglichkeiten bei der Bemaßung möglich. Bei der Bemaßung von Gewinden, Bohrungen und auch Senkungen hat man die Möglichkeit, zwischen der herkömmlichen Bemaßung und einer vereinfachten Darstellung zu wählen. Im Bild 0.5 sehen Sie drei Beispiele, wie sich die Bemaßungssysteme voneinander unterscheiden. Die vereinfachte Darstellung ist nach DIN ISO 15766 genormt und muss daher bei der Korrektur der Zeichnung vom Prüfungsausschuss berücksichtigt werden, es sei denn, es ist ein spezielles Bemaßungssystem gefordert.

Die in der rechten Grafik dargestellten Bemaßungsbeispiele sind nur ein Ausschnitt der vereinfachten Bemaßungsregeln. Die gesamte Palette der Möglichkeiten finden Sie in den Tabellenbüchern.

Zeichnungsvereinfachung

Es darf aber nicht vergessen werden, dass verdeckte Körperkanten nicht bemaßt werden dürfen!

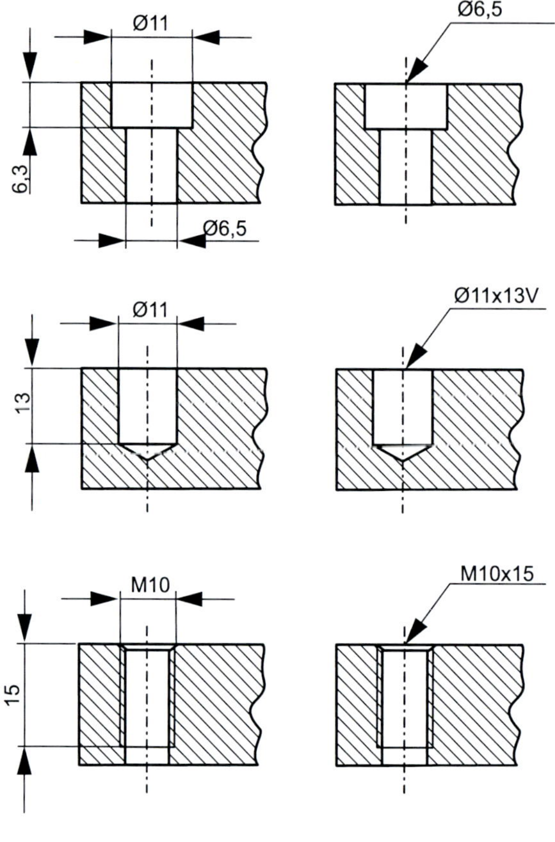

Bild 0.5

Projekte – Projekt 1

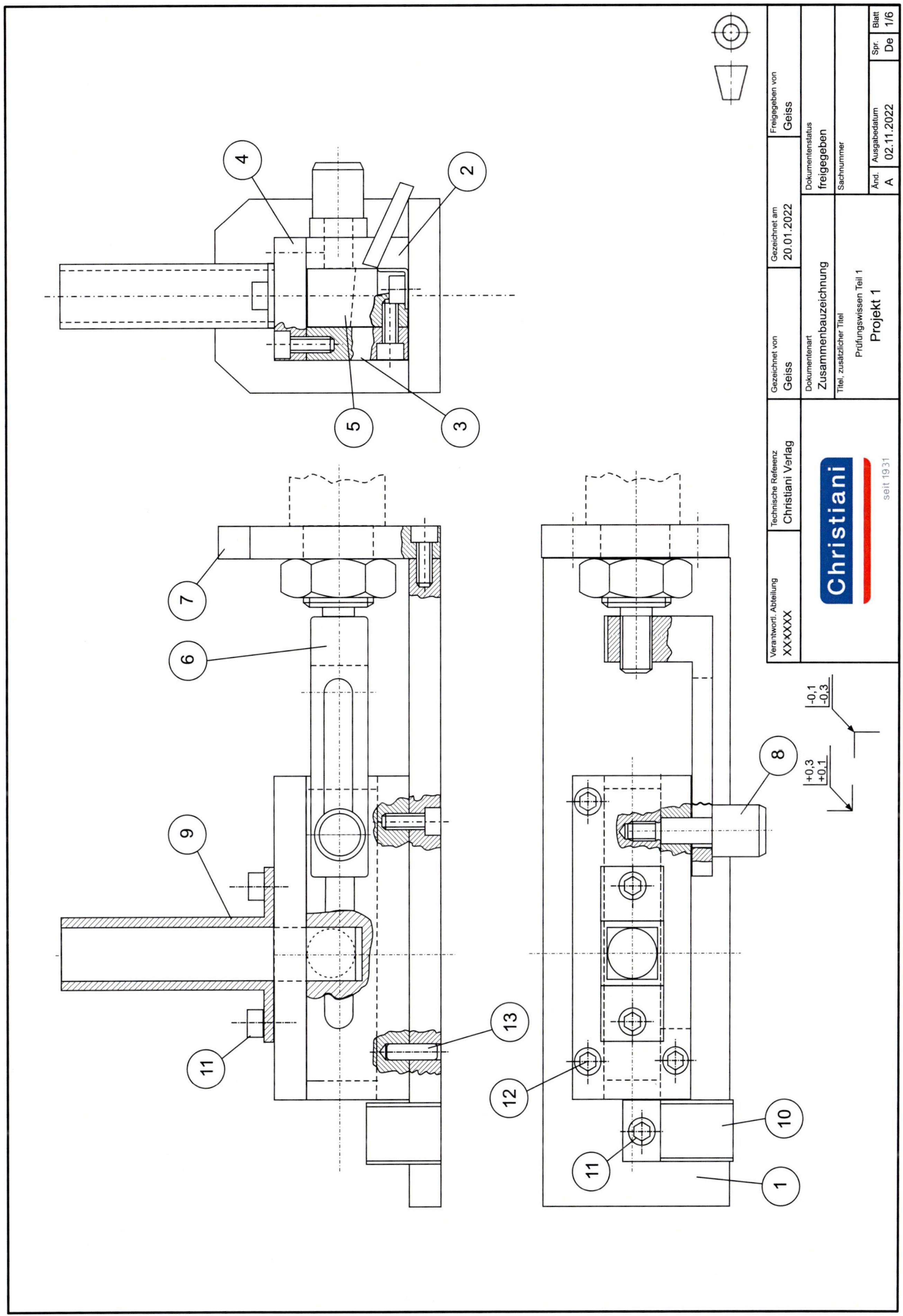

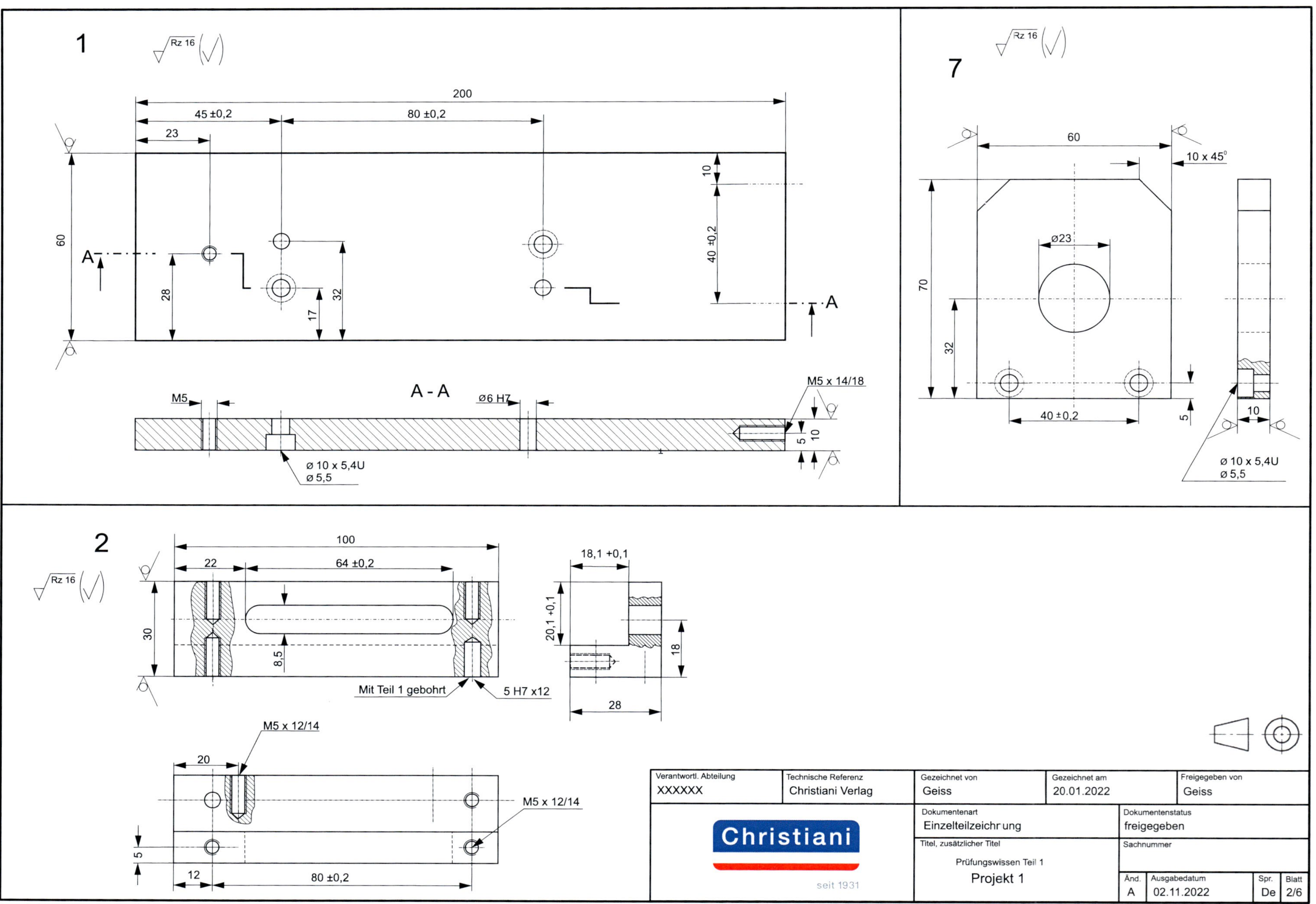
1
Rz 16
200
45 ±0,2
80 ±0,2
23
60
A
28
17
32
10
40 ±0,2
A - A
M5
ø6 H7
M5 x 14/18
ø 10 x 5,4U
ø 5,5
5
10
7
Rz 16
60
10 x 45°
ø23
70
32
40 ±0,2
5
10
ø 10 x 5,4U
ø 5,5
2
Rz 16
100
22
64 ±0,2
30
8,5
Mit Teil 1 gebohrt
5 H7 x12
18,1 +0,1
20,1 +0,1
18
28
M5 x 12/14
20
M5 x 12/14
5
12
80 ±0,2
Verantwortl. Abteilung
XXXXXX
Technische Referenz
Christiani Verlag
Gezeichnet von
Geiss
Gezeichnet am
20.01.2022
Freigegeben von
Geiss
Christiani
seit 1931
Dokumentenart
Einzelteilzeichnung
Dokumentenstatus
freigegeben
Titel, zusätzlicher Titel
Prüfungswissen Teil 1
Projekt 1
Sachnummer
Änd.
A
Ausgabedatum
02.11.2022
Spr.
De
Blatt
2/6

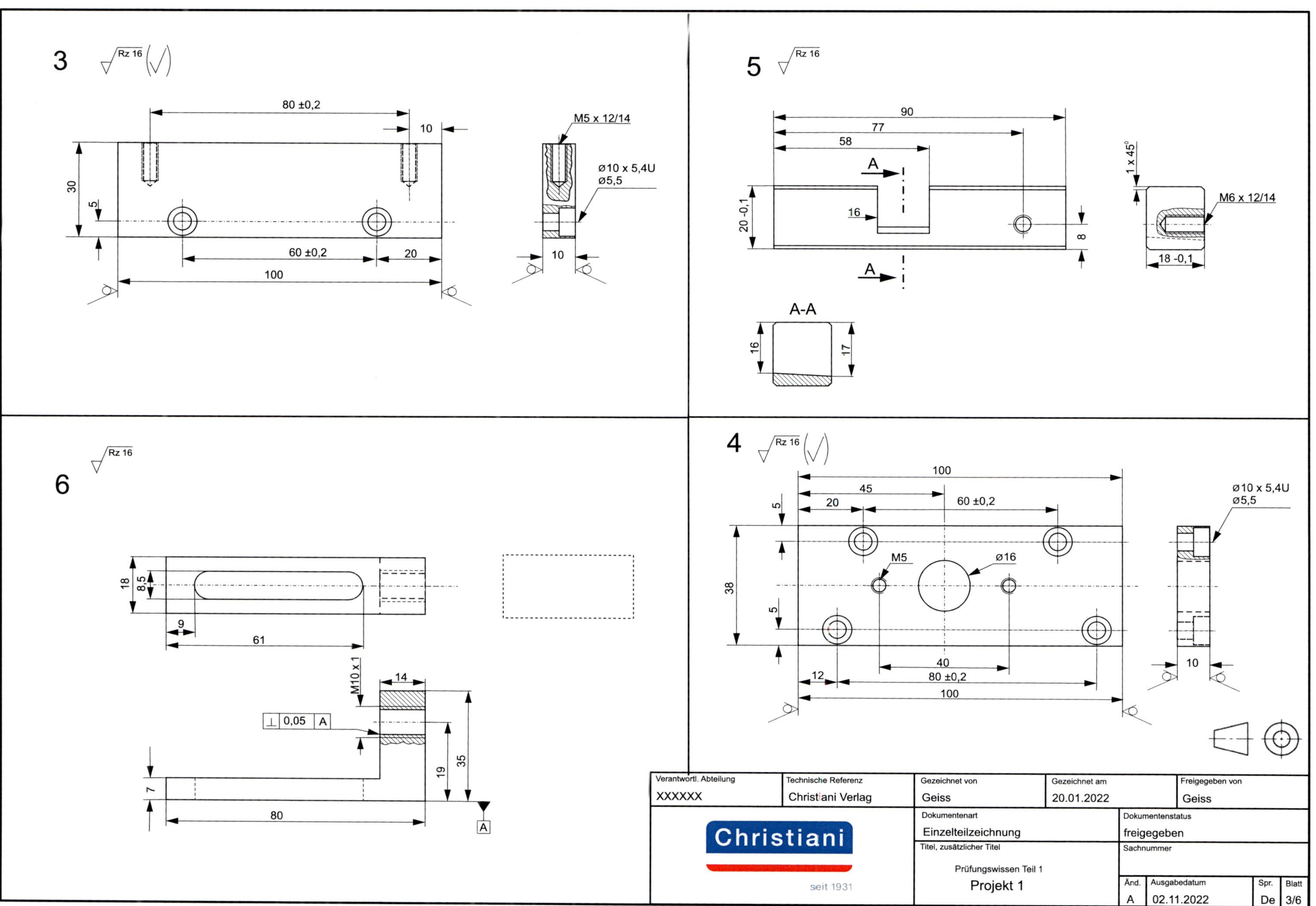

3
Rz 16
80 ±0,2
10
30
5
60 ±0,2
20
100
M5 x 12/14
Ø10 x 5,4U
Ø5,5
10
5
Rz 16
90
77
58
A
16
20 -0,1
8
A
A-A
16
17
1 x 45°
M6 x 12/14
18 -0,1
6
Rz 16
18
8,5
9
61
M10 x 1
14
⊥ 0,05 A
19
35
7
80
A
4
Rz 16
100
45
20
60 ±0,2
5
38
M5
Ø16
5
40
80 ±0,2
12
100
Ø10 x 5,4U
Ø5,5
10
Verantwortl. Abteilung
XXXXXX
Technische Referenz
Christiani Verlag
Gezeichnet von
Geiss
Gezeichnet am
20.01.2022
Freigegeben von
Geiss
Christiani
seit 1931
Dokumentenart
Einzelteilzeichnung
Dokumentenstatus
freigegeben
Titel, zusätzlicher Titel
Prüfungswissen Teil 1
Projekt 1
Sachnummer
Änd.
A
Ausgabedatum
02.11.2022
Spr.
De
Blatt
3/6

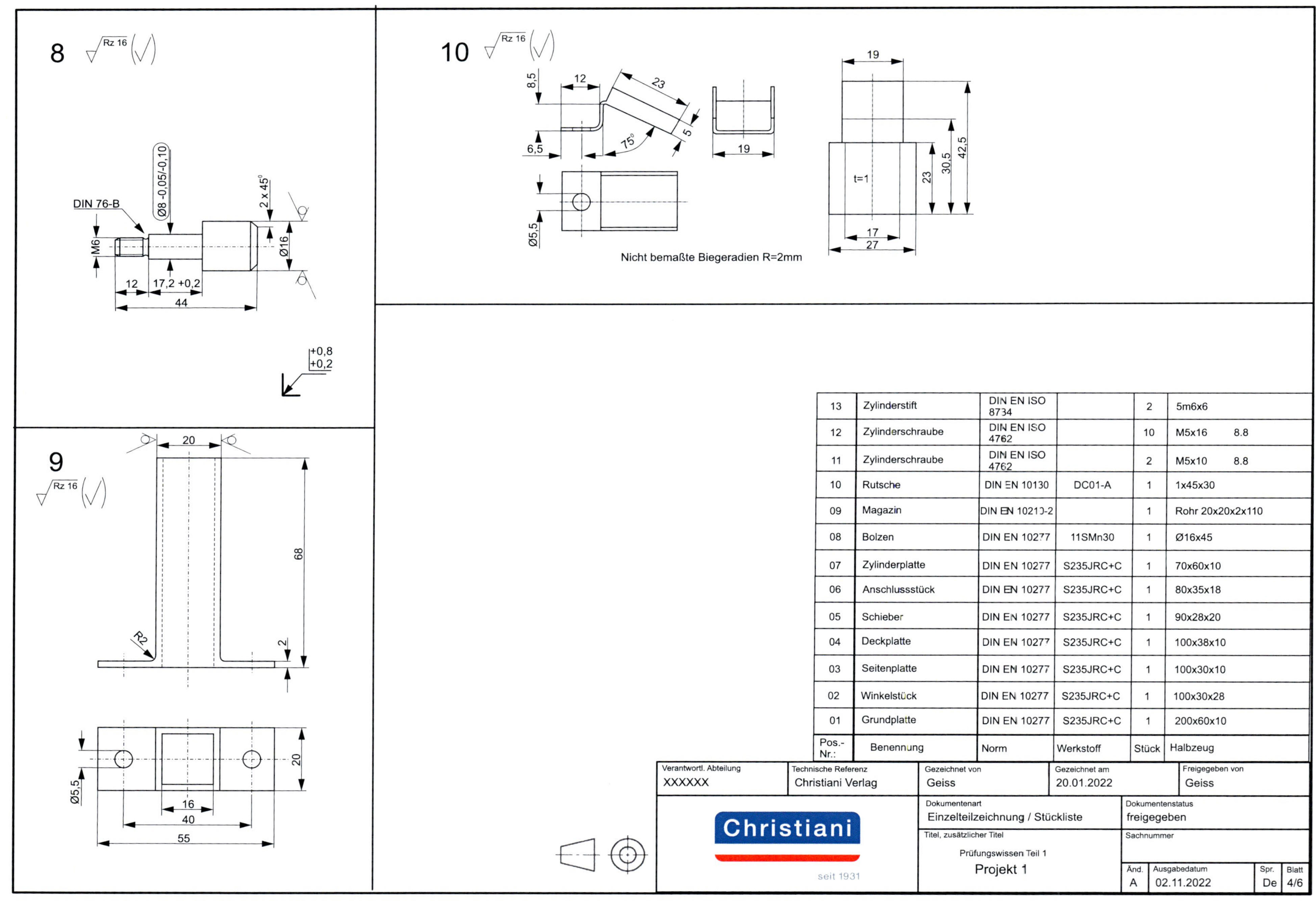

Pos.-Nr.:	Benennung	Norm	Werkstoff	Stück	Halbzeug
13	Zylinderstift	DIN EN ISO 8734		2	5m6x6
12	Zylinderschraube	DIN EN ISO 4762		10	M5x16 8.8
11	Zylinderschraube	DIN EN ISO 4762		2	M5x10 8.8
10	Rutsche	DIN EN 10130	DC01-A	1	1x45x30
09	Magazin	DIN EN 10210-2		1	Rohr 20x20x2x110
08	Bolzen	DIN EN 10277	11SMn30	1	Ø16x45
07	Zylinderplatte	DIN EN 10277	S235JRC+C	1	70x60x10
06	Anschlussstück	DIN EN 10277	S235JRC+C	1	80x35x18
05	Schieber	DIN EN 10277	S235JRC+C	1	90x28x20
04	Deckplatte	DIN EN 10277	S235JRC+C	1	100x38x10
03	Seitenplatte	DIN EN 10277	S235JRC+C	1	100x30x10
02	Winkelstück	DIN EN 10277	S235JRC+C	1	100x30x28
01	Grundplatte	DIN EN 10277	S235JRC+C	1	200x60x10

Verantwortl. Abteilung	Technische Referenz	Gezeichnet von	Gezeichnet am	Freigegeben von
XXXXXX	Christiani Verlag	Geiss	20.01.2022	Geiss

	Dokumentenart	Dokumentenstatus
Christiani	Einzelteilzeichnung / Stückliste	freigegeben
	Titel, zusätzlicher Titel: Prüfungswissen Teil 1 – Projekt 1	Sachnummer

Änd.	Ausgabedatum	Spr.	Blatt
A	02.11.2022	De	4/6

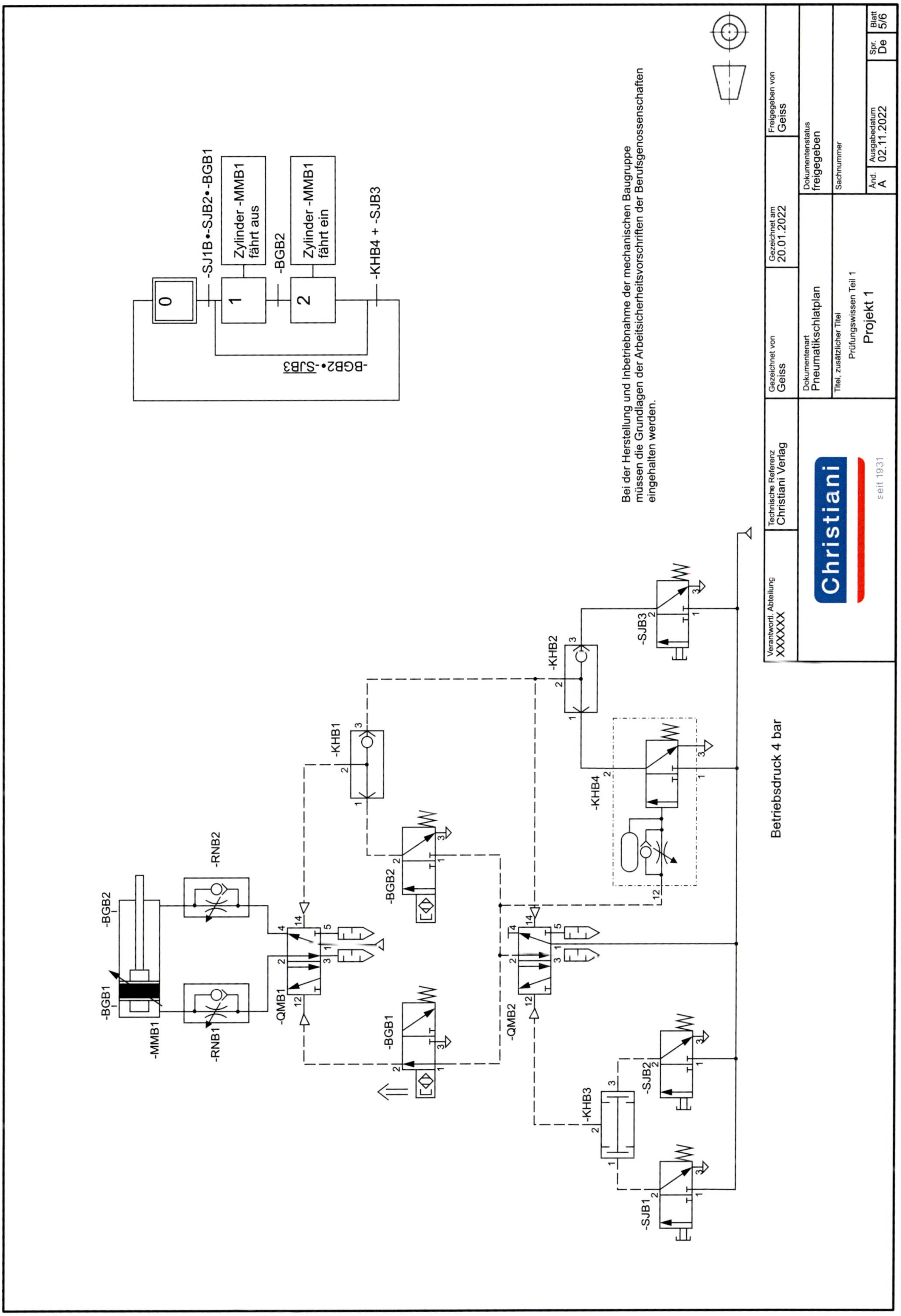

0

-SJ1B•-SJB2•-BGB1

1 Zylinder -MMB1 fährt aus

-BGB2

2 Zylinder -MMB1 fährt ein

-KHB4 + -SJB3

-BGB2•-SJB3

Bei der Herstellung und Inbetriebnahme der mechanischen Baugruppe müssen die Grundlagen der Arbeitssicherheitsvorschriften der Berufsgenossenschaften eingehalten werden.

Betriebsdruck 4 bar

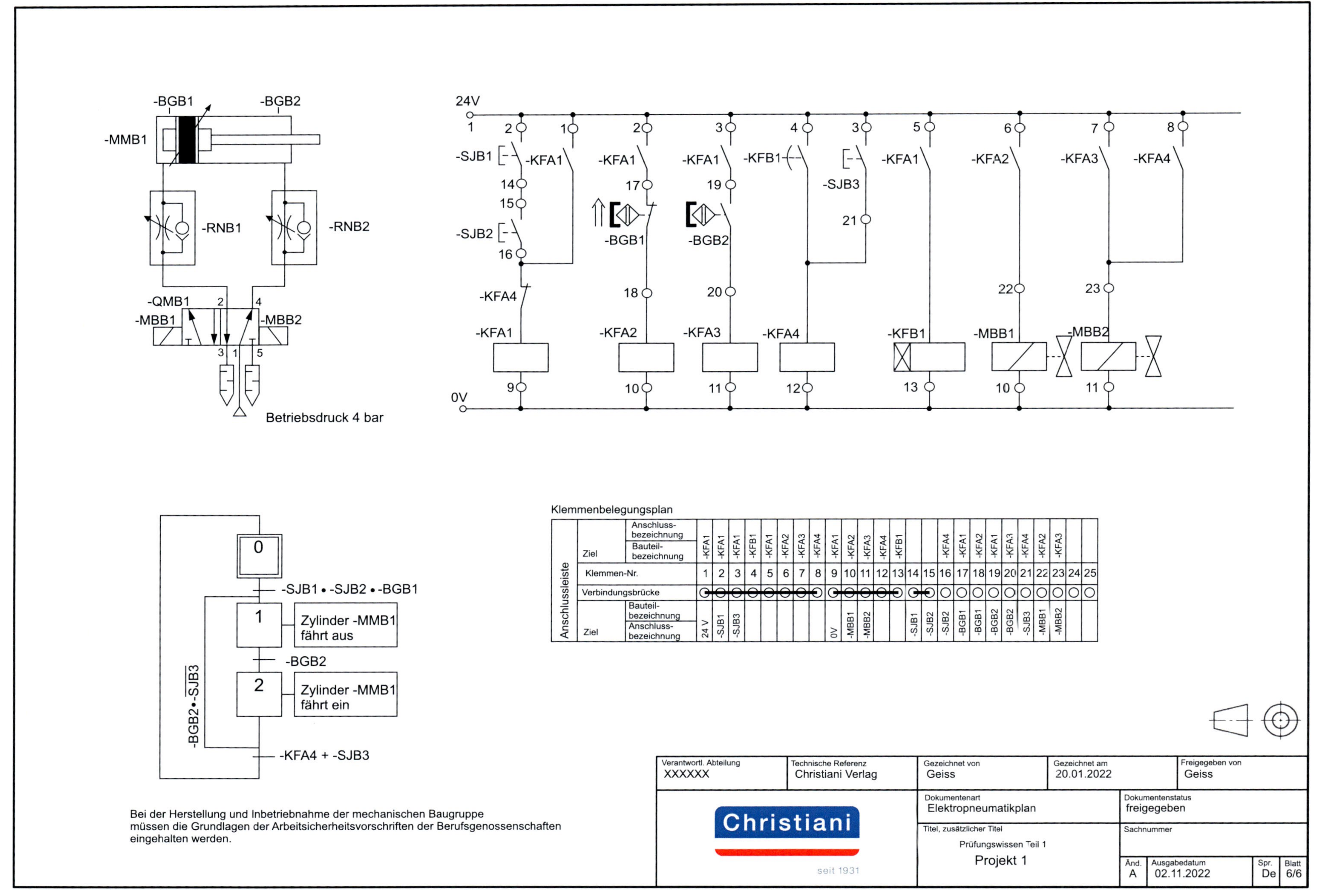

Klemmenbelegungsplan

Anschlussleiste		1	2	3	4	5	6	7	8	9	10	11	12	13	14	15	16	17	18	19	20	21	22	23	24	25
Ziel	Anschlussbezeichnung / Bauteilbezeichnung	-KFA1	-KFA1	-KFA1	-KFB1	-KFA1	-KFA2	-KFA3	-KFA4	-KFA1	-KFA2	-KFA3	-KFA4	-KFB1			-KFA4	-KFA1	-KFA2	-KFA1	-KFA3	-KFA4	-KFA2	-KFA3		
Klemmen-Nr.		1	2	3	4	5	6	7	8	9	10	11	12	13	14	15	16	17	18	19	20	21	22	23	24	25
Verbindungsbrücke		○—	—○—	—○—	—○—	—○—	—○—	—○—	—○	○—	—○—	—○—	—○—	—○	○—	—○	○	○	○	○	○	○	○	○	○	○
Ziel	Bauteilbezeichnung / Anschlussbezeichnung	24 V	-SJB1	-SJB3						0V	-MBB1	-MBB2			-SJB1	-SJB2	-SJB2	-BGB1	-BGB1	-BGB2	-BGB2	-SJB3	-MBB1	-MBB2		

01

Wie hoch muss die Zugfähigkeit des Werkstoffes für die Bauteile Pos. 1 bis 7 mindestens sein?

1. 290 N/mm²
2. 430 N/mm²
3. 360 N/mm²
4. 670 N/mm²
5. 170 N/mm²

02

Für welche Werkstücke kann der für die Bauteile Pos. 1 bis 7 verwendete Werkstoff verwendet werden?

1. Zahnräder
2. Getriebeteile
3. Teile mit hoher Beanspruchung
4. Schneidwerkstoffe
5. Schweißkonstruktionen

Stahlbezeichnung

03

(Pos. 1) Welche Eigenschaft wird durch die Bezeichnung +C bei der Werkstoffbezeichnung angegeben?

1. Die Kerbschlagarbeit
2. Die Mindeststreckgrenze
3. Die Mindestzugfestigkeit
4. Der Härtegrad
5. Kaltgezogen

04

Durch welches Fertigungsverfahren wird das Werkstück „Rutsche" Pos. 10 hergestellt?

1. Urformen
2. Zerspanen
3. Umformen
4. Gießen
5. Sintern

05

(Pos. 2) Die Länge des Langloches wurde mit 64 ± 0,2 mm bemaßt. Welche Aussage über diese Maßangabe ist richtig?

1. Die Toleranz = 0,2 mm
2. Das untere Abmaß = 64,0 mm
3. Das obere Abmaß = +0,2 mm
4. Das Nennmaß = 64 mm
5. Das Größtmaß = 64,02 mm

Zulässige Toleranz
permissible tolerance

06

Welche Aussage macht dieses Zeichen auf der Zeichnung Blatt 1?

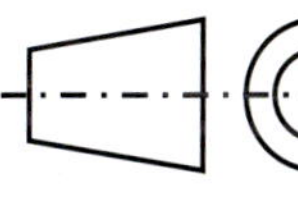

1. Bemaßung des Kegels
2. Angaben über die Oberflächengüte
3. Projektionsmethode 1
4. 3-D-Darstellung
5. Hinweis auf die Liniengruppe

Projektionsmethoden

07

Welche Aussage hat das Diagonalkreuz auf der dargestellten Zeichnung?

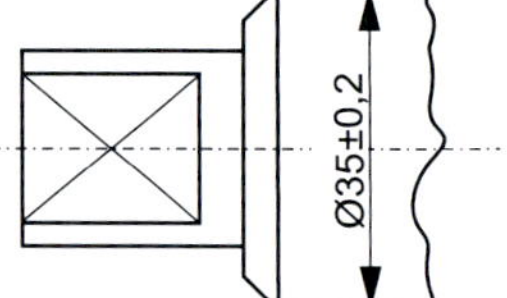

1. Es handelt sich um ein Vierkant.
2. Diese Oberfläche wird besonders geprüft.
3. Eine hohe Oberflächengüte
4. Eine ebene Fläche
5. Eine Pyramide in der Draufsicht

08

Mit welchem Durchmesser muss die Durchgangsbohrung für die Zylinderschraube hergestellt werden?

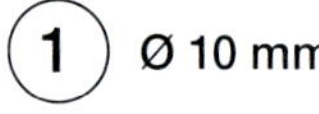

1. Ø 10 mm
2. Ø 5,4 mm
3. Ø 5,5 mm
4. Ø 5,4 – 5,5 mm
5. Die Durchgangsbohrung ist hier nicht bemaßt.

Diese Darstellung der Vermaßung gilt als Zeichnungsvereinfachung und ist unter DIN ISO genormt.

09

Nach welchen Kriterien werden Schwer- und Leichtmetalle unterschieden?

1. Nach der Festigkeit
2. Nach der Dichte
3. Nach der Zähigkeit
4. Nach dem Schmelzpunkt
5. Nach der Bruchdehnung

10

Es soll ein Innengewinde M5 hergestellt werden. In welcher Reihenfolge müssen die im unteren Bild dargestellten Werkzeuge verwendet werden?

1. 1, 2, 3, 4, 5
2. 2, 1, 5, 4, 3
3. 2, 1, 4, 3, 5
4. 2, 5, 4, 3, 1
5. 1, 2, 4, 3, 5

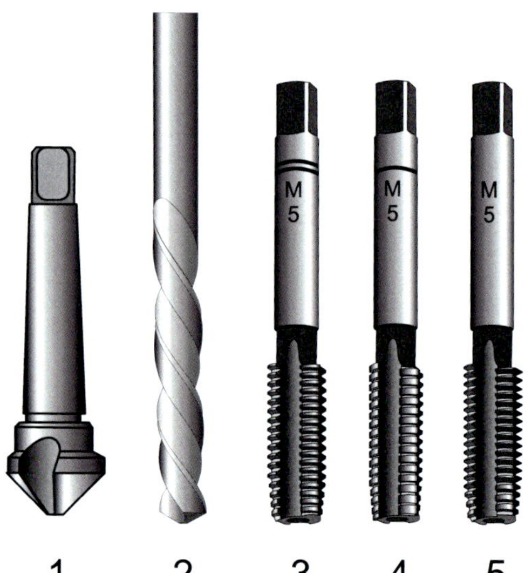

11

Unten stehendes Bild zeigt einen Grenzlehrdorn. Welche Aussage trifft auf den Grenzlehrdorn zu?

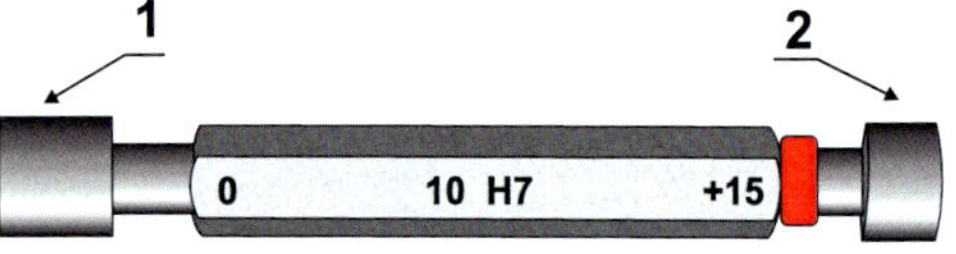

1. Die mit 1 gekennzeichnete Fläche ist die Ausschussseite.
2. Das Größtmaß der Bohrung beträgt 10,15 mm.
3. Der rote Ring kennzeichnet die Gutseite.
4. Die mit 2 gekennzeichnete Fläche ist die Ausschussseite.
5. Die Toleranz beträgt 0,15 mm.

Grenzlehrdorn
plug gauge

12

Ein Spiralbohrer für allgemeinen Baustahl soll nachgeschliffen werden. Wie groß muss sein Spitzenwinkel sein?

1. 90°
2. 125°
3. 130°
4. 118°
5. 60°

13

Wozu dient die Lasche 1 am Ende des Bohrers?

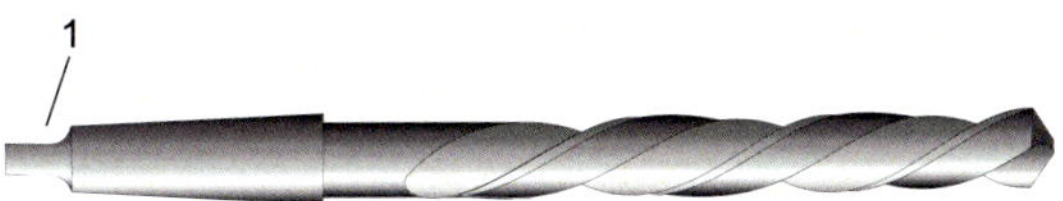

1. Zum Einspannen des Bohrers in ein Bohrfutter
2. Zum Austreiben aus der Bohrspindel
3. Zur Kraftübertragung auf den Bohrer
4. Zum Einstellen der Einspanntiefe des Bohrers
5. Als Führung zum Spannen in der Bohrerschleifmaschine

Schnittdaten Bohren

14

(Grundplatte Pos. 1) Es sollen die Bohrungen für die Innengewinde M5 hergestellt werden. Welche Drehzahl muss an der Bohrmaschine bei einer Schnittgeschwindigkeit v_c = 25 m/min eingestellt werden?

1. $n = 1447\ \text{min}^{-1}$
2. $n = 1592\ \text{min}^{-1}$
3. $n = 1989\ \text{min}^{-1}$
4. $n = 1516\ \text{min}^{-1}$
5. $n = 1895\ \text{min}^{-1}$

Nebenrechnung Aufgabe 14

Kreisförmige Bewegung

15

Der Nenndurchmesser eines Spiralbohrers ist mit 5,5 mm angegeben. Nach dem Bohren stellen Sie fest, dass die Bohrung einen Durchmesser von 5,7 mm hat. Was könnte die Ursache dafür sein?

1. Der Freiwinkel des Bohrers ist zu klein.
2. Der Spitzenwinkel des Bohrers ist zu klein.
3. Die Querschneide des Bohrers liegt nicht in der Bohrermitte.
4. Der Spanwinkel des Bohrers ist zu groß.
5. Der Bohrer ist gebogen.

16

(Pos. 2) Das Langloch soll mit einer Universalfräsmaschine hergestellt werden. Welchen Fräser verwenden Sie für diese Tätigkeit?

1. Scheibenfräser
2. Walzenfräser
3. Schaftfräser
4. Bohrnutenfräser
5. Modulfräser

Bohrer
drill bits

17

Welches Bild zeigt die richtige Mess- oder Prüftätigkeit?

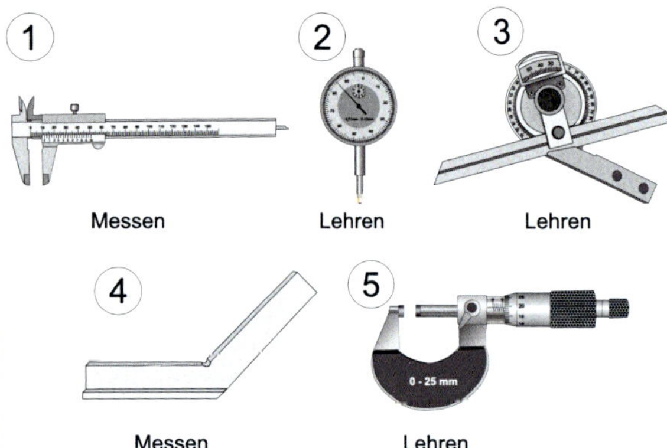

18

Welches Prüfmittel eignet sich für die Prüfung des Bohrungsdurchmessers 5 H7 in der Grundplatte Pos. 1?

(1) Grenzrachenlehre

(2) Digitalmessschieber

(3) Bügelmessschraube

(4) Messuhr

(5) Grenzlehrdorn

19

Welche Behauptung über die nebenstehende Bügelmessschraube ist richtig?

(1) An Teil 4 können die geraden Millimeter abgelesen werden.

(2) An Teil 1 kann die Bügelmessschraube nachjustiert werden.

(3) An Teil 3 können 1/100 mm abgelesen werden.

(4) Teil 6 isoliert die Bügelmessschraube von der Handwärme und verhindert dadurch Messfehler.

(5) An Teil 5 kann das Spiel zwischen Spindel und Spindelmutter eingestellt werden.

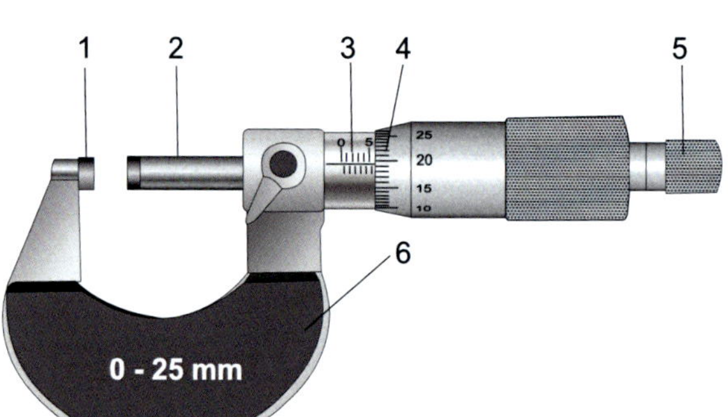

Bügelmessschraube outside micrometer

Messuhr dial gauge

20

Bei der Überprüfung der Bohrungsabstände 80 ±0,2 im Winkelstück Pos. 2 werden folgende Maße ermittelt. Welches der Maße liegt **außerhalb** der Toleranz?

(1) 80,15

(2) 78,85

(3) 79,85

(4) 80,20

(5) 80,00

21

Man unterscheidet zwischen zufälligen und systematischen Messfehlern. Welche Aussage trifft auf systematische Messfehler zu?

(1) Unterschiedliche Messkräfte

(2) Grat am Werkstück

(3) Verschmutzte Messmittel

(4) Parallaxenfehler beim Ablesen des Messmittels

(5) Steigungsfehler an der Spindel der Bügelmessschraube

22

Beim Schneiden der Innengewinde an den Werkstücken soll ein Schmiermittel verwendet werden. Für welches Schmiermittel entscheiden Sie sich?

(1) Petroleum

(2) Getriebeöl

(3) Leinöl

(4) Schneidöl

(5) Dieselöl

23

Welches Schaltzeichen zeigt ein Wegeventil, das durch einen Näherungsschalter betätigt wird?

1
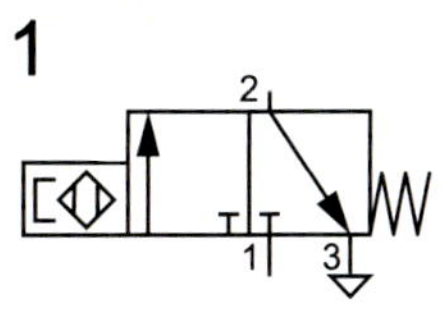

2
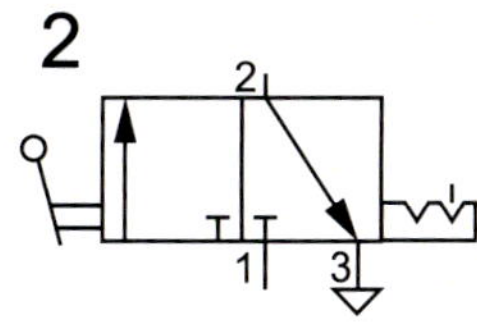

3
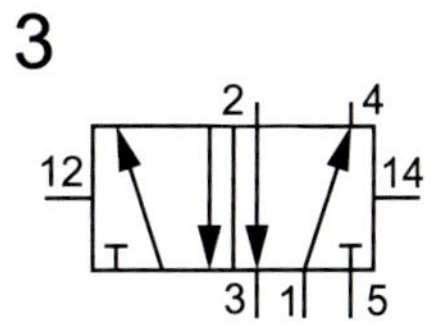

4
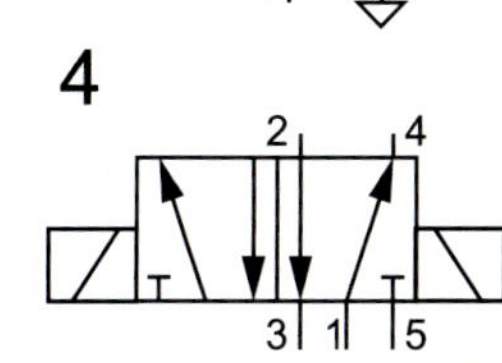

5
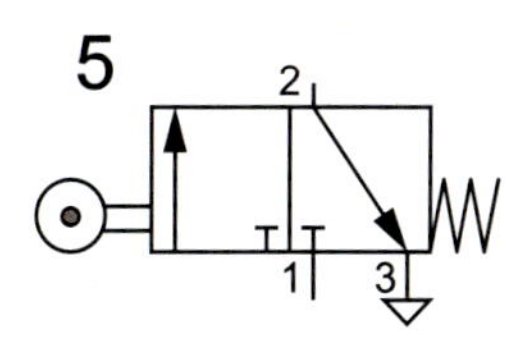

24

Der in der Vorrichtung verbaute Zylinder hat einen Kolbendurchmesser von 20 mm. Welche Kraft kann der Zylinder erreichen? (Reibungsverluste werden nicht berücksichtigt.)

(1) 125,60 N

(2) 12,56 N

(3) 62,83 N

(4) 1256 N

(5) 120 N

Nebenrechnung Aufgabe 24

TB Kolben-kraft

25

Am Magnet -MBB2 wird ein Widerstand von 132 Ω gemessen. Welcher Strom fließt, wenn der Magnet angesteuert wird?

(1) 0,22 mA

(2) 182 mA

(3) 1,82 A

(4) 5,50 A

(5) 452 mA

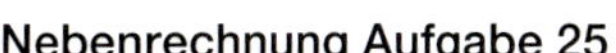

Nebenrechnung Aufgabe 25

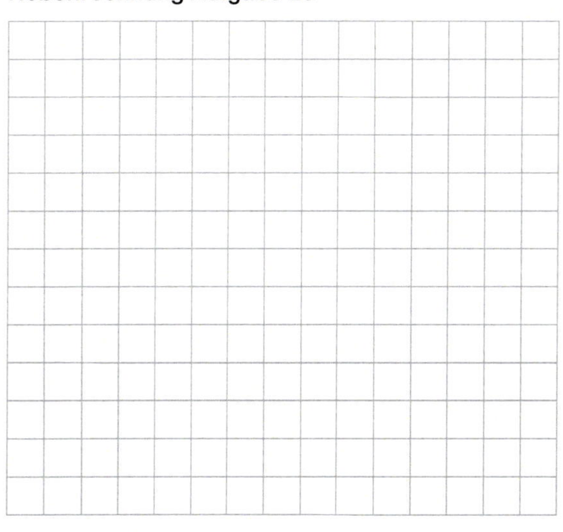

TB Ohm-sches Gesetz

26

(Pneumatikplan Seite 5) Aus welchen Bauteilen besteht das Schaltelement -KHB4?

1. 5/2-Wegeventil, Speicher, Drosselventil
2. 3/2-Wegeventil, Druckregelventil, Speicher
3. Druckminderventil, Drosselventil, Speicher
4. 3/2-Wegeventil, Speicher, Drosselrückschlagventil
5. Zweidruckventil, Speicher, Wechselventil

27

(Pneumatikplan Seite 5) Durch welche Ventilkombination kann das Ventil -KHB3 ersetzt werden?

1. Parallelschaltung von -SJB1 und -SJB2
2. Einbau von zwei Wechselventilen
3. Reihenschaltung von -BGB1 und -BGB2
4. Reihenschaltung von -SJB1 und -SJB2
5. Keine der Möglichkeiten führt zu einem Ergebnis.

Ventilkombinationen werden mit einer strichpunktierten Linie eingefasst.

28

Welche Aussage trifft auf das nebenstehende Schaltzeichen zu?

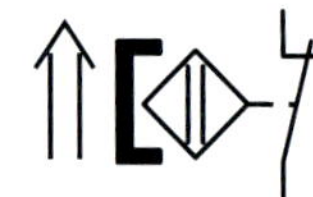

1. Es handelt sich um einen Öffner.
2. Ein induktiver Näherungsschalter als Öffner
3. Die Stromrichtung fließt entgegen der normalen Fließrichtung.
4. Ein betätigter induktiver Näherungsschalter als Öffner
5. Ein betätigter induktiver Näherungsschalter als Schließer

29

Wozu dienen die Wegmarkierungen in Werkshallen und Fluren?

1. Es handelt sich um Fluchtwege, die weder zugestellt noch als Lagerplatz verwendet werden dürfen.
2. Es handelt sich um Fluchtwege. Sie müssen nur soweit freigehalten bleiben, dass eine Person durchgehen kann.
3. Es handelt sich um Verkehrswege, die den Materialfluss markieren.
4. Sie dürfen soweit belegt werden, dass der innerbetriebliche Transport ungehindert passieren kann.
5. Sie zeigen den Weg zum nächsten Notausgang an.

30

Unter welcher Nummer steht die richtige Bezeichnung der Warn- und Sicherheitszeichen?

1

Verbotszeichen

2

Brandschutzzeichen

3

Warnzeichen

4

Gebotszeichen

5

Rettungszeichen

Sicherheitskennzeichnung

01

(Zeichnung Seite 1) Beschreiben Sie die Funktionsweise der im Projekt 1 aufgeführten Zeichnung.

Punkte
10 bis 0

02

(Zeichnung Seite 2, Pos. 7) Zum Erstellen eines Angebotes werden folgende Daten benötigt:

a) Die Masse m in kg der Zylinderplatte ohne Befestigungsbohrung
b) Der Preis für die Zylinderplatte bei einem Materialpreis von 1,02 €/kg

Volumenberechnung

Massenberechnung

Die Dichte kann in kg/dm^3 und g/cm^3 angegeben werden.

Punkte
10 bis 0

03

Nach der nebenstehenden Zeichnung soll dieser Bügel gebogen werden. Errechnen Sie:

a) Die gestreckte Länge des Bügels mithilfe des Ausgleichswertes

b) Den Materialbedarf für 50 Bügel

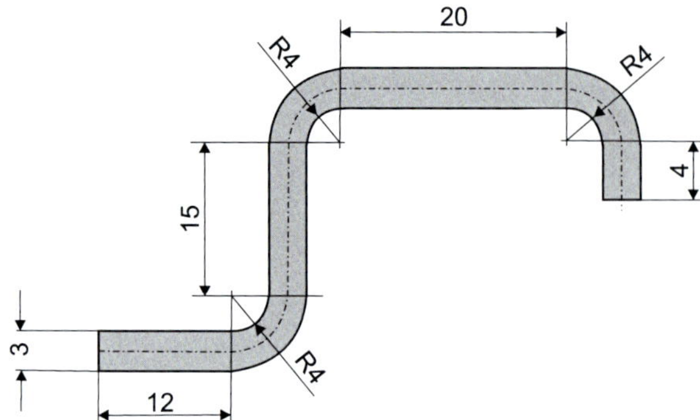

Gestreckte Länge

Punkte 10 bis 0

04

(Zeichnung Seite 4, Pos. 8) Erklären Sie das Werkstoff-Kurzzeichen des Bolzens. Begründen Sie auch die Materialauswahl.

Stahlnormung

Punkte 10 bis 0

05

Skizzieren Sie die Seitenansicht von links des Anschlussstückes Pos. 6 ohne Bemaßung.

Punkte
10 bis 0

06

a) Welche Drosselungsart wird für den Zylinder -MMB1 verwendet (s. Abbildung rechts)?

b) Welche Vorteile bietet diese Drosselungsart?

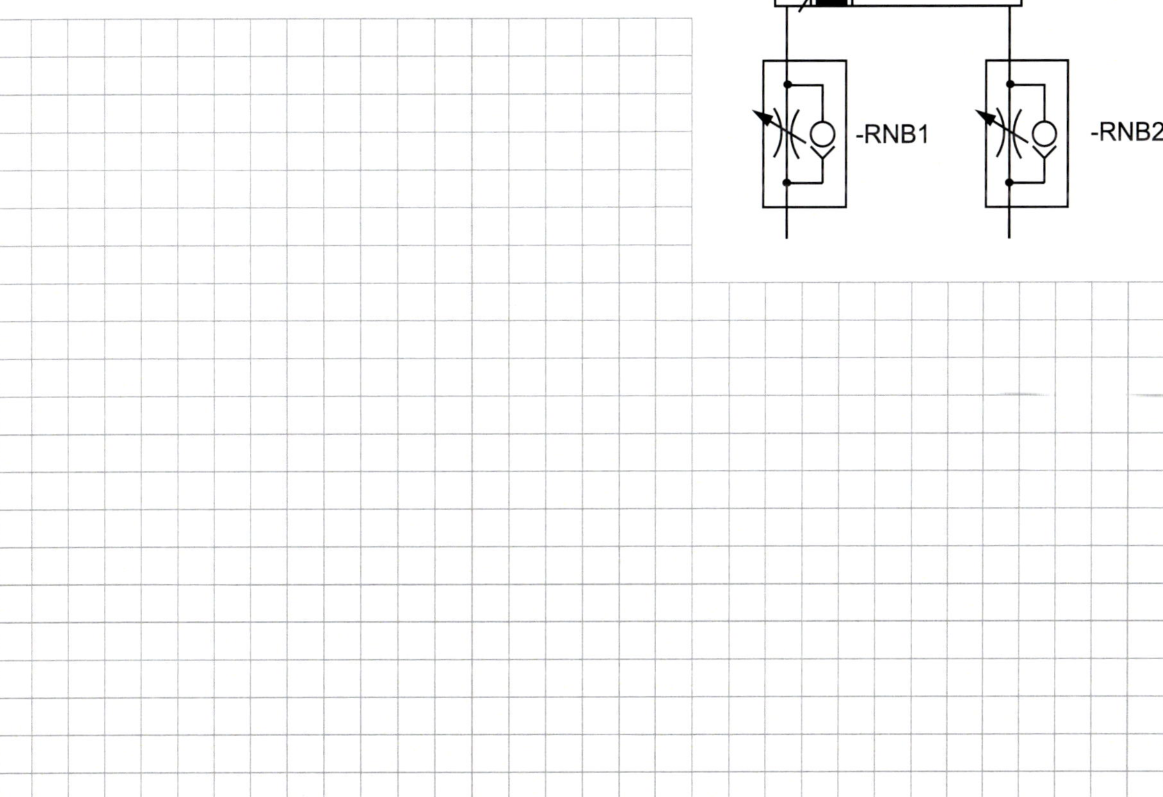

Punkte
10 bis 0

07

(Elektropneumatische Steuerung, Seite 6) Die Steuerung wird von einem Netzgerät mit einer max. Leistung von 120 Watt versorgt. Welcher elektrische Strom in A fließt bei dieser Leistung?

TB Elektrische Leistung

Punkte 10 bis 0

08

(Elektropneumatische Steuerung, Bild links) Beim Betrieb der Steuerung stellen Sie fest, dass der Zylinder -MMB1 zwar noch ausfährt, aber dann in dieser Stellung stehen bleibt. Was könnte der Grund für diese Störung sein? Nennen Sie zwei Möglichkeiten.

TB GRAFCET

Punkte 10 bis 0

09

Erklären Sie nebenstehende pneumatische Schaltzeichen.

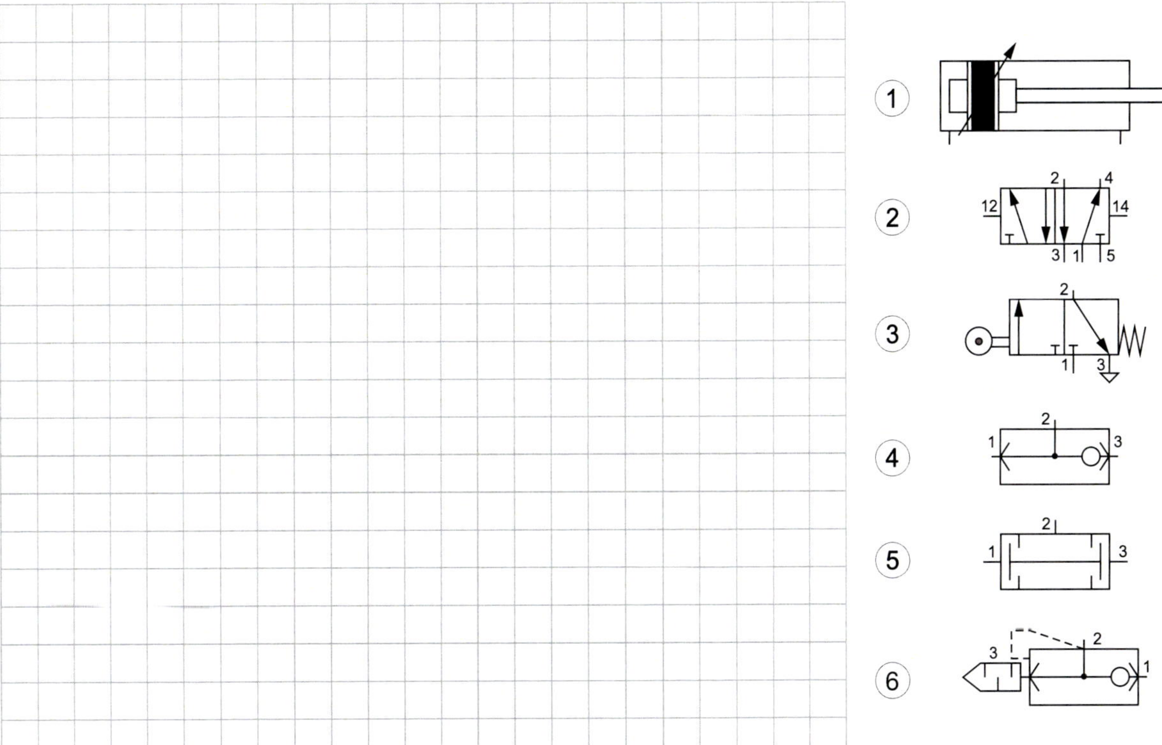

Pneumatik/Hydraulik Schaltzeichen

Punkte 10 bis 0

10

Nennen Sie drei persönliche Schutzausrüstungen (PSA), die beim Bohren erforderlich sind.

Die Arbeitsschutzbestimmungen werden von den Berufsgenossenschaften erlassen und müssen zwingend eingehalten werden.

Punkte 10 bis 0

Notizen

Firma	Name	Datum	Gesamtergebnis

Single-Choice-Aufgaben

01	1	2	3	4	5	16	1	2	3	4	5
02	1	2	3	4	5	17	1	2	3	4	5
03	1	2	3	4	5	18	1	2	3	4	5
04	1	2	3	4	5	19	1	2	3	4	5
05	1	2	3	4	5	20	1	2	3	4	5
06	1	2	3	4	5	21	1	2	3	4	5
07	1	2	3	4	5	22	1	2	3	4	5
08	1	2	3	4	5	23	1	2	3	4	5
09	1	2	3	4	5	24	1	2	3	4	5
10	1	2	3	4	5	25	1	2	3	4	5
11	1	2	3	4	5	26	1	2	3	4	5
12	1	2	3	4	5	27	1	2	3	4	5
13	1	2	3	4	5	28	1	2	3	4	5
14	1	2	3	4	5	29	1	2	3	4	5
15	1	2	3	4	5	30	1	2	3	4	5

Single-Choice-Aufgaben, Teil 1

Punkte	Divisor		Ergebnis 1
	0,6	=	

Ungebundene Aufgaben, Teil 2

Punkte	Divisor		Ergebnis 2
	2	=	

Gesamtergebnis (Ergebnis 1 + Ergebnis 2)

Gesamtergebnis

Bewertungsschlüssel

Punkte	Note
0 bis 29	ungenügend
30 bis 49	mangelhaft
50 bis 66	ausreichend
67 bis 80	befriedigend
81 bis 91	gut
92 bis 100	sehr gut

Unterschrift Prüfer

Notizen

Hintergrundwissen

Aufgabensatz A

01

Das Material wird mit S235JRC+C angegeben. Dabei gibt der Wert 235 die Streckgrenze des Materials in 235 N/mm^2 an. Der Buchstabe S besagt, dass es sich um einen Stahl für den Stahlbau handelt. JR gibt die Kerbschlagarbeit an. Der Buchstabe C gibt die Kaltumformbarkeit an und die Bezeichnung +C besagt, dass es sich um einen kaltgezogenen Stahl handelt.

TB Stahlbezeichnung und Stahlnormung

02

Dieser Stahl eignet sich für einfache Maschinenteile und Schweißkonstruktionen im Stahl- und Maschinenbau. Siehe auch Tabellenbuch.

03

Das Material wird mit S235JRC+C angegeben. Dabei gibt der Wert 235 die Streckgrenze des Materials in 235 N/mm^2 an. Der Buchstabe S besagt, dass es sich um einen Stahl für den Stahlbau handelt. JR gibt die Kerbschlagarbeit an. Der Buchstabe C gibt die Kaltumformbarkeit an und die Bezeichnung +C besagt, dass es sich um einen kaltgezogenen Stahl handelt.

Stahl steel

Gusseisen cast iron

04

Die Erzeugung von Stahl, Gusseisen oder anderen Legierungen wird als Urformen bezeichnet.

Wird ein Werkstück gefräst, gebohrt, gedreht oder gefeilt, spricht man von Zerspanen.

Biegen, Tiefziehen, also spanlose Verformung, wird als Umformen bezeichnet.

Sintern ist ein Fertigungsverfahren, in dem verschiedene Materialen unter Hitze und hohem Druck „zusammengebacken“ werden. Dadurch bleiben die Eigenschaften der einzelnen Materialien erhalten, wobei bei Legierungen ein Werkstoff entsteht, der ganz eigene Eigenschaften aufweist.

05

Die Toleranz errechnet sich aus der Differenz zwischen oberem Abmaß und unterem Abmaß. Wird die Toleranz mit ±0,3 angegeben, beträgt die Toleranz 0,6 mm.

06

Dieses Zeichen findet man fast auf jeder Zeichnung. Es gibt die Projektionsart an. Die Projektionsart gibt uns Aufschluss, in welcher Ansicht die Seitenansicht dargestellt wird. In europäischen Ländern wird die Projektionsart 1 verwendet. Das heißt, die Seitenansicht wird rechts neben der Vorderansicht von links dargestellt. Die Projektionsart 3 (Die Projektionsart 2 gibt es nicht!) zeigt die Seitenansicht ebenfalls rechts neben der Vorderansicht, allerdings von rechts dargestellt.

TB Projektionsmethoden

07

Um bei runden Flächen eine ebene Fläche auf einer Zeichnung darzustellen, wird die ebene Fläche mit einem Diagonalkreuz versehen.

08

Senkungen, für z. B. Zylinderschrauben, lassen sich auf verschiedene Weise bemaßen. Diese vereinfachte Form der Bemaßung zeigt uns in der oberen Reihe den Senkungsdurchmesser, z. B. 10 mm, daneben die Senkungstiefe, z. B. 5,4 mm. Der Buchstabe U daneben besagt, dass es sich um einen flachen Lochgrund, also eine Flachsenkung, handelt. In der zweiten Reihe wird der Durchmesser der Durchgangsbohrung, z. B. 5,5 mm, angegeben.

Leichtmetall light metal

Schwermetall heavy metal

09

Die Unterscheidung von Schwer- und Leichtmetallen wird über die Dichte des Werkstoffes getroffen. Ist die Dichte höher als 5 kg/dm^3, spricht man von Schwermetallen. Stahl mit einer Dichte von 7,85 kg/dm^3 gehört somit zu den Schwermetallen, Aluminium mit einer Dichte von 2,7 kg/dm^3 zu den Leichtmetallen.

Diese Darstellung der Vermaßung gilt als Zeichnungsvereinfachung und ist unter DIN ISO genormt.

10

Die Reihenfolge beim Gewindeschneiden dürfte keine große Herausforderung sein.

Nach dem Anreißen und Körnen wird zuerst der Kerndurchmesser des Gewindes gebohrt (Gewindeaußendurchmesser – Steigung). Anschließend wird gesenkt (mindestens Durchmesser des Gewindeaußendurchmessers). Nach dem Senken wird das Gewinde mit dem Gewindebohrer 1 (1 Ring, schneidet ca. 50 % des Materials) vorgeschnitten. Danach folgt Gewindebohrer 2 (2 Ringe, schneidet ca. 25 % des Materials). Abschließend wird mit dem Gewindebohrer 3 (ohne Ring oder 3 Ringe, schneidet ca. 25 % des Materials) das Gewinde fertiggeschnitten.

11

Der Grenzlehrdorn ist ein Prüfgerät. Er lässt nur Gut- oder Ausschuss erkennen. Die Gutseite ist länger als die Ausschussseite. Darüber hinaus ist die Ausschussseite farblich gekennzeichnet. Die dritte Kennzeichnung befindet sich am Schaft. Hier sind der Durchmesser, die Passung sowie die Abmaße in µ angegeben.

12

Der Spitzenwinkel eines Bohrers richtet sich nach seiner Härte. Je weicher das Material des zu bohrenden Werkstückes ist, umso größer ist der Spitzenwinkel. Bei Stahl beträgt der Spitzenwinkel 118°. Bei Kunststoffen und NE-Metallen beträgt der Spitzenwinkel 130°.

13

Größere Bohrer werden nicht mehr in einem Bohrfutter gespannt, weil deren Spannkraft begrenzt ist. Daher werden größere Bohrer in einem Konus (Morsekegel) gespannt. Die Spannkraft übernimmt einzig und allein der Konus. Die Lasche am Bohrerende dient nur zum Austreiben des Bohrers aus dem Konus. Diese Lasche nimmt also kein Drehmoment auf.

Rotierende Geschwindigkeit

14

Für die Berechnung der Geschwindigkeit rotierender Bewegungen findet man im Tabellenbuch folgende Formel:

$$v = \frac{d \cdot \pi \cdot n}{1000}$$

Der Kernlochdurchmesser des Gewindes M5 beträgt 4,2 mm.

$$n = \frac{v \cdot 1000}{d \cdot \pi} = \frac{25\ \text{m/min} \cdot 1000\ \text{mm/m}}{4{,}2\ \text{mm} \cdot \pi} = 1894{,}70\ \text{min}^{-1}$$

Die Zahl 1000 in dieser Formel wird in Tabellenbüchern nicht angegeben. Sie ist die Umrechnungszahl von Metern in Millimeter. Wird die Formel laut Tabellenbüchern, also ohne die 1000 verwendet, muss der Durchmesser der Bohrung in Meter angegeben werden. Das ist für so kleine Durchmesser nicht immer ideal.

15

Obwohl der Bohrer nach dem Schleifen gut schneidet, ist noch lange nicht gesagt, dass dieser auch den Durchmesser bohrt, den man erwartet. In vielen Fällen ist dann der gebohrte Durchmesser größer als am Bohrer angegeben. Das liegt daran, dass die Querschneide, die den Bohrer führt, nicht in der Mitte des Bohrers liegt.

16

Für das Fräsen eines Langloches kommen nur sogenannte Langloch- oder Bohrnutenfräser (nachfolgendes Bild) infrage. Diese sind die Fräser, die so geschliffen sind, dass sie auch bohren können. Das heißt, er schneidet über den Mittelpunkt der Bohrung. Bei den meisten Schaftfräsern ist das nicht der Fall. Somit werden Langlöcher oder z. B. auch Passfedernuten nicht mit Schaftfräsern, sondern mit Bohrnutenfräsern hergestellt.

Langlochfräser end mills

Langloch-/Bohrnutenfräser

17

Das Messen und das Lehren lässt sich leicht unterscheiden. Bei Messungen werden Zahlenwerte ermittelt. Lehren kennt nur die Unterscheidung Gut oder Ausschuss.

18

Passbohrungen werden im Allgemeinen mit einem Grenzlehrdorn geprüft.

19

Hier die Teile einer Bügelmessschraube (Bild rechts)

Bügelmessschraube outside micrometer

1 Ambos aus Hartmetall
1, 2 Messflächen
3 Skala
(oben ganze Millimeter, unten ½ Millimeter)
4 Trommel für 1/100 mm Ablesung
5 Feineinstellung der Messkraft
6 Isolierung (schützt vor Übertragung der Handwärme auf das Messgerät)

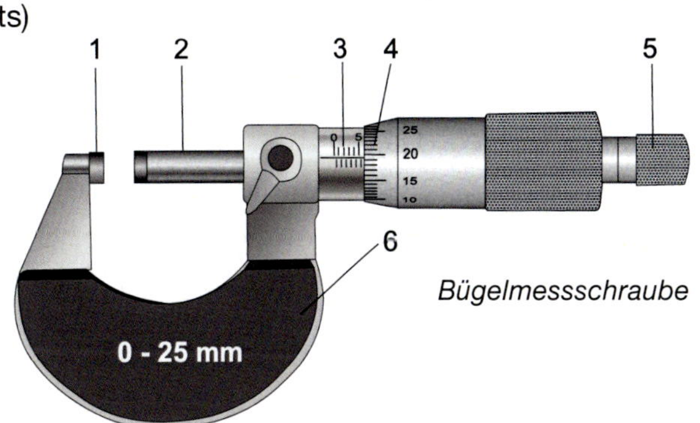

Bügelmessschraube

Diese Bügelmessschraube besitzt eine Spindelsteigung von 0,5 mm. Daher sind auf der Trommel nur 50 Teilstriche angegeben. Besitzt eine Bügelmessschraube eine Spindel mit einer Spindelsteigung von 1 mm, so sind auf der Trommel 100 Teilstriche angegeben.

20

Die Maße müssen zwischen 79,8 und 80,2 liegen. Die Toleranz beträgt bei einer Angabe von ±0,2 0,4 mm

TB Allgemeintoleranzen

21

Systematische Messfehler sind nicht so häufig. Hat z. B. eine Bügelmessschraube an der Spindel einen Steigungsfehler, so wird dieser Messfehler immer an derselben Stelle auftreten. Man hat keinen Einfluss auf diesen Messfehler. Er wird in der Regel erst bei einer Kalibrierung des Messgerätes auffallen.

Zufällige Messfehler sind die am häufigsten auftretenden Messfehler. Durch Gratbildung, veränderte Messkräfte, Parallaxenfehler oder Schmutz auf den Werkstücken oder Messgeräten treten Messfehler zufällig auf. Diese Fehler können nicht durch Kalibrierung erkannt und verhindert werden.

22

Zum Schneiden von Gewinden kommt nur ein Schneidöl oder ein Schneidfett infrage.

Petroleum wird als Schmiermittel für Leichtmetalle verwendet. Leinöl verwendet man hauptsächlich zum Schützen von Holz und Holzbauteilen. Getriebeöl hat Eigenschaften, die in Getrieben benötigt werden, wie z. B. Alterungsbeständigkeit, Korrosionsbeständigkeit oder Druckfestigkeit. Dieselöl dient als Brennstoff für Dieselmotoren.

23

Ein Näherungsschalter wird nicht mechanisch, z. B. durch ein anderes Bauteil, betätigt. Näherungsschalter werden also berührungslos geschaltet. Dieser Näherungsschalter oder auch Reed-Kontakt braucht einen Zylinder, bei dem der Kolben mit einem Permanentmagneten ausgestattet ist. Bewegt sich dieser Magnet unter dem Näherungsschalter, so wird dieser geschaltet.

24

Im Tabellenbuch findet man für die Berechnung der Kolbenkraft folgende Formel:

Zylinderkraft

$$F = p \cdot A$$

Kolbendurchmesser = 20 mm / Betriebsdruck (lt. Schaltplan) = 4 bar.

$$A = \frac{d^2 \cdot \pi}{4} = \frac{(2\ \text{cm})^2 \cdot \pi}{4} = 3{,}14\ \text{cm}^2$$

$$F = 40\ \text{N/cm}^2 \cdot 3{,}14\ \text{cm}^2 = 125{,}6\ \text{N}$$

Bei dieser Berechnung ist zu beachten, dass die Kolbenfläche in cm^2 angegeben werden muss. Des Weiteren muss der Druck von bar in N/cm^2 umgerechnet werden. Der Umrechnungsfaktor beträgt dabei 10. Nur so kann die Einheit N im Ergebnis errechnet werden.

25

Im Tabellenbuch findet man für das ohmsche Gesetz folgende Formel:

Ohmsches Gesetz

$$U = R \cdot I$$

Widerstand = 132 Ω / Spannung (lt. Schaltplan) = 24 V

$$I = \frac{U}{R} = \frac{24\ \text{V}}{132\ \Omega} = 0{,}182\ \text{A} = 182\ \text{mA}$$

1 mA = 0,001 A.

U = Spannung in Volt V
I = Stromstärke in Ampere A
R = Widerstand in Ohm Ω

26

Das Bauteil -KHB4 ist ein Zeitglied, oder auch Zeitverzögerungsventil genannt. Dieses Bauteil ist eine Ventilkombination, die aus mehreren Elementen besteht. Damit man sie als ein Bauteil erkennt, ist diese Ventilgruppe mit einer strichpunktierten Linie eingefasst. Das heißt, alles, was sich innerhalb dieser strichpunktierten Linie befindet, ist ein Bauteil.

Dieses Bauteil besteht aus:

- 3/2-Wegeventil druckbeaufschlagt mit Sperr-Grundstellung
- Drosselrückschlagventil
- Speicher

27

Das im Schaltplan dargestellte Bauteil -KHB3 ist ein Zweidruckventil. Es erfüllt die logische Funktion UND. Diese logische Funktion kann aber auch auf andere Weise realisiert werden.

Werden die Taster -SJB1 und -SJB2 in Reihe geschaltet, erhält man denselben Effekt.

Diese UND-Funktion findet man auch im Elektroschaltplan der elektropneumatischen Steuerung. Hier wurden die beiden Taster -SJB1 und -SJB2 in Reihe geschaltet und erfüllen somit auch die logische Funktion UND.

Logische Verknüpfungen sind z. B.

UND, ODER, NEGATION IDENTITÄT.

28

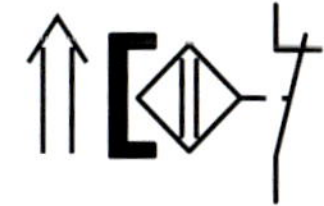

Das dargestellte Schaltzeichen (Bild rechts) zeigt einen Näherungsschalter. Laut Schaltzeichen hat dieser Öffnerfunktion. Allerdings zeigt der Pfeil vor dem Schaltzeichen, dass der Schalter betätigt ist. Dadurch dreht sich die Funktion des Schaltzeichens um. Es handelt sich also um einen betätigten Schließer.

29

Wegmarkierungen auf dem Boden einer Werkshalle markieren Fluchtwege. Sie dürfen auf keinen Fall zugestellt werden. Es muss gewährleistet sein, dass der Fluchtweg zu jeder Zeit benutzt werden kann.

Sicherheitszeichen outside micrometer

30

Sicherheitszeichen haben einen sehr wichtigen Stellenwert in unserem Arbeitsleben. Sie sind unterteilt in:

- **Warnzeichen**: Diese haben Dreiecksform mit gelbem Innenleben, schwarzem Rand und schwarzer Beschriftung.
- **Gebotszeichen**: Gebotszeichen sind rund. Die Grundfarbe ist blau mit weißer Beschriftung.
- **Verbotszeichen**: Sie haben eine runde Form mit weißem Innenleben und roter Einfassung. Der Inhalt ist durchgestrichen.
- **Rettungszeichen**: Rettungszeichen sind quadratisch mit grüner Grundfarbe und weißer Beschriftung.
- **Brandschutzzeichen**: Sie haben eine quadratische Form mit roter Grundfarbe und weißer Beschriftung.

Aufgabensatz B

Die Dichte kann in kg/dm³ und g/cm³ angegeben werden.

02

Bei der Berechnung der Masse des Werkstückes ist darauf zu achten, dass die richtige Dichte als Grundlage verwendet wird. Hier verwenden wir die Dichte eines unlegierten Stahles mit 7,85 kg/dm³ oder auch 7,85 g/cm³.

Legierte Stähle haben eine höhere Dichte!

03

Im Tabellenbuch findet man zur Errechnung der gestreckten Länge folgende Formel:

$$L = l_1 + l_2 + l_3 + l_4 - n \cdot v$$

n = Anzahl der Biegestellen

v = Ausgleichswert, der aus einer Tabelle im Tabellenbuch entnommen werden kann. Er ist von der Werkstoffdicke und dem Biegeradius abhängig.

04

Bei Drehteilen werden in vielen Fällen Automatenstähle verwendet. Durch den Bestandteil „Schwefel" erhöht sich die Spanbrüchigkeit. Das heißt, es entstehen keine Fließ- oder Wirrspäne. Je nach Kohlenstoffgehalt werden Automatenstähle auch als Einsatz- oder Vergütungsstähle hergestellt.

06

Die dargestellte „Abluftdrosselung" wird bei der Ansteuerung von Zylindern am häufigsten verwendet. In der Hydraulik wird diese Drosselungsart als „Ablaufdrosselung" bezeichnet.

Bei dieser Drosselungsart wird der Zylinder zwischen zwei Druckpolstern eingespannt. Es kann also weniger Luft abströmen als zuströmt. Dadurch entsteht sowohl auf der abströmenden Seite ein Rückstaudruck als auch auf der zufließenden Seite ein Staudruck. Somit wird der sogenannte „Stick-Slip-Effekt" verhindert und der Zylinder fährt ruckfrei aus oder auch ein.

Elektrische Leistung

07

Im Tabellenbuch findet man zur Errechnung der elektrischen Leistung folgende Formel:

$$P = U \cdot I$$

P = elektrische Leistung in Watt

I = elektrische Stromstärke in Ampere

U = elektrische Spannung in Volt

08

GRAFCET ist ein Flussdiagramm, das die Fehlersuche sehr erleichtern kann. Man folgt dem Steuerungsablauf von oben nach unten. Ist, wie hier, der Zylinder -MMB1 ausgefahren, fährt aber nicht mehr ein, reißt die Steuerkette bei der Transition -BGB2 ab. Hier beginnt die eigentliche Fehlersuche. Es heißt noch nicht, dass der Näherungsschalter die Fehlerursache ist. Allerdings hat man nun eine Basis, an der mit der Fehlersuche begonnen werden kann.

Arbeitssicherheit occupational safety

10

Die Arbeitssicherheit schreibt uns bei Arbeiten an Maschinen vor, wie unsere persönliche Schutzausrüstung (PSA) aussehen muss. Im eigenen Interesse sollte diese immer getragen und verwendet werden.

Firma	Name	Datum	Gesamtergebnis

Single-Choice-Aufgaben

Nr.					
01	1	2	**3**	4	5
02	1	2	3	4	**5**
03	1	2	3	4	**5**
04	1	2	**3**	4	5
05	1	2	3	**4**	5
06	1	2	**3**	4	5
07	1	2	3	**4**	5
08	1	2	**3**	4	5
09	1	**2**	3	4	5
10	1	2	**3**	4	5
11	1	2	3	**4**	5
12	1	2	3	**4**	5
13	1	**2**	3	4	5
14	1	2	3	4	**5**
15	1	2	**3**	4	5
16	1	2	3	**4**	5
17	**1**	2	3	4	5
18	1	2	3	4	**5**
19	1	2	3	**4**	5
20	1	**2**	3	4	5
21	1	2	3	4	**5**
22	1	2	3	**4**	5
23	**1**	2	3	4	5
24	**1**	2	3	4	5
25	1	**2**	3	4	5
26	1	2	3	**4**	5
27	1	2	3	**4**	5
28	1	2	3	4	**5**
29	**1**	2	3	4	5
30	1	2	3	**4**	5

Single-Choice-Aufgaben, Teil 1

Punkte	Divisor		Ergebnis 1
	0,6	=	

Ungebundene Aufgaben, Teil 2

Punkte	Divisor		Ergebnis 2
	2	=	

Gesamtergebnis (Ergebnis 1 + Ergebnis 2)

Gesamtergebnis

Bewertungsschlüssel

Punkte	Note
0 bis 29	ungenügend
30 bis 49	mangelhaft
50 bis 66	ausreichend
67 bis 80	befriedigend
81 bis 91	gut
92 bis 100	sehr gut

Unterschrift Prüfer

Notizen

Aufgabensatz B

01

Der doppeltwirkende Pneumatikzylinder bewegt das Anschlussstück Pos. 6 nach rechts. Über den Bolzen Pos. 8 wird der Schieber Pos. 5 bewegt. Aus dem Magazin Pos. 9 fällt eine Kugel in die Nut des Schiebers Pos. 5. Durch die Bewegung des Schiebers wird die Kugel nach rechts befördert. Am Ende des Hubes rollt die Kugel über die Rutsche aus der Vorrichtung. Nachdem die Kugel herausgerollt ist, wird der Schieber durch den Pneumatikzylinder wieder in seine Grundstellung zurückgezogen. Dieser Vorgang läuft so lange ab, bis die Zeit am Zeitventil -KHB4 oder am Zeitrelais -KFB1 abgelaufen ist oder durch den Taster -SJB3 oder den elektrischen Taster -SJB3 beendet wird.

02

a) $A_{ges} = l \cdot b = 70\text{ mm} \cdot 60\text{ mm} = \quad 4200\text{ mm}^2$

$-A_{Fasen} = l \cdot b = 10\text{ mm} \cdot 10\text{ mm} = \quad 100\text{ mm}^2$

$$-A_{Bohrung} = \frac{d^2 \cdot \pi}{4} = \frac{(23\text{ mm})^2 \cdot \pi}{4} = \quad 415{,}5\text{ mm}^2$$

Gesamtfläche: $3684{,}50\text{ mm}^2 = 36{,}85\text{ cm}^2$

$V = A \cdot h = 36{,}85\text{ cm}^2 \cdot 1\text{ cm} = 36{,}85\text{ cm}^3$

$m = V \cdot \delta = 36{,}85\text{ cm}^3 \cdot 7{,}85\text{ g/cm}^3 = 289{,}27\text{ g}$

b) 0,289 kg · 1,02 €/kg = 0,295 €

03

a) $L = l_1 + l_2 + l_3 + l_4 - n \cdot v$

$L = 19\text{ mm} + 29\text{ mm} + 34\text{ mm} + 11\text{ mm} - 3 \cdot 6 = 75\text{ mm}$

b) 75 mm · 50 = 3750 mm

04

11SMn30

C = < 0,14 % / S = 0,27 – 0,33 % / Mn = 0,9 – 1,3 % $R_m = 380 - 570\text{ N/mm}^2$

Automatenstahl – Gekennzeichnet durch gute Zerspanbarkeit und gute Spanbrüchigkeit

05

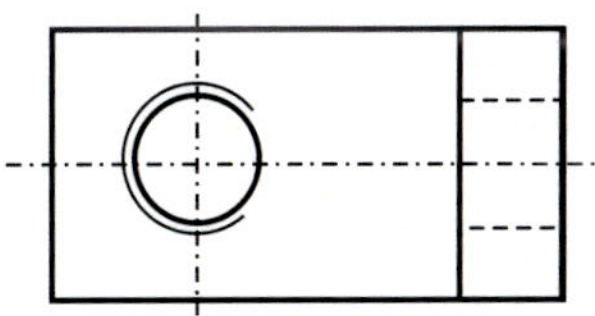

06

a) Die Drosselungsart ist die Abluftdrosselung.

b) Der Zylinder ist zwischen 2 „Druckpolstern" eingespannt. Somit wird eine relativ stabile Aus- und Einfahrgeschwindigkeit erreicht.

07

$P = U \cdot I$

$I = \frac{P}{U} = \frac{120\ \text{W}}{24\ \text{V}} = 5\ \text{A}$

08

1) Der Näherungsschalter -BGB2 wird nicht betätigt.
2) Der Näherungsschalter -BGB2 ist defekt.
3) Das Relais -KFA3 ist defekt.
4) Der Schaltmagnet -MBB2 am Wegeventil -QMB1 ist defekt.

09

① Doppeltwirkender Zylinder mit einstellbarer Endlagendämpfung

② 5/2-Wege-Impulsventil

③ 3/2-Wegeventil mit Sperr-Null-Stellung, Rollenstößel und Federrückstellung

④ Wechselventil

⑤ Zweidruckventil

⑥ Schnellentlüftungsventil

10

- Sicherheitsschuhe
- Eng anliegende Kleidung
- Schutzbrille
- Haarschutz für längere Haare
- Keine Handschuhe
- Keine Ringe oder Ketten

Projekt 2

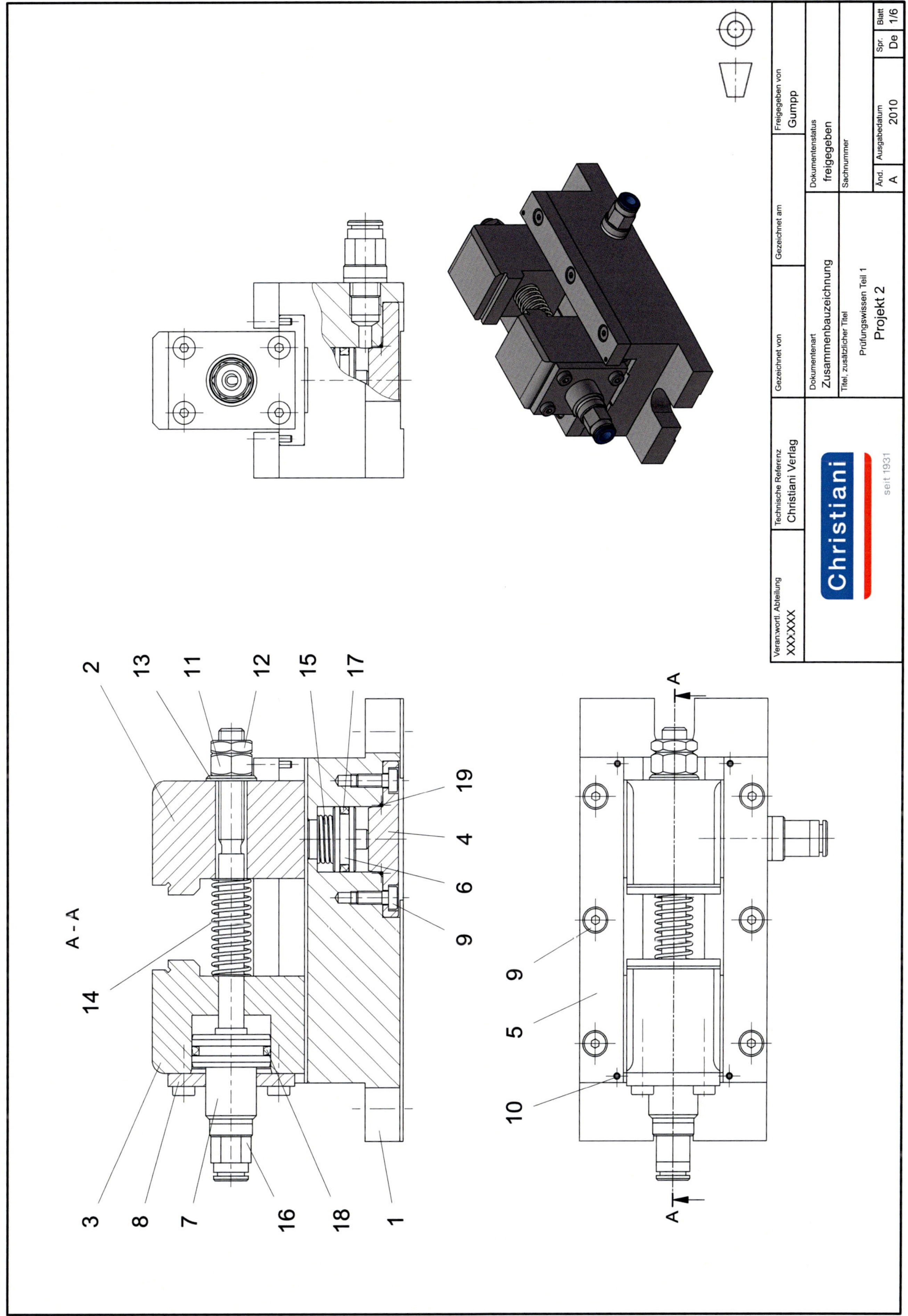
A - A
2
13
11
12
15
17
19
4
6
9
14
3
8
7
16
18
1
9
5
10
A
A
Veranwortl. Abteilung
XXX.XXX
Technische Referenz
Christiani Verlag
Gezeichnet von
Gezeichnet am
Freigegeben von
Gumpp
Christiani
seit 1931
Dokumentart
Zusammenbauzeichnung
Dokumentenstatus
freigegeben
Titel, zusätzlicher Titel
Prüfungswissen Teil 1
Projekt 2
Sachnummer
Änd.
A
Ausgabedatum
2010
Spr.
De
Blatt
1/6

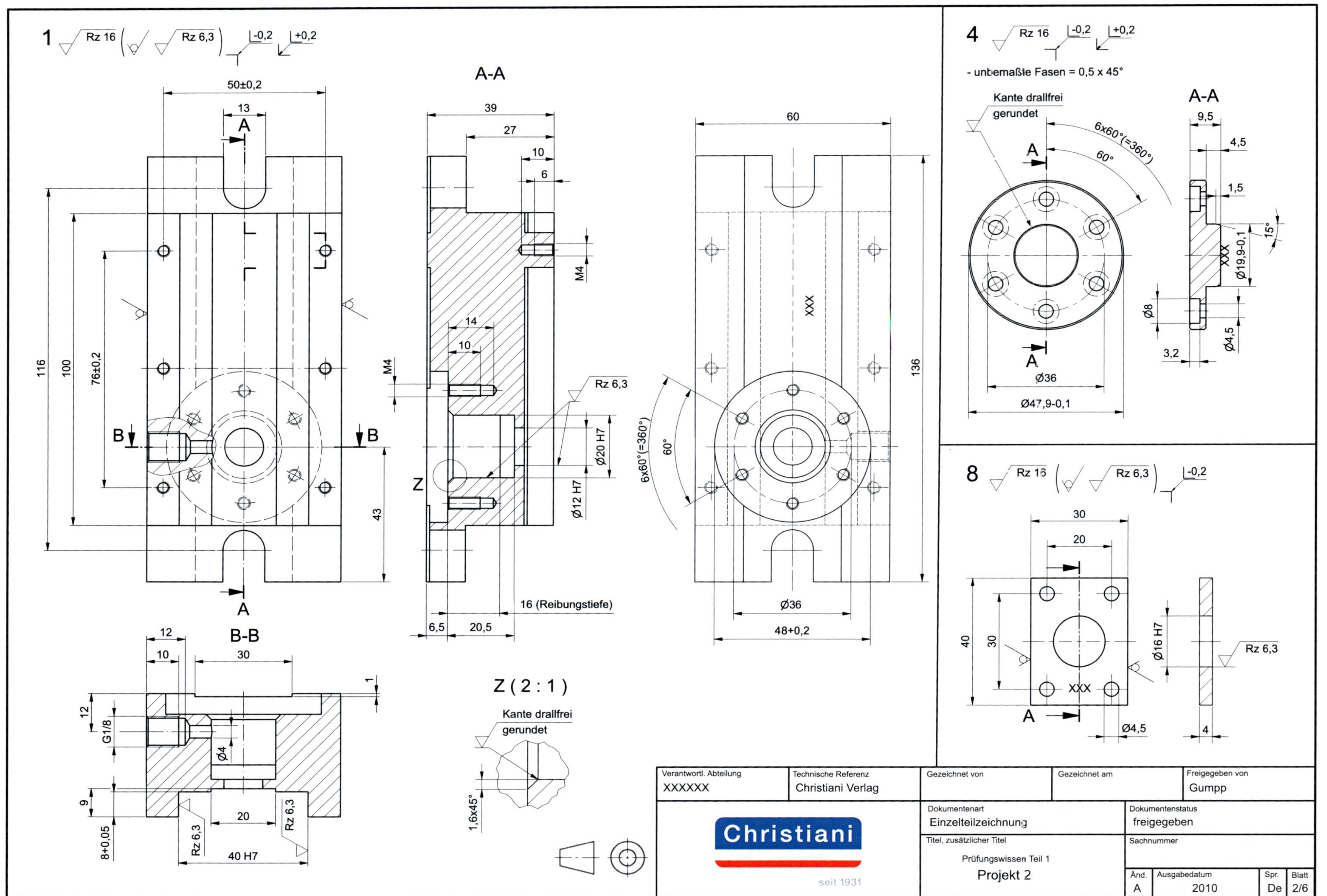

1 Rz 16 (Rz 6,3) -0,2 +0,2
A-A
B-B
Z (2 : 1)
Kante drallfrei gerundet
16 (Reibungstiefe)
4 Rz 16 -0,2 +0,2
- unbemaßte Fasen = 0,5 x 45°
Kante drallfrei gerundet
A-A
8 Rz 16 (Rz 6,3) -0,2
Verantwortl. Abteilung
XXXXXX
Technische Referenz
Christiani Verlag
Gezeichnet von
Gezeichnet am
Freigegeben von
Gumpp
Christiani
seit 1931
Dokumentenart
Einzelteilzeichnung
Dokumentenstatus
freigegeben
Titel, zusätzlicher Titel
Prüfungswissen Teil 1
Projekt 2
Sachnummer
Änd.
A
Ausgabedatum
2010
Spr.
De
Blatt
2/6

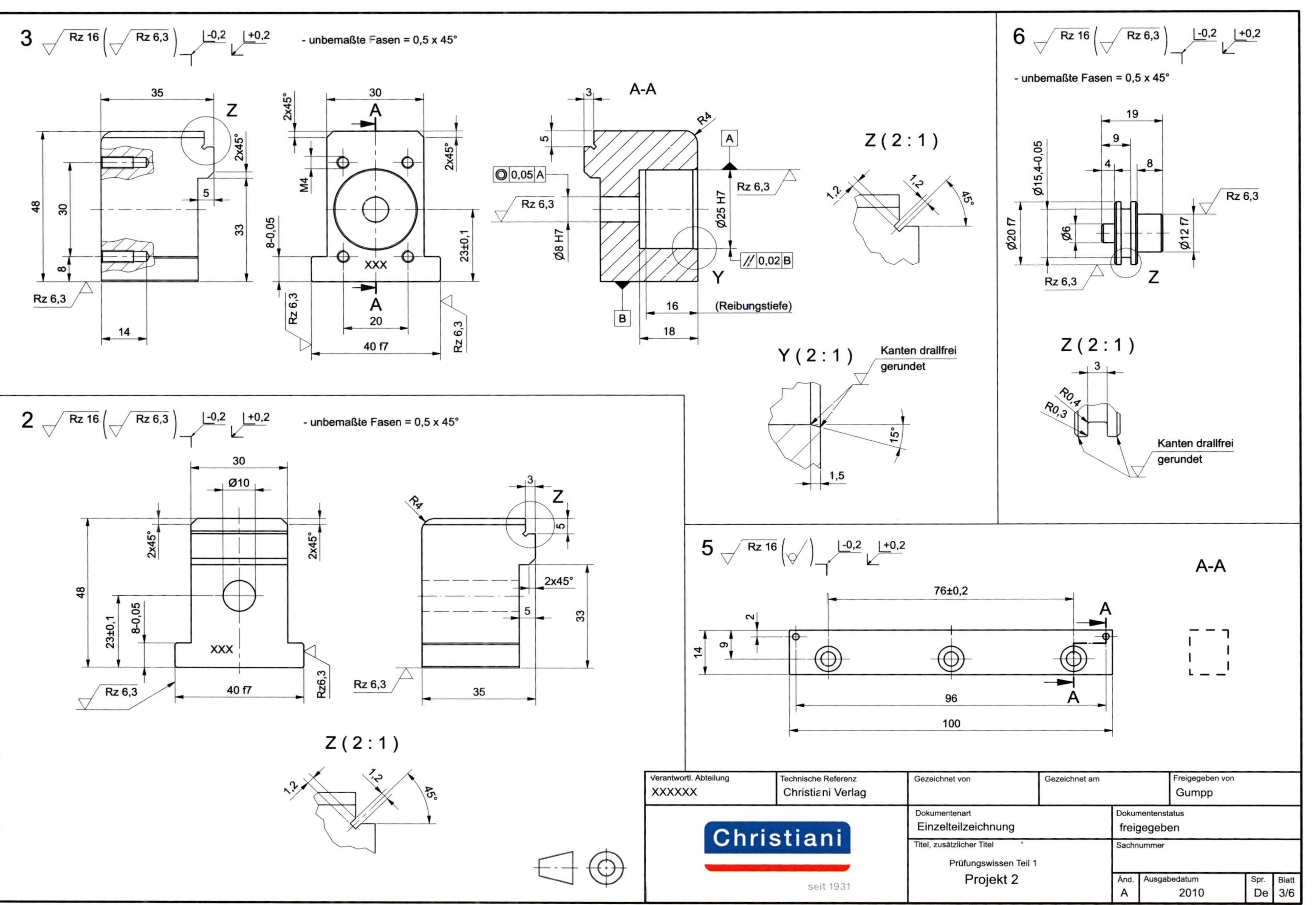

3 Rz 16 (Rz 6,3) -0,2 +0,2
- unbemaßte Fasen = 0,5 x 45°
A-A
Z (2 : 1)
Y (2 : 1)
Kanten drallfrei gerundet
(Reibungstiefe)
Ø25 H7
Ø8 H7
M4
40 f7
23±0,1
8-0,05
2 Rz 16 (Rz 6,3) -0,2 +0,2
- unbemaßte Fasen = 0,5 x 45°
Z (2 : 1)
6 Rz 16 (Rz 6,3) -0,2 +0,2
- unbemaßte Fasen = 0,5 x 45°
Ø15,4-0,05
Ø20 f7
Ø6
Ø12 f7
Z (2 : 1)
R0,4
R0,3
Kanten drallfrei gerundet
5 Rz 16 -0,2 +0,2
76±0,2
A-A
Verantwortl. Abteilung
XXXXXX
Technische Referenz
Christiani Verlag
Gezeichnet von
Gezeichnet am
Freigegeben von
Gumpp
Christiani
seit 1931
Dokumentenart
Einzelteilzeichnung
Dokumentenstatus
freigegeben
Titel, zusätzlicher Titel
Prüfungswissen Teil 1
Projekt 2
Sachnummer
Änd.
A
Ausgabedatum
2010
Spr.
De
Blatt
3/6

7 Rz 16 (Rz 6,3) -0,2 +0,2

120
94
92
22,5
16
70
34
A
Rz 6,3
Ø25 f7
Ø20,4-0,05
Ø16 f7
Ø10
Ø8 f7
Ø8-0,2
M8
0,05 A
DIN 76-1-A
Rmax 0,2
1x45°

17
10
Ø2,5
45°
Rz 6,3
3
G1/8
Rz 6,3
ISO 6411-A1,6/3,35
Kanten drallfrei gerundet
Z

Z (2 : 1)
3
1,5
15°
15°
R0,4
R0,3
1,5

Stück	Benennung	Normblatt	Werkstoff	Pos.-Nr.	Halbzeug/Bemerkung	
1	O-Ring 20 x 1,2		NBR	19		
1	X-Ring 20,29 x 2,62		NBR	18		
1	X-Ring 14,7 x 2,62		NBR	17		
2	Steckverschraubung G1/8			16		
1	Druckfeder 1,1 x 13,6 x 20,4	EN 10270-1 DH	C67E	15	if=3,3	
1	Druckfeder 1 x 11,4 x 62	EN 10270-1 DH	C67E	14	if=10,5	
1	Scheibe 8	ISO 7090	200HV	13		
1	Sechskantmutter M8	ISO 4035	.8	12		
1	Sechskantmutter M8	ISO 4032	.8	11		
4	Spannstift 2 x 12	ISO 8752	St.	10		
16	Zylinderschraube M4 x 10	DIN 7984	8.8	9		
1	Platte		S235JR+C	8	Fl 60 x 39 x 136	EN 10278
1	Zugstange		11SMn30+C	7	Rd 26 x 120	EN 10278
1	Druckbolzen		CuZn39Pb3	6	Rd 22 x 50	EN 12164
2	Führungsleiste		CuZn39Pb3	5	Fl 15 x 8 x 100	EN 12167
1	Deckel		11SMn30+C	4	Rd 48 x 10	EN 10278
1	Spannbacke links		S235JR+C	3	Fl 50 x 45 x 37	EN 10278
1	Spannbacke rechts		S235JR+C	2	Fl 50 x 45 x 37	EN 10278
1	Grundkörper		S235JR+C	1	Fl 60 x 39 x 136	EN 10278

Verantwortl. Abteilung	Technische Referenz	Gezeichnet von	Gezeichnet am	Freigegeben von
XXXXXX	Christiani Verlag	Geiss	20.01.2022	Gumpp

Christiani seit 1931

Dokumentenart	Dokumentenstatus
Einzelteilzeichnung / Stückliste	freigegeben
Titel, zusätzlicher Titel	Sachnummer
Prüfungswissen Teil 1 Projekt 2	

Änd.	Ausgabedatum	Spr.	Blatt
A	2010	De	6/6

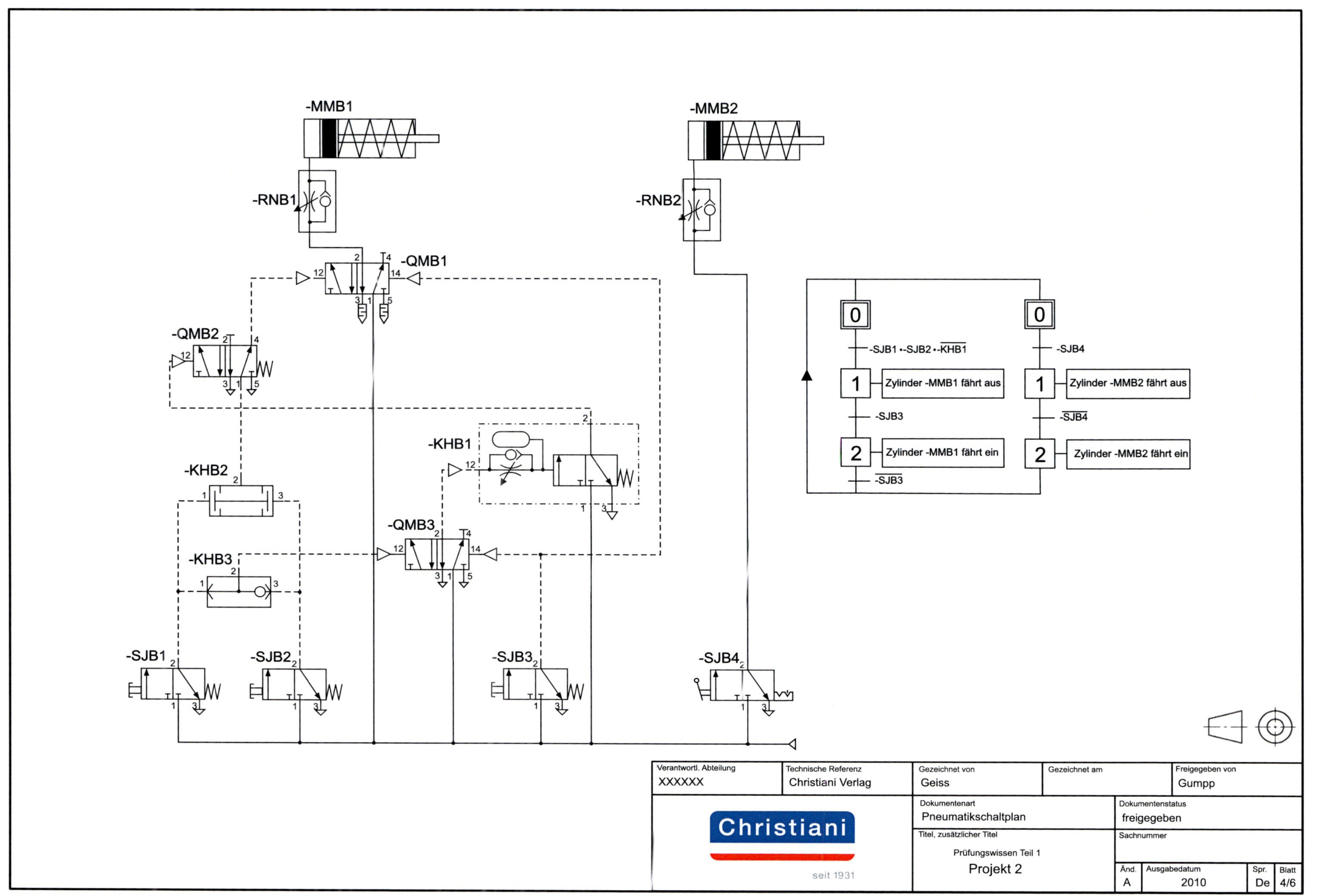

-MMB1
-MMB2
-RNB1
-RNB2
-QMB1
-QMB2
-QMB3
-KHB1
-KHB2
-KHB3
-SJB1
-SJB2
-SJB3
-SJB4
0
-SJB1 • -SJB2 • -KHB1
1
Zylinder -MMB1 fährt aus
-SJB3
2
Zylinder -MMB1 fährt ein
-SJB3
0
-SJB4
1
Zylinder -MMB2 fährt aus
-SJB4
2
Zylinder -MMB2 fährt ein
Verantwortl. Abteilung
XXXXXX
Technische Referenz
Christiani Verlag
Gezeichnet von
Geiss
Gezeichnet am
Freigegeben von
Gumpp
Dokumentenart
Pneumatikschaltplan
Dokumentenstatus
freigegeben
Titel, zusätzlicher Titel
Prüfungswissen Teil 1
Projekt 2
Sachnummer
Änd.
A
Ausgabedatum
2010
Spr.
De
Blatt
4/6
Christiani
seit 1931

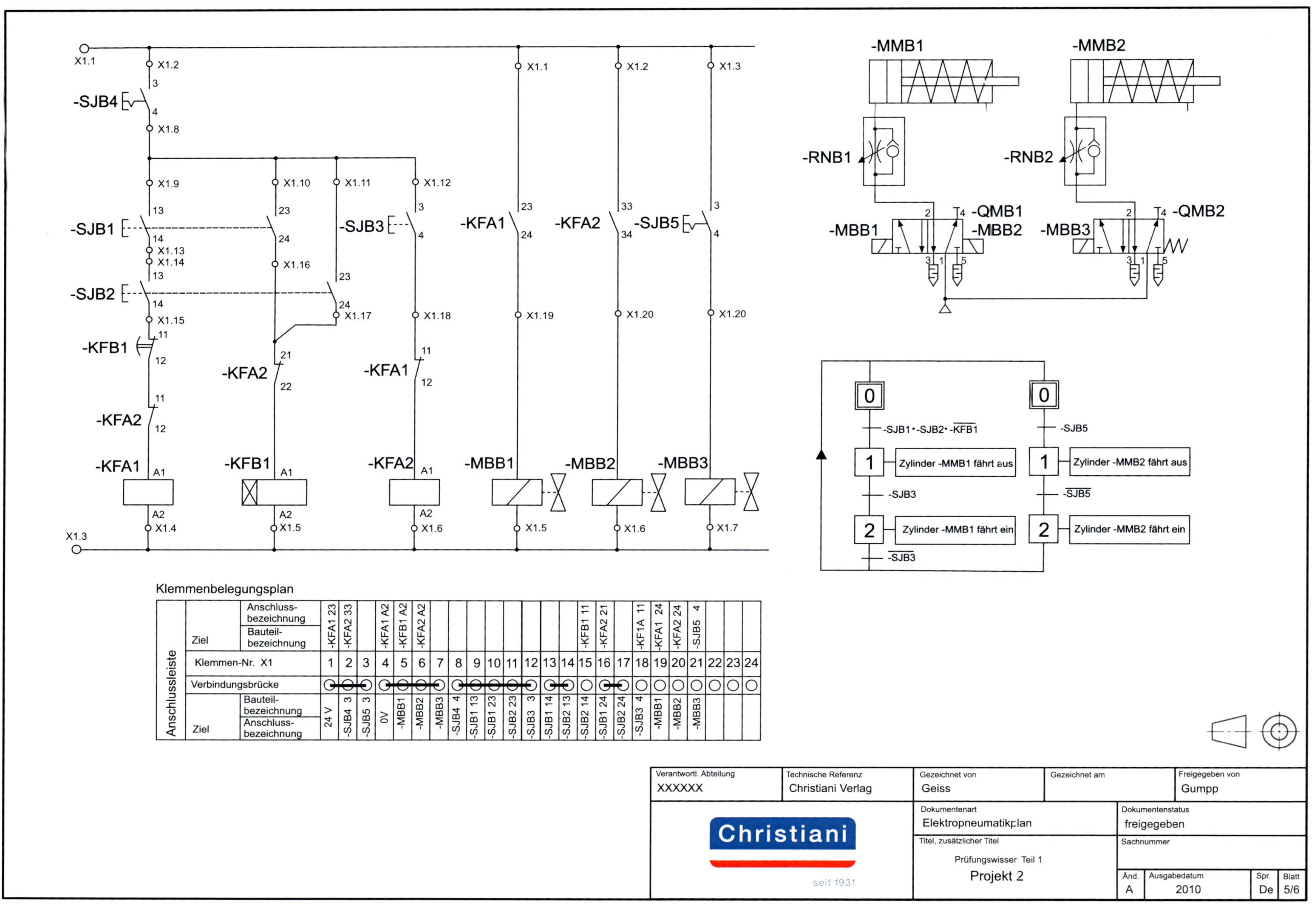

Anschlussleiste		1	2	3	4	5	6	7	8	9	10	11	12	13	14	15	16	17	18	19	20	21	22	23	24
Ziel	Anschluss-bezeichnung / Bauteil-bezeichnung	-KFA1 23	-KFA2 33		-KFA1 A2	-KFB1 A2	-KFA2 A2									-KFB1 11	-KFA2 21		-KF1A 11	-KFA1 24	-KFA2 24	-SJB5 4			
Klemmen-Nr. X1		1	2	3	4	5	6	7	8	9	10	11	12	13	14	15	16	17	18	19	20	21	22	23	24
Verbindungsbrücke																									
Ziel	Bauteil-bezeichnung / Anschluss-bezeichnung	24 V	-SJB4 3	-SJB5 3	0V	-MBB1	-MBB2	-MBB3	-SJB4 4	-SJB1 13	-SJB1 23	-SJB2 23	-SJB3 3	-SJB1 14	-SJB2 13	-SJB2 14	-SJB1 24	-SJB2 24	-SJB3 4	-MBB1	-MBB2	-MBB3			

01

In welche Untergruppen werden die Materialien, die zur Erstellung des Werkstückes erforderlich sind, unterteilt?

1. Stahl und Hartmetalle
2. Stahl und Nichteisenmetalle
3. Stahl
4. Kunststoffe
5. Sinterwerkstoffe

02

(Pos. 9) Welche Aussage kann über diese Schraube getroffen werden?

1. Metrisches Gewinde M4, Gewindelänge 10 mm, Mindestzugfestigkeit 640 N/mm^2
2. Metrisches Gewinde Ø 16mm, Schaftlänge 4 mm, 800 N/mm^2 Mindestzugfestigkeit
3. Metrisches Gewinde M4, Gewindelänge 10 mm, 800 N/mm^2 Mindestzugfestigkeit
4. Metrisches Gewinde 4, 10 mm Gewindelänge, 640 N/mm^2 Mindestzugfestigkeit
5. Withworth-Gewinde 4/10“ Außendurchmesser, 800 N/mm^2 Mindestzugfestigkeit

Stahlbezeichnung/ Stahlnormung

03

Zum Fertigen der Gewinde in Pos. 1 sollen Handgewindebohrer verwendet werden. Welches Schmiermittel soll für diese Arbeit verwendet werden?

1. Wasser
2. Schneidöl
3. Petroleum
4. Emulsion
5. Spiritus

04

Welche Aufgabe hat die Stückliste in diesem Zeichnungssatz?

1. Die Stückliste gibt das Gewicht der einzelnen Positionen an.
2. In der Stückliste werden alle Werkzeuge, die zur Fertigung des Werkstückes benötigt werden, aufgeführt.
3. Die Stückliste enthält alle Halbzeuge dieser Baugruppe.
4. Die Stückliste enthält alle Teile, die zur Herstellung der Baugruppe erforderlich sind.
5. Die Stückliste enthält die einzelnen Schritte für die Herstellung der Baugruppe.

Schmiermittel lubricants

05

(Pos. 3) Errechnen Sie die Drehzahl n (min^{-1}) für die Bohrung Ø 4,3 mm. Als Schnittgeschwindigkeit v_c wird ein Wert von 25 m/min angegeben. Die Vorschubgeschwindigkeit v_f beträgt 0,2 mm.

1. $n = 1850\ \text{min}^{-1}$
2. $n = 185\ \text{min}^{-1}$
3. $n = 825\ \text{min}^{-1}$
4. $n = 1615\ \text{min}^{-1}$
5. $n = 1293\ \text{min}^{-1}$

Nebenrechnung Aufgabe 05

Konstante

Rotierende Geschwindigkeitsberechnung

06

Der Kolben des Pneumatikzylinders Pos. 7 wird mit einem Druck von 4 bar beaufschlagt. Wie groß ist die Spannkraft der Spannvorrichtung, wenn die Reibungsverluste nicht berücksichtigt werden?

1. F = 1257 N
2. F = 196,4 N
3. F = 17,64 N
4. F = 800 N
5. F = 80 N

Nebenrechnung Aufgabe 06

Kolben-kräfte

07

Bei der maschinellen Bearbeitung der Werkstücke werden Kühlschmierstoffe verwendet. Welche Aufgabe haben die Kühlschmierstoffe bei der Fertigung?

1. Schutz vor Korrosion
2. Reinigung der Bauteile
3. Erhöhung der Reibung
4. Herabsetzung der Reibung und Wärmeabfuhr
5. Reinigung der Werkzeuge

08

Der Kolben eines Pneumatikzylinders hat eine Hublänge von 48 mm. Beim Spannen des Werkstückes legt er diesen Weg s in einer Zeit t von 1 Sekunde zurück. Wie hoch ist die Zylindergeschwindigkeit v in m/min?

1. 28,8 m/min
2. 0,28 m/min
3. 4,8 m/min
4. 2,88 m/min
5. 48 m/min

Kühl-schmier-mittel
cooling libricant

Lineare Ge-schwin-digkeit

09

Am Messschieber wird ein Nonius verwendet. Welche Aufgabe hat der Nonius an diesem Messgerät?

1. Erhöhung der Ablesegenauigkeit
2. Digitale Anzeige des Messwertes
3. Festlegung des Messbereiches
4. Maße im 1/100-mm-Bereich ablesbar zu machen
5. Messen von Senkungstiefen

Nebenrechnung Aufgabe 08

10

Die Spannung U des skizzierten Stromkreises beträgt 24 V. Wie hoch ist die Stromstärke I (in mA), wenn bei der Lampe ein Widerstand R von 250 Ω gemessen wird?

1) 8300 mA
2) 120 mA
3) 4,8 mA
4) 1200 mA
5) 96 mA

Nebenrechnung Aufgabe 10

Ohmsches Gesetz

11

Bei der Auswahl eines geeigneten Sägeblattes spielt die Anzahl der Zähne auf einer bestimmten Länge eine erhebliche Rolle. Welche der folgenden Aussagen trifft zu?

HSS 24T/1"

1) Für harte Werkstücke werden Sägeblätter mit einer kleinen Zahnteilung verwendet.
2) Für dünne Werkstücke werden Sägeblätter mit einer niedrigen Zähnezahl verwendet.
3) Die Zähnezahl ist nicht vom Werkstoff des zu bearbeitenden Materials abhängig.
4) Für weiche Werkstoffe werden kleinere Zähnezahlen verwendet.
5) Die Zähnezahl ist bei allen Materialien gleich.

12

Vor welchem Schaltzeichen steht die richtige Benennung des Bauteils?

1) Zweidruckventil
2) Drosselrückschlagventil
3) 4/2-Wegeventil
4) 5/2-Wege-Impulsventil
5) Druckbegrenzungsventil

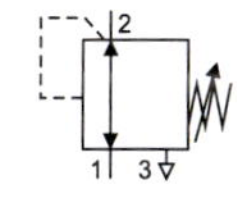

Bügelmessschraube outside micrometer

13

(Pos. 7) Mit welchem Messwerkzeug kann der Durchmesser Ø 15 f7 gemessen werden?

1) Endmaße
2) Digitalmessschieber
3) Messuhr
4) Grenzlehrdorn
5) Bügelmessschraube

14

Welches Maß kann auf der dargestellten Bügelmessschraube abgelesen werden?

1) 5,19 mm
2) 6,19 mm
3) 5,69 mm
4) 5,99 mm
5) 6,19 mm

15

Welche Steigung hat die mit 1 gekennzeichnete Spindel in der dargestellten Bügelmessschraube?

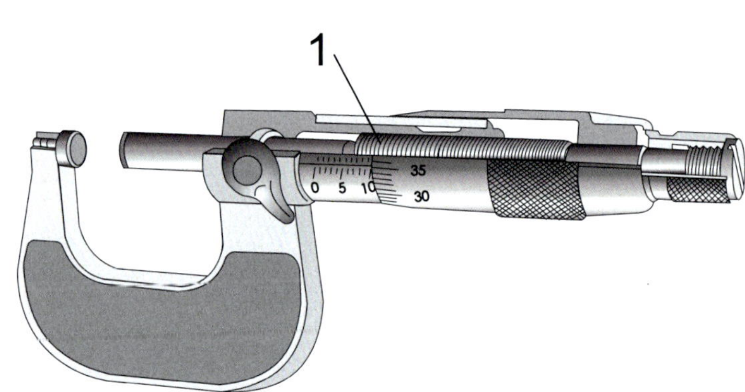

1. 0,5 mm
2. 1,0 mm
3. 0,25 mm
4. 2,0 mm
5. 1,25 mm

16

(Pos. 6) Welche Drehzahl muss an der Bohrmaschine für die Bohrung Ø 10 H7 mm (Ø 9,8 mm) eingestellt werden, wenn eine Schnittgeschwindigkeit für einen HSS-Bohrer von 25 m/min angegeben wird?

1. 170 min^{-1}
2. 800 min^{-1}
3. 1250 min^{-1}
4. 1800 min^{-1}
5. 400 min^{-1}

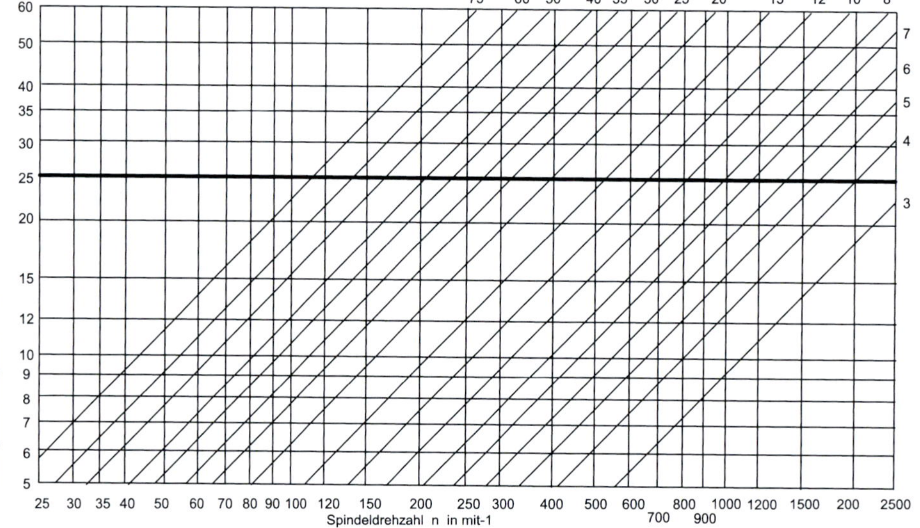

Diese Tabelle findet man an vielen Maschinen, wie z. B. Bohr-, Dreh- oder Fräsmaschinen.

17

Welchen Vorteil bietet der Messschieber A (Bild rechts) im Gegensatz zu Messschieber B?

1. Er ist für Messungen von Passungen geeignet.
2. Er ist jederzeit einsatzbereit.
3. Bei der Ablesung können keine Parallaxenfehler auftreten.
4. Er ist preisgünstiger als der Messschieber B.
5. Er unterliegt nicht der Prüfmittelüberwachung.

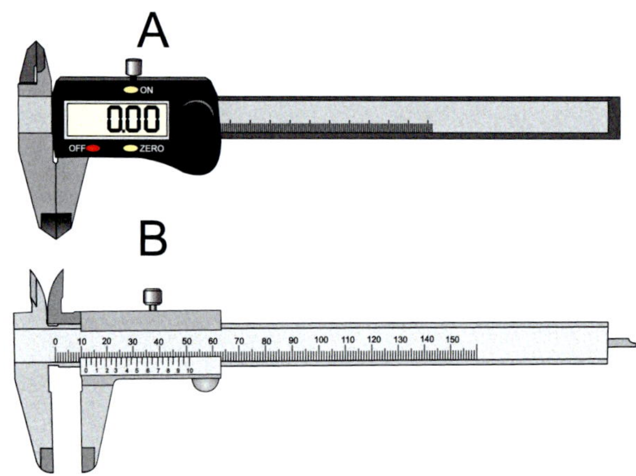

Messschieber caliper

Digitalmessschieber digital vernier caliper

18

Welche Aussage über das rechts dargestellte Druckmessgerät ist richtig?

1. Es kann nur in Hydraulikanlagen verwendet werden.
2. Es zeigt den absoluten Druck an.
3. Es zeigt den Druck auch in PSI an.
4. Es zeigt den Atmosphärenüberdruck an.
5. Es ist für den Überdruck negativ geeignet.

Mano-meter pressure gauge

19

In welcher der Tabellenspalten sind die richtigen Bewegungsrichtungen des rechts dargestellten Fräsers angegeben?

	Kreisförmige Schnittbewegung	Zustell-bewegung	Vorschub-bewegung
1	Z	X	A
2	X	A	Z
3	Z	A	X
4	A	X	Z
5	A	Z	X

20

Wie hoch muss die Umdrehungsfrequenz in min^{-1} des Walzenstirnfräsers sein, wenn im Tabellenbuch eine Schnittgeschwindigkeit v_c von 30 m/min angegeben wird? Der Fräser hat einen Durchmesser von Ø 63 mm und eine Zähnezahl von $z = 8$.

1. 58 min^{-1}
2. 152 min^{-1}
3. 435 min^{-1}
4. 553 min^{-1}
5. 632 min^{-1}

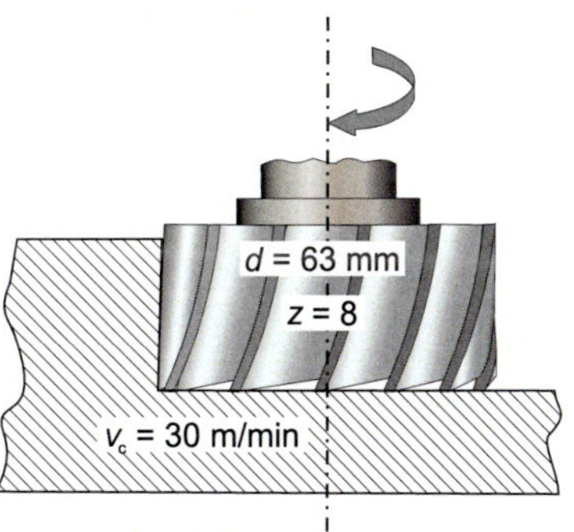

Nebenrechnung Aufgabe 25

Schnitt-geschwin-digkeit

Fräsen

21

In manchen Zeichnungen sind Maße in Klammern gesetzt. Welche Aussage über diese Darstellung ist richtig?

1. Diese Maße sind Prüfmaße.
2. Diese Maße sind Hilfsmaße.
3. Diese Maße sind nicht maßstäblich gezeichnet.
4. Diese Maße sind von besonderer Bedeutung.
5. Diese Maße sind reine Fertigungsmaße.

22

(Pos. 5) Aus welchem Material besteht die Führungsleiste?

1. Einsatzstahl
2. Messing
3. Werkzeugstahl
4. Bronze
5. Edelstahl

23

(Pos. 7) Mit welchem Mess- oder Prüfwerkzeug kann der Durchmesser 8 f7 am Kolben gemessen werden? (Bilder rechts)?

1. Werkzeug 1 und 2
2. Werkzeug 1 und 3
3. Werkzeug 2 und 3
4. Werkzeug 3 und 5
5. Werkzeug 4 und 5

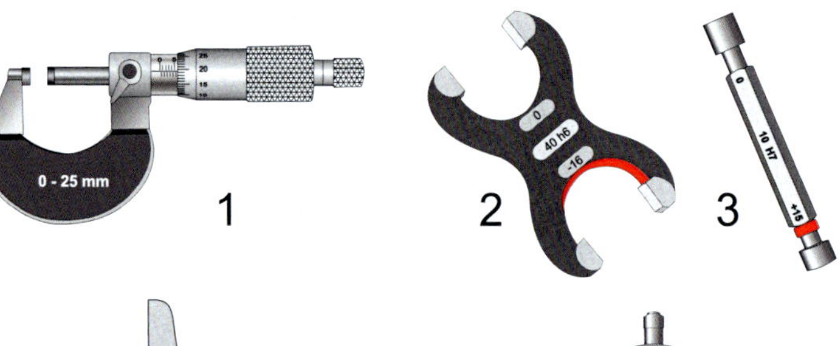

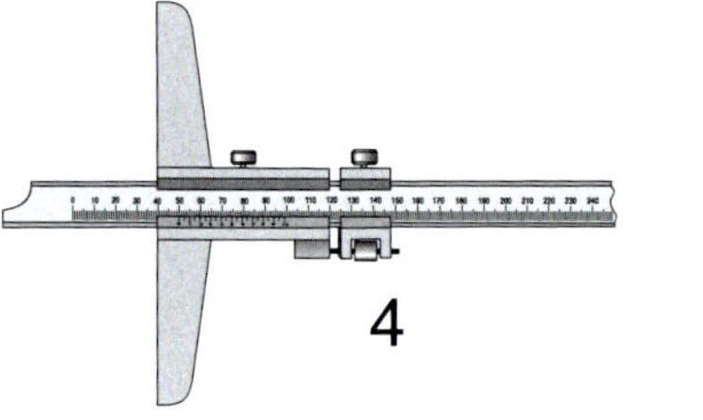

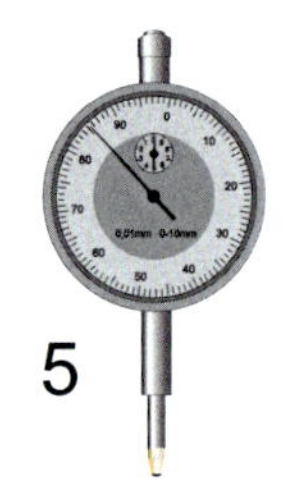

Bei der Auswahl des Mess- oder Prüfmittels ist die Ablesegenauigkeit des jeweiligen Mess- oder Prüfgerätes ausschlaggebend.

24

(Pos. 2) Die beiden Absätze sollen gefräst werden. Mit welchem der dargestellten Fräser sollte dieser Fräsvorgang erfolgen?

1. a
2. b
3. c
4. d
5. e

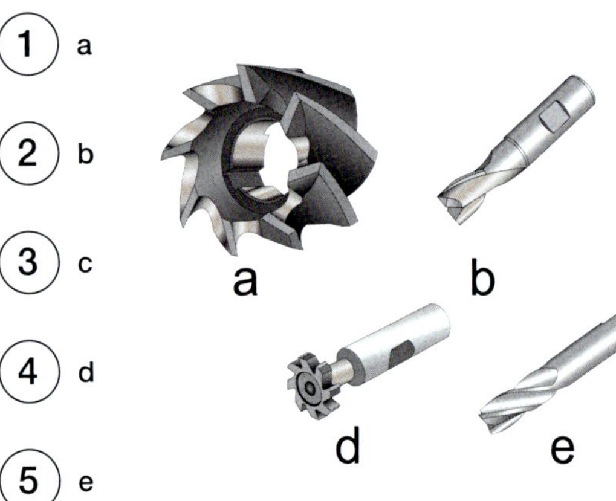

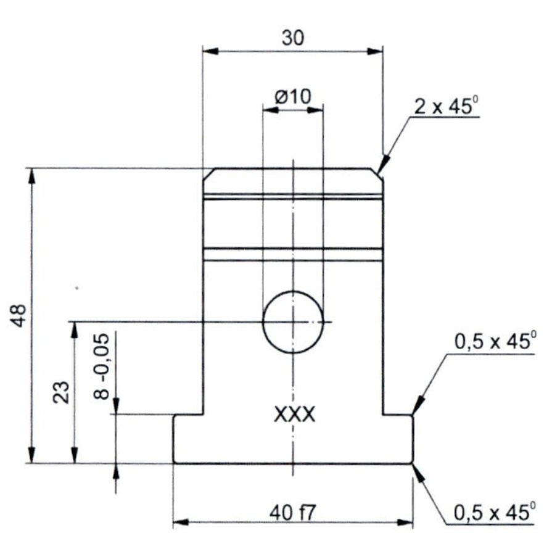

Neben der Funktionalität ist auch die Wirtschaftlichkeit der Bearbeitung ein Kriterium.

25

Welche der nachstehend aufgeführten Einheiten gehören zu den SI-Basiseinheiten?

1. Masse *m*
2. Geschwindigkeit *v*
3. Elektrische Spannung *U*
4. Druck *p*
5. Kraft *F*

26

(Pos. 1 bis 3) Auf welche Aussage bezieht sich bei der Werkstoffbezeichnung S235JRG3C+C die Zahl 235?

1. Kohlenstoffgehalt
2. Mindeststreckgrenze
3. Mindestzugfestigkeit
4. Kerbschlagarbeit
5. Legierungsbestandteile

SI-Einheiten

27

(Pos. 16) In der Stückliste wird bei der Steckverschraubung die Bezeichnung G1/8 angegeben. Worauf bezieht sich dieser Wert?

1. Das Anschlussgewinde G1/8“
2. Den Schlauchaußendurchmesser
3. Den Schlauchinnendurchmesser
4. Die Länge der Verschraubung
5. Die lichte Weite des Schlauches

28

(Pneumatikschaltplan) Durch welches Ventil könnte das Ventil -QMB1 ersetzt werden?

1. Druckschaltventil direkt betätigt
2. Zweidruckventil
3. 3/2-Wege-Impulsventil
4. Stromregelventil
5. Wechselventil

Gewinde

29

(Pneumatikschaltplan) Aus welchen Bauteilen besteht das Ventil -KHB1?

1. Wechselventil, Speicher, Drosselrückschlagventil
2. 5/2-Wegeventil, Drosselrückschlagventil, Speicher
3. Zweidruckventil, 3/2-Wegeventil, Drosselrückschlagventil
4. Stromregelventil, Speicher, 3/2-Wegeventil
5. 3/2-Wegeventil, Speicher, Drosselrückschlagventil

30

(Elektropneumatische Steuerung) Um welches Bauteil handelt es sich bei -KFA2?

1. Relais
2. Schütz
3. Näherungsschalter
4. Zeitrelais anzugverzögert
5. Zeitrelais abfallverzögert

Die Bestandteile einer Ventilkombination sind in der Regel aus dem Schaltzeichen ersichtlich.

Notizen

01

(Zeichnung Seite 1) Beschreiben Sie die Funktionsweise der im Projekt 2 aufgeführten Zeichnung.

Punkte
10 bis 0

02

(Stückliste Pos. 3) Erklären Sie die Bezeichnung des Werkstoffes.

TB

Stahlnormung und Stahlarten

Punkte
10 bis 0

03

(Zeichnung Pos. 4) In dem Deckel sollen die Bohrungen für die Befestigungsschrauben hergestellt werden. Errechnen Sie die Hauptnutzungszeit (in min) für diesen Arbeitsvorgang. Die Schnittgeschwindigkeit wird mit v_c = 30 m/min und der Vorschub mit 0,1 mm angegeben. Für l_a und l_u werden jeweils 1 mm angegeben, l_s beträgt 1,3 mm.

Ist bei einer Aufgabenstellung die Länge der Bohrerspitze nicht angegeben, muss diese aber auf jeden Fall berücksichtigt werden. Diese Länge ist vom zu bearbeitenden Material abhängig.

Punkte
10 bis 0

04

(Zeichnung Pos 5) Erstellen Sie eine Skizze des Schnittes A-A mit normgerechter Bemaßung der Bohrungen.

Punkte
10 bis 0

05

(Pos. 6) Welche Spannkraft wird bei einem Druck von 5 bar erreicht, wenn mit einem Wirkungsgrad von 90 % gerechnet wird.

Bei der Berechnung der Kolbenkraft muss der Druck in N/cm^2 angegeben werden.

Punkte 10 bis 0

06

(Pos. 8)

a) Berechnen Sie die Masse der Platte.

b) Errechnen Sie die Materialkosten für 20 Platten bei einem Materialpreis von 1,65 €/kg.

Dichte und Berechnung der Masse

Punkte 10 bis 0

07

(Elektropneumatische Steuerung) Das Netzteil zum Betrieb der elektropneumatischen Steuerung liefert laut Datenblatt bei einer Spannung von 24 V einen Strom vom 4 A. Welche Leistung (in W) kann das Netzteil liefern?

TB Leistung elektrisch

Punkte 10 bis 0

08

Wie erkennen Sie bei einem Grenzlehrdorn die Gut- und Ausschussseite? Geben Sie drei Unterscheidungsmerkmale an.

Punkte 10 bis 0

09

(Pneumatikschaltplan) Erklären Sie die Funktion der pneumatischen Steuerung.

Pneumatiksteuerung pneumatic control

Punkte 10 bis 0

10

Nennen Sie drei persönliche Schutzausrüstungen (PSA), die beim Drehen erforderlich sind.

Persönliche Schutzausrüstung personal protection equipment

Punkte 10 bis 0

Notizen

Firma	Name	Datum	Gesamtergebnis

Single-Choice-Aufgaben

01	1	2	3	4	5	16	1	2	3	4	5
02	1	2	3	4	5	17	1	2	3	4	5
03	1	2	3	4	5	18	1	2	3	4	5
04	1	2	3	4	5	19	1	2	3	4	5
05	1	2	3	4	5	20	1	2	3	4	5
06	1	2	3	4	5	21	1	2	3	4	5
07	1	2	3	4	5	22	1	2	3	4	5
08	1	2	3	4	5	23	1	2	3	4	5
09	1	2	3	4	5	24	1	2	3	4	5
10	1	2	3	4	5	25	1	2	3	4	5
11	1	2	3	4	5	26	1	2	3	4	5
12	1	2	3	4	5	27	1	2	3	4	5
13	1	2	3	4	5	28	1	2	3	4	5
14	1	2	3	4	5	29	1	2	3	4	5
15	1	2	3	4	5	30	1	2	3	4	5

Single-Choice-Aufgaben, Teil 1

Punkte	Divisor		Ergebnis 1
	0,6	=	

Ungebundene Aufgaben, Teil 2

Punkte	Divisor		Ergebnis 2
	2	=	

Gesamtergebnis (Ergebnis 1 + Ergebnis 2)

Gesamtergebnis

Bewertungsschlüssel

Punkte	Note
0 bis 29	ungenügend
30 bis 49	mangelhaft
50 bis 66	ausreichend
67 bis 80	befriedigend
81 bis 91	gut
92 bis 100	sehr gut

Unterschrift Prüfer

Notizen

Hintergrundwissen

Aufgabensatz A

Stahlbezeichnung und Stahlnormung

01

- Stahl besteht überwiegend aus Eisen mit geringem Kohlenstoffgehalt.
- Nichteisenmetalle werden alle Metalle im Periodensystem außer Eisen bezeichnet. Sie werden auch als NE-Metalle bezeichnet.
- Hartmetalle sind ein Verbundwerkstoff. Sie werden in der Regel durch Sintern hergestellt. Man kennt Hartmetalle meistens als Schneidwerkstoffe (z. B. Wendeschneidplatten) beim Drehen und Fräsen.
- Kunststoffe sind, wie der Name schon sagt, Werkstoffe, die auf chemischem Weg hergestellt werden. Je nach Zusammensetzung können die Eigenschaften der Stoffe beeinflusst werden. Diese Werkstoffe sind auch als Thermoplaste, Duroplaste und Elastomere bekannt.
- Sinterwerkstoffe werden durch Sintern hergestellt. Sintern ist ein Herstellungsverfahren, bei dem metallische oder keramische Stoffe unter Druck (unter der Schmelztemperatur) und Hitze verbunden werden. Beim Sintern bleiben, im Gegensatz zum Legieren, die jeweiligen Eigenschaften der verwendeten Stoffe erhalten.

Güteklassen von Schrauben

02

Die Güteklasse einer Schraube wird mit z. B. 8.8 angegeben. Diese Zahlen beziehen sich auf:

$8 \times 100 = 800$ N/mm^2 Mindestzugfestigkeit

$8 \times 8 \times 10 = 640$ N/mm^2 Mindeststreckgrenze

03

Schneidöle oder Schneidfette sind für das Gewindeschneiden am besten geeignet.

04

Stücklisten geben alle Teile einer Baugruppe an. Dazu gehören die Halbzeuge (Flachstähle, Rundstähle …) wie auch Normteile. Normteile sind Bauteile, die eine DIN-, EN- oder ISO-Bezeichnung haben. Das sind z. B. Schrauben, Stifte, Scheiben, Wälzlager usw. Dadurch wird sichergestellt, dass schon bei der Arbeitsvorbereitung alle Bestandteile der Baugruppe vorhanden sind.

05

Wenn Sie im Tabellenbuch nachschlagen, werden Sie folgende Formel für rotierende Geschwindigkeit finden:

$$v = d \cdot \pi \cdot n$$

Umfangsgeschwindigkeit

Kreisförmige Bewegung

Der Nachteil bei dieser Formel ist es, dass Sie den Durchmesser in Meter eingeben müssen, da ja das Ergebnis m/min lauten muss.

Um diese Umrechnung von mm in m zu vermeiden, kann die Umrechnung gleich in der Formel vorgenommen werden. So lautet die Formel:

$$v = \frac{d \cdot \pi \cdot n}{1000}$$

Wenn Sie diese abgewandelte Formel für die rotierenden Geschwindigkeit verwenden, können Sie den Durchmesser wie gewohnt im mm angeben.

06

Im Tabellenbuch steht für diese Berechnung die Formel:

$$F = p_e \cdot A \cdot \eta$$

Kolbenkraft

Bei der Berechnung ist allerdings wichtig, die richtigen Einheiten zu verwenden.
Kraft F = N
Druck p_e = N/cm² 1 bar = 10 N/cm²
Kolbenfläche A in cm²
Wirkungsgrad η = Einheit in %

07

Kühlschmierstoffe haben die Aufgaben, das Werkzeug zu schmieren und das Werkstück zu kühlen.

Dabei soll die durch Reibung erzeugte Wärme über den Kühlschmierstoff (meist eine Emulsion aus Wasser und Öl) abgeführt werden. Der Ölanteil des Kühlschmierstoffes hat eine schmierende Wirkung.

08

Im Tabellenbuch steht für diese Berechnung der linearen Geschwindigkeit die Formel:

$$v = \frac{s}{t}$$

Konstante lineare Geschwindigkeit

Die Einheiten, in der die Geschwindigkeit üblicherweise angegeben wird, sind m/s, m/min oder km/h. Daher ist es wichtig, die richtigen Einheiten in die Formel einzusetzen. Soll die errechnete Geschwindigkeit m/s sein, so muss die Strecke s in Meter angegeben werden und die Zeit t in Sekunden.

09

Der Nonius ist ein Hilfsmaßstab. Mit ihm lässt sich die Ablesegenauigkeit eines Messgerätes erhöhen. Somit kann mit einem analogen Messschieber eine Messgenauigkeit von 0,1 mm erreicht werden. Man findet Nonien auch in anderen Messgeräten, wie z. B. bei einem Universalwinkelmesser. Bei diesem Messgerät lässt sich eine Messgenauigkeit von 5´ (5 Minuten) erreichen.

10

Im Tabellenbuch steht für diese Berechnung des ohmschen Gesetzes die Formel:

$$U = R \cdot I$$

Ohmsches Gesetz

Dabei steht für die Spannung (Volt) das Formelzeichen U, für den Widerstand (Ohm) das Formelzeichen R und für die Stromstärke (Ampere) das Formelzeichen I.

Errechnet man die Stromstärke, erhält man das Ergebnis in Ampere. Zur Umrechnung auf Milliampere wird der errechnete Wert durch 1000 geteilt.

Bügelsäge hacksaw
Sägeblatt saw blade

11

Die Zähnezahl eines Sägeblattes ist von der Härte des zu sägenden Werkstoffes und auch von der Materialstärke abhängig. Je härter das zu bearbeitende Material ist, umso mehr Zähne müssen auf einer Länge von 1“ vorhanden sein. Unser Bild zeigt die Angabe von 24 Zähnen auf 1 Zoll (1“) Sägeblattlänge.

12

Die Schaltzeichen finden Sie im Tabellenbuch.

13

Da die Passung mit einem kleinen Buchstaben gekennzeichnet ist (f7), handelt es sich um einen Außendurchmesser. Die angegebene Toleranz liegt im µm-Bereich. Dadurch braucht man ein Messgerät, mit dem dieser Genauigkeitsgrad gemessen werden kann. Das wäre nach unserer Aufstellung die Bügelmessschraube.

Endmaße können zusammengesetzt werden. Man kann aber keinen Außendurchmesser damit prüfen.

Digitalmessschieber zeigen in ihrer Anzeige auch 1/100 mm an. Allerdings bleiben diese Messgeräte Messschieber mit einer Genauigkeit von 1/10 mm.

Grenzlehrdorne dienen zur Prüfung von Bohrungen.

14

Die Grafik zeigt die Messtrommel einer Bügelmessschraube. Auf der oberen Skala können die ganzen Millimeter abgelesen werden. Die untere Skala zeigt die ½ Millimeter. Die Trommel zeigt die 1/100 Millimeter. Somit zeigt uns die Bügelmessschraube 5,69 mm an.

Die Bügelmessschraube wird oft auch als Micrometer oder Micrometerschraube bezeichnet.

15

Wir sprechen hier von den gebräuchlichsten Bügelmessschrauben. Bei einer Umdrehung der Messspindel verändert sich der Anzeigewert um 0,5 mm. Daher hat die Spindel in der Bügelmessschraube eine Steigung von 0,5 mm.

16

Das Diagramm wird wie folgt gelesen:

Zuerst ziehen wir eine waagerechte Linie bei der Schnittgeschwindigkeit (25 m/min). Anschließend folgen wir der Linie des Bohrerdurchmessers (10 mm). Beim Schnittpunkt der beiden Linien gehen wir senkrecht nach unten. Am unteren Ende des Diagrammes wird uns dann die Geschwindigkeit in min^{-1} angezeigt (800 min^{-1}).

17

Digitalmessschieber besitzen einige Vorteile gegenüber analogen Messschiebern. Ein Vorteil ist die gute Ablesbarkeit. Parallaxenfehler sind praktisch ausgeschlossen. Die Messgenauigkeit eines Digitalmessschiebers liegt, ebenso wie bei einem analogen Messchieber, bei 0,1 mm. Der Nachteil eines Digitalmessschiebers sind die Batterien und die Justierung auf den Nullpunkt.

Messschieber, ob digital oder analog, werden oft auch als Schieblehre bezeichnet.

18

Druckmessgeräte werden im Allgemeinen auch als Manometer bezeichnet. Sie funktionieren sowohl bei flüssigen als auch bei gasförmigen Medien. Ausschlaggebend für den Einsatz ist der zu messende Druckbereich. Bei den meisten in der Technik verwendeten Manometern wird der Atmosphärenüberdruck (p_e) gemessen.

Die Einheit für den Druck (p) ist das Bar. Diese Einheit wird in den europäischen Ländern verwendet. In vielen amerikanisch geprägten Ländern wird der Druck in PSI (Pound Squere Inch/Pfund pro Quadrat-Inch) angegeben. Daher findet man auch Manometer, die zwei Skalen für Bar und PSI haben (s. Bild).

Eine weitere Manometerbauform ist ein Manometer für Überdruck negativ (Unterdruck).

Manometer mit zwei Skalen: Bar/PSI

Manometer für Überdruck Negativ

19

Die Hauptbewegung beim Fräsen übt der Fräser mit seiner kreisförmigen Schnittbewegung aus. Meistens ist die Z-Achse die Zustellbewegung und die X-Achse die Vorschubbewegung.

20

Wenn Sie im Tabellenbuch nachschlagen, werden Sie folgende Formel für rotierende Geschwindigkeit finden:

Umfangsgeschwindigkeit

Kreisförmige Bewegung

$$v = d \cdot \pi \cdot n$$

Der Nachteil bei dieser Formel ist es, dass Sie den Durchmesser in Meter eingeben müssen, da ja das Ergebnis m/min lauten muss.

Um diese Umrechnung von mm in m zu vermeiden, kann die Umrechnung gleich in der Formel vorgenommen werden. So lautet die Formel:

$$v = \frac{d \cdot \pi \cdot n}{1000}$$

Wenn Sie diese abgewandelte Formel für die rotierende Geschwindigkeit verwenden, können Sie den Durchmesser wie gewohnt im mm angeben.

21

In der technischen Kommunikation werden sehr oft Maße gekennzeichnet. Dadurch wird auf Besonderheiten hingewiesen. Diese Kennzeichnungen sind genormt.

Technische Kommunikation

Besondere Maße

Die Abbildung rechts zeigt ein Prüfmaß, da dieses Maß vom Kunden besonders geprüft wird. In manchen Fällen wird auch der Prüfzyklus angegeben, wie hier 100 %.

(Ø 60 ± 0,1)

(Ø 60 ± 0,1 | 100%)

Diese Abbildung zeigt ein Hilfsmaß. Diese Maße dienen zur zusätzlichen Information. Bei einem Hilfsmaß sind keine Toleranzen angegeben.

(Ø 60)

Hier wird ein Maß gezeigt, das nicht maßstäblich gezeichnet wurde. Diese Darstellung ist bei CAD-Zeichnungen unzulässig.

<u>Ø 60 ± 0,1</u>

22

Die Führungsleiste Pos. 5 besteht aus CuZn39Pb3. Dabei handelt es sich um eine Kupfer-Zink-Blei-Legierung. Kupfer-Zink-Legierungen werden auch als Messing bezeichnet.

23

Bei der Maßangabe handelt es sich um ein Außenmaß. Die Bezeichnung f7 besagt, dass es sich um ein Passmaß handelt. Ein Maß, dass mit µm toleriert ist, benötigt ein dafür geeignetes Messgerät oder eine geeignete Lehre. Dafür kommen als Messgerät nur die Bügelmessschraube und als Lehre die Grenzrachenlehre in Betracht.

24

Walzenstirnfräser: Er wird für Flächen und Absätze erforderlich.

Bohrnutenfräser (Langlochfräser): Er wird, wie der Name schon sagt, für Bohrnuten und Langlöcher verwendet. Im Gegensatz zu einem Schaftfräser kann mit diesem Fräser gebohrt werden. Das heißt, eine Schneide schneidet über die Mitte des Fräsers.

Scheibenfräser: Dieser Fräser wird für Längsnuten und Absätze verwendet. Er wird in den meisten Fällen auf einen Fräsdorn mit Gegenlager gespannt.

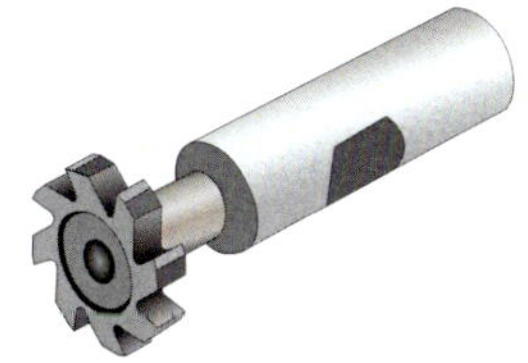

T-Nuten-Fräser: Wie der Name schon sagt, wird dieser Fräser für die Anfertigung von T-Nuten verwendet.

Kreissägeblatt: Das Kreissägeblatt dient zum Trennen oder Schlitzen von Bauteilen. Es ist in verschiedenen Breiten erhältlich. Im Gegensatz zu einem Scheibenfräser sind die Zähne des Sägeblattes nicht geschränkt.

25

SI-Einheiten sind festgelegte Messgrößen. Der Begriff SI (Systeme International d´Unites) ist international festgelegt. Die einzige Basiseinheit bei den Antworten von eins bis fünf ist die Masse *m*. Die Einheit für die Masse ist das Kilogramm.

Die Antworten 2 bis 5 sind abgeleitete Größen.

26

Bei der Materialbezeichnung S235JRG3C+C handelt es sich um einen allgemeinen unlegierten Baustahl. Die Bezeichnung 235 bezieht sich auf die Mindestzugfestigkeit des Werkstoffes.

27

Hier handelt es sich um ein Rohrgewinde. Dabei bezieht sich der Wert von 1/8“ auf den Innendurchmesser des Rohres. Man spricht auch von der sogenannten „lichten Rohrweite“. Das heißt, der Innendurchmesser des Rohres oder des Schlauchs errechnet sich: 25,4 mm : 8 = 3,18 mm. Außendurchmesser, Kerndurchmesser und Steigung kann aus einem Tabellenbuch entnommen werden.

28

Das Wegeventil -QMB3 ist im Schaltplan ein beidseitig betätigtes 5/2-Wegeventil. Man spricht bei einer beidseitigen Druckbeaufschlagung auch vom Impulsventil. Die Bezeichnung „Impulsventil“ besagt, dass das Ventil nicht über eine Feder rückgestellt wird, sondern in seiner Schaltstellung beharrt, bis es einen Gegenimpuls erhält.

Da wir, wie aus dem Schaltplan hervorgeht, nur einen statt zwei Arbeitsanschlüsse brauchen, ist auch die Verwendung eines 3/2-Wege-Impulsventils möglich.

Walzenfräser cylindrical milling cutters

Langlochfräser end mill

Scheibenfräser side milling cutters

Nutfräser slot cutter

Kreissägeblatt circular saw blade

Stahlbezeichnung/Stahlnormung

29

Das Ventil bzw. die Baugruppe -KHB1 ist ein Zeitventil (Zeitverzögerungsventil). Dabei handelt es sich um eine Kombination aus mehreren Bauteilen. Ein Zeitventil besteht aus einem 3/2-Wegeventil, einem Drosselrückschlagventil und einem Speicher. Das Schaltzeichen beinhaltet alle Bauteile. Damit man erkennt, dass es sich um eine Baugruppe handelt, ist diese Baugruppe mit einer strichpunktierten Linie umrandet.

30

Bei dem Bauteil -KFB1 handelt es sich um ein anzugverzögertes Zeitrelais. Das heißt, nach Anzug des Relais dauert es eine einstellbare Zeit, bis die Schalter auf dem Relais durchschalten. Bei den Bauteilen -KFA1 und -KFA2 handelt es sich um ein Relais.

Aufgabensatz B

02

Stahlbezeichnung/ Stahlnormung

Die Werkstoffbezeichnung des Bauteils 3 setzt sich wie folgt zusammen:

S235JR+C

S	Stahl
235	235 N/mm^2 Mindeststreckgrenze
JR	Kerbschlagarbeit 27J bei 20 °C
+C	kaltverfestigt

03

Bei der Berechnung der Hauptnutzungszeit beim Bohren sind einige Punkte zu beachten:

Bei der Berechnung der Gesamtlänge l_{ges} ist es erforderlich, die Bohrerspitze nicht zu vergessen. Die Bohrerspitze errechnet sich bei einem Spitzenwinkel von 118° aus $l_s = 0{,}29 \cdot d$.

05

Kolbenkraft

Im Tabellenbuch steht für diese Berechnung die Formel:

$$F = p_e \cdot A \cdot \eta$$

Bei der Berechnung ist allerdings wichtig, die richtigen Einheiten zu verwenden.

Kraft F = N

Druck p_e = N/cm^2 1 bar = 10 N/cm^2

Kolbenfläche A in cm^2

Wirkungsgrad η = Einheit in %

Firma	Name	Datum	Gesamtergebnis

Single-Choice-Aufgaben

Nr.						Nr.					
01	1	**2**	3	4	5	16	1	**2**	3	4	5
02	1	2	**3**	4	5	17	1	2	**3**	4	5
03	1	**2**	3	4	5	18	1	2	3	**4**	5
04	1	2	3	**4**	5	19	1	2	3	4	**5**
05	**1**	2	3	4	5	20	1	**2**	3	4	5
06	1	**2**	3	4	5	21	1	**2**	3	4	5
07	1	2	3	**4**	5	22	1	**2**	3	4	5
08	1	2	3	**4**	5	23	**1**	2	3	4	5
09	**1**	2	3	4	5	24	**1**	2	3	4	5
10	1	2	3	4	**5**	25	**1**	2	3	4	5
11	1	2	3	**4**	5	26	1	**2**	3	4	5
12	1	2	3	**4**	5	27	**1**	2	3	4	5
13	1	2	3	4	**5**	28	1	2	**3**	4	5
14	1	2	**3**	4	5	29	1	2	3	4	**5**
15	**1**	2	3	4	5	30	1	2	3	**4**	5

Single-Choice-Aufgaben, Teil 1

Punkte	Divisor		Ergebnis 1
	0,6	=	

Ungebundene Aufgaben, Teil 2

Punkte	Divisor		Ergebnis 2
	2	=	

Gesamtergebnis (Ergebnis 1 + Ergebnis 2)

Gesamtergebnis

Bewertungsschlüssel

Punkte	Note
0 bis 29	ungenügend
30 bis 49	mangelhaft
50 bis 66	ausreichend
67 bis 80	befriedigend
81 bis 91	gut
92 bis 100	sehr gut

Unterschrift Prüfer

Notizen

Aufgabensatz B

01

Bei diesem Werkstück handelt es sich um eine Spannvorrichtung. Über den Druckbolzen Pos. 6 kann die Lage des Spannbackens Pos. 2 nach dem Einstellen fixiert werden. Über den Kolben Pos. 7 kann über das Gewinde und die Mutter die Spannweite der Spannvorrichtung eingestellt werden. Durch Druckbeaufschlagung des Kolbens Pos. 7 wird das Werkstück in der Spannvorrichtung durch den Spannbacken Pos. 3 gespannt. Wird der Kolben Pos. 7 drucklos, bringt die Druckfeder Pos 14 den Spannbacken Pos. 3 wieder in seine Grundstellung zurück.

Wird der Druckbolzen Pos. 6 drucklos, bringt die Druckfeder Pos. 15 diesen wieder in seine Grundstellung und die Spannvorrichtung kann neu ausgerichtet werden.

02

S235JRG2C+C

S	Stahl
235	235 N/mm^2 Mindeststreckgrenze
JR	Kerbschlagarbeit 27J bei 20 °C
G2	unberuhigt vergossen
C	besondere Kaltumformbarkeit
+C	kaltverfestigt

03

D = 4,5 mm

$$l_{ges} = l + l_a + l_u + l_s$$

$$l_{ges} = 5\text{ mm} + 1\text{ mm} + 1\text{ mm} + 1{,}3\text{ mm} = 8{,}3\text{ mm}$$

$$n = \frac{v \cdot 1000}{d \cdot \pi}$$

$$n = \frac{30\text{ m/min} \cdot 1000\text{ mm/m}}{4{,}5\text{ mm} \cdot \pi} = 2122\text{ min}^{-1}$$

$$t_h = \frac{l \cdot I}{n \cdot f}$$

$$t_h = \frac{8{,}3\text{ mm} \cdot 6}{2122\text{ min}^{-1} \cdot 0{,}1\text{ mm}} = 0{,}23\text{ min}$$

04

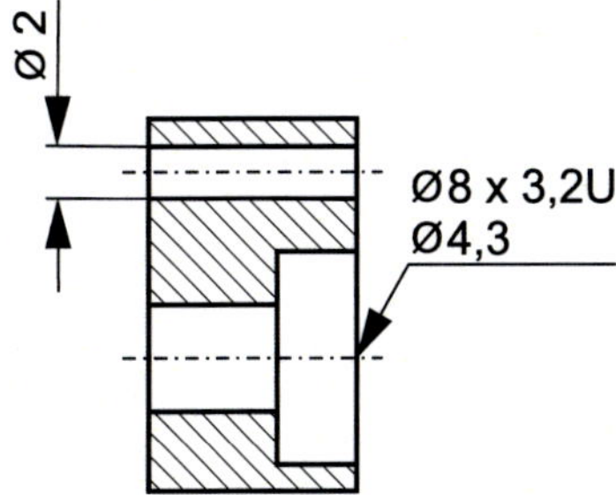

05

$$A = \frac{d^2 \cdot \pi}{4}$$

$$A = \frac{(2\ \text{cm})^2 \cdot \pi}{4} = 3{,}14\ \text{cm}^2$$

$$F = p \cdot A \cdot \eta$$

$$F = 50\ \text{N/cm}^2 \cdot 3{,}14\ \text{cm}^2 \cdot 0{,}9 = 141{,}30\ \text{N}$$

06

a) $V_{ges} = l \cdot b \cdot h = 30\ \text{mm} \cdot 40\ \text{mm} \cdot 4\ \text{mm} = 4800\ \text{mm}^3$

$$V_{Bohrung} = \frac{d^2 \cdot \pi}{4 \cdot h} = \frac{(15\ \text{mm})^2 \cdot \pi}{4} \cdot 4\ \text{mm} = 706{,}85\ \text{mm}^3$$

$$V_{Bohrungen} = 4 \cdot \frac{d^2 \cdot \pi}{4} \cdot h = 4 \cdot \frac{(4{,}3\ \text{mm})^2 \cdot \pi}{4} \cdot 4\ \text{mm} = 232{,}35\ \text{mm}^3$$

$$V = 4800\ \text{mm}^3 - 706{,}85\ \text{mm}^3 - 232{,}35\ \text{mm}^3 = 3860{,}8\ \text{mm}^3 = 3{,}86\ \text{cm}^3$$

$$m = V \cdot \sigma = 3{,}86\ \text{cm}^3 \cdot 7{,}85\ \text{g/cm}^3 = 30{,}3\ \text{g}$$

b) $30{,}3\ \text{g} \cdot 20 = 606\ \text{g}$

$0{,}606\ \text{kg} \cdot 1{,}65\ \text{€/kg} = 1{,}0\ \text{€}$

07

$$P = U \cdot I = 24\ \text{V} \cdot 4\ \text{A} = 96\ \text{W}$$

08

1. Die Gutseite ist länger als die Ausschussseite.
2. Die Ausschussseite ist rot gekennzeichnet.
3. Die Abmaße sind auf den Grenzlehrdorn aufgedruckt.

09

Durch Betätigung der Taster -SJB1 und -SJB2 fährt der Zylinder -MMB1 zuluftgedrosselt aus. Die beiden Signale der Taster -SJB1 und -SJB2 müssen innerhalb der im Zeitventil -KHB1 eingestellten Zeit erfolgen. Ist die Zeit abgelaufen, wird das Signal durch das Ventil -QMB2 wieder gelöscht und der Zylinder kann nicht ausfahren.

Ist der Zylinder -MMB1 ausgefahren, kann er über das Ventil -SJB3 wieder in seine Grundstellung zurückgefahren werden.

Der Zylinder -MMB2 wird über das Ventil -SJB3 aus- und wieder eingefahren.

10

- Sicherheitsschuhe
- Eng anliegende Kleidung
- Schutzbrille
- Haarschutz für längere Haare
- Keine Handschuhe
- Keine Ringe oder Ketten

Projekt 3

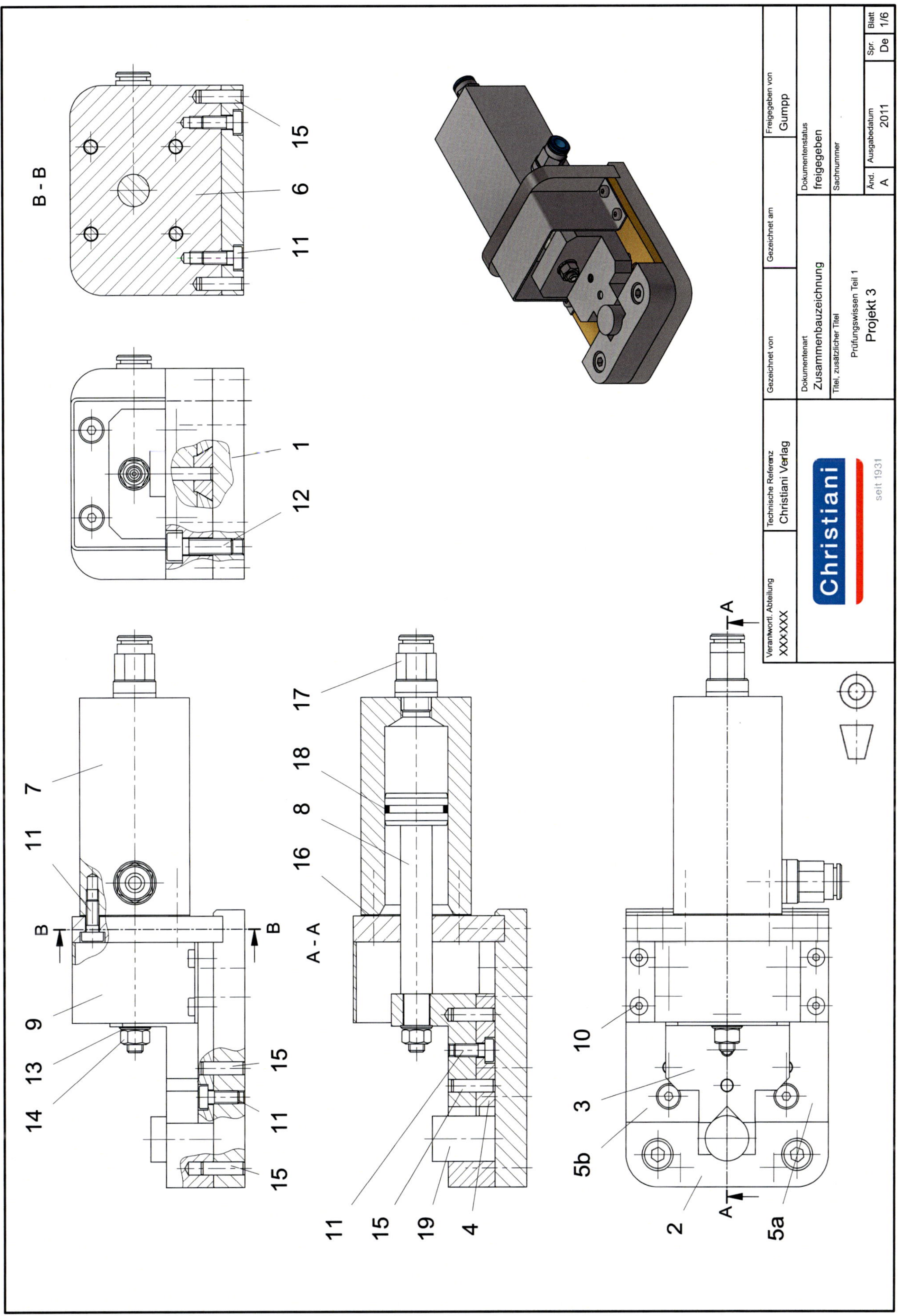
B - B
A - A
15
6
11
1
12
7
11
9
13
14
B
15
11
15
17
18
8
16
11
15
19
4
10
3
5b
2
A
5a
Verantwortl. Abteilung
XXXXXX
Technische Referenz
Christiani Verlag
Gezeichnet von
Gezeichnet am
Freigegeben von
Gumpp
Christiani
seit 1931
Dokumentenart
Zusammenbauzeichnung
Dokumentenstatus
freigegeben
Titel, zusätzlicher Titel
Prüfungswissen Teil 1
Projekt 3
Sachnummer
Änd.
A
Ausgabedatum
2011
Spr.
De
Blatt
1/6

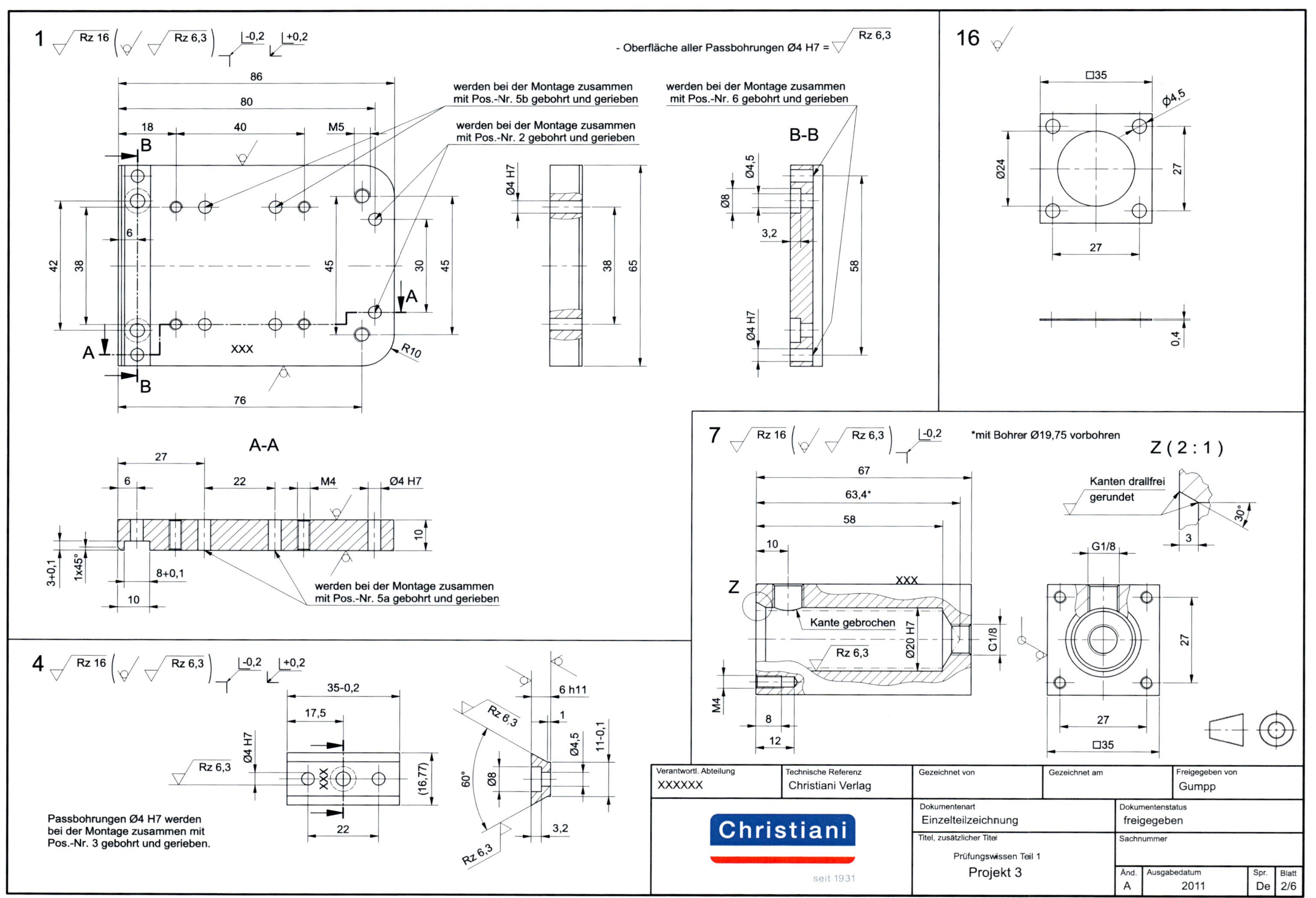
1 Rz 16 (Rz 6,3) -0,2 +0,2
- Oberfläche aller Passbohrungen Ø4 H7 = Rz 6,3
werden bei der Montage zusammen mit Pos.-Nr. 5b gebohrt und gerieben
werden bei der Montage zusammen mit Pos.-Nr. 2 gebohrt und gerieben
werden bei der Montage zusammen mit Pos.-Nr. 6 gebohrt und gerieben
B-B
A-A
werden bei der Montage zusammen mit Pos.-Nr. 5a gebohrt und gerieben
XXX
R10
16
□35
Ø4,5
Ø24
0,4
4 Rz 16 (Rz 6,3) -0,2 +0,2
Passbohrungen Ø4 H7 werden bei der Montage zusammen mit Pos.-Nr. 3 gebohrt und gerieben.
7 Rz 16 (Rz 6,3) -0,2
*mit Bohrer Ø19,75 vorbohren
Z (2 : 1)
Kanten drallfrei gerundet
Kante gebrochen
Rz 6,3
Ø20 H7
G1/8
M4
Verantwortl. Abteilung
XXXXXX
Technische Referenz
Christiani Verlag
Gezeichnet von
Gezeichnet am
Freigegeben von
Gumpp
Christiani
seit 1931
Dokumentenart
Einzelteilzeichnung
Dokumentenstatus
freigegeben
Titel, zusätzlicher Titel
Prüfungswissen Teil 1
Projekt 3
Sachnummer
Änd. A
Ausgabedatum 2011
Spr. De
Blatt 2/6

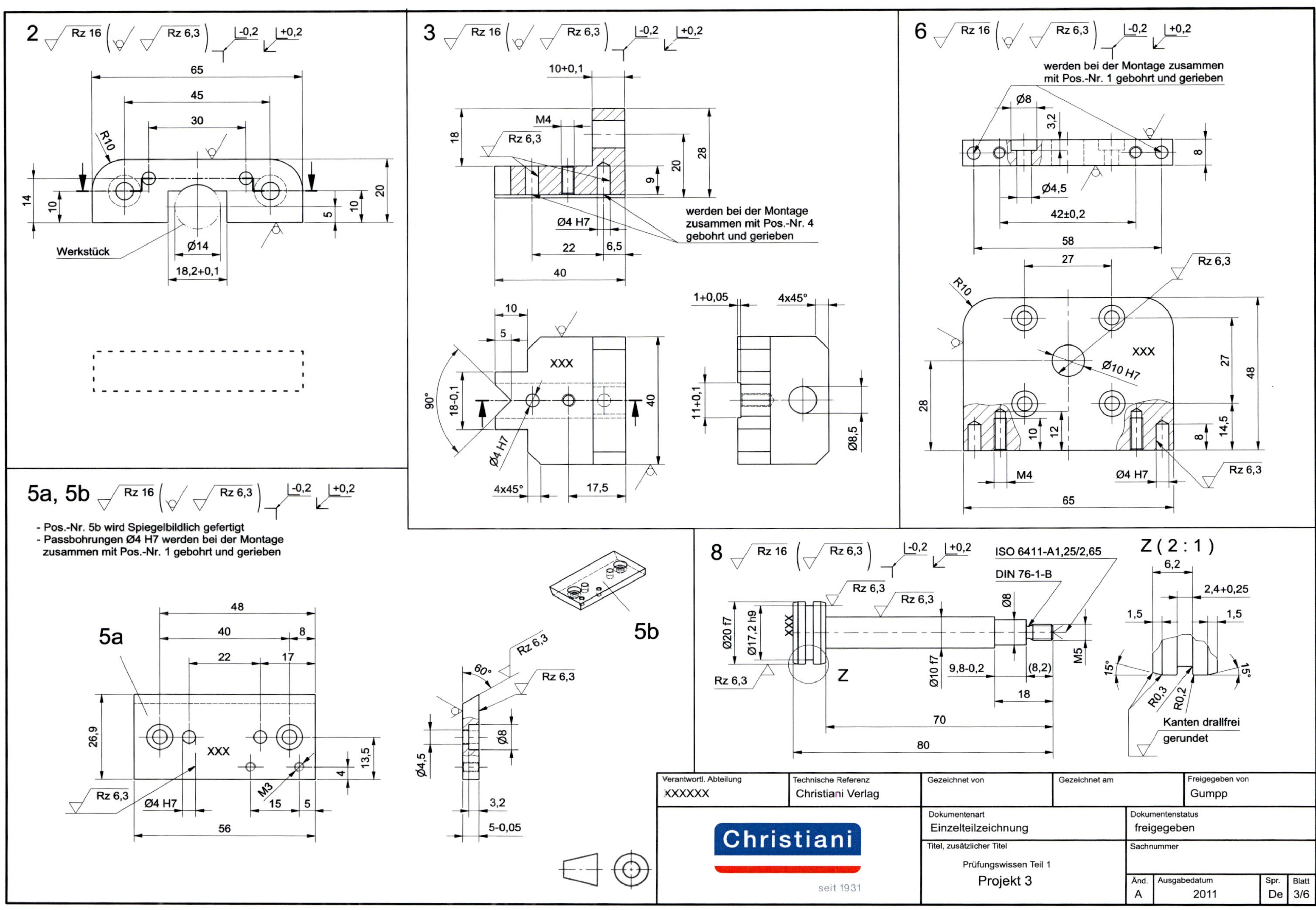
2
Werkstück
3
werden bei der Montage zusammen mit Pos.-Nr. 4 gebohrt und gerieben
6
werden bei der Montage zusammen mit Pos.-Nr. 1 gebohrt und gerieben
5a, 5b
- Pos.-Nr. 5b wird Spiegelbildlich gefertigt
- Passbohrungen Ø4 H7 werden bei der Montage zusammen mit Pos.-Nr. 1 gebohrt und gerieben
5a
5b
8
ISO 6411-A1,25/2,65
DIN 76-1-B
Z (2 : 1)
Kanten drallfrei gerundet
Verantwortl. Abteilung
XXXXXX
Technische Referenz
Christiani Verlag
Gezeichnet von
Gezeichnet am
Freigegeben von
Gumpp
Dokumentenart
Einzelteilzeichnung
Dokumentenstatus
freigegeben
Titel, zusätzlicher Titel
Prüfungswissen Teil 1
Projekt 3
Sachnummer
Änd.
A
Ausgabedatum
2011
Spr.
De
Blatt
3/6
Christiani
seit 1931

9

Abwicklung

Stück	Benennung	Normblatt	Werkstoff	Pos.-Nr.	Halbzeug/Bemerkung
1	Werkstück		11SMn30+C	19	Rd 14 x 20 EN 10278
1	O-Ring 16 x 1,8 - N	ISO 3601-1	NBR	18	
2	Schlauchanschluss 6mm G1/8			17	
1	Zylinderdichtung		Papier	16	40 x 0,4 x 40
10	Zylinderstift 4m6 x 14	ISO 2338	St.	15	
1	Sechskantmutter M5	ISO 4032	.8	14	
1	Scheibe 5	ISO 7090	200HV	13	
2	Zylinderschraube M5 x 16	ISO 4762	8.8	12	
11	Zylinderschraube M4 x 10	DIN 7984	08.8	11	
4	Zylinderschraube M3 x 5	DIN 7984	08.8	10	
1	Blech		DC01 - A - g	9	Bl 1 x 25 x 145 EN 10130
1	Kolben		11SMn30+C	8	Rd 22 x 120 EN 10278
1	Zylinder		AlCuMgPb	7	4kt 35 x 80 EN 755-4
1	Zylinderhalterung		S235JR+C	6	Fl 56 x 8 x 65 EN 10278
2	Führung a und b		CuZn39Pb3	5	Fl 30 x 5 x 56 EN 12167
1	Führung		S235JR+C	4	Fl 20 x 6 x 35 EN 10278
1	Spannschlitten		S235JR+C	3	Fl 40 x 28 x 40 EN 10278
1	Spannbacke		S235JR+C	2	Fl 25 x 15 x 65 EN 10278
1	Grundplatte		S235JR+C	1	Fl 65 x 10 x 86 EN 10278

Verantwortl. Abteilung	Technische Referenz	Gezeichnet von	Gezeichnet am	Freigegeben von
XXXXXX	Christiani Verlag			Gumpp

Christiani seit 1931

Dokumentenart	Dokumentenstatus
Einzelteilzeichnung / Stückliste	freigegeben
Titel, zusätzlicher Titel: Prüfungswissen Teil 1 – Projekt 3	Sachnummer

Änd.	Ausgabedatum	Spr.	Blatt
A	2011	De	4/6

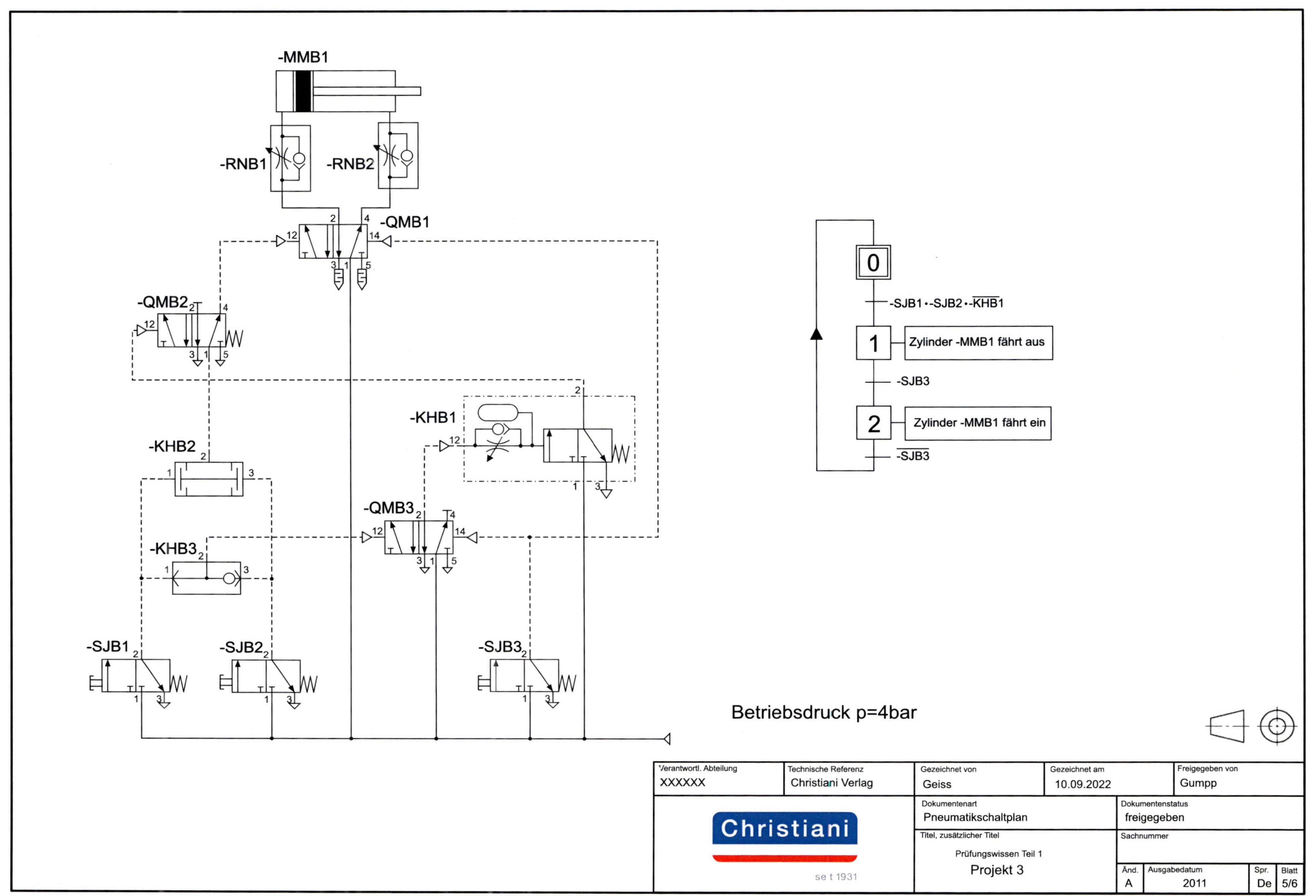
-MMB1
-RNB1
-RNB2
-QMB1
-QMB2
-KHB1
-KHB2
-QMB3
-KHB3
-SJB1
-SJB2
-SJB3
0
-SJB1 • -SJB2 • -$\overline{\text{KHB1}}$
1
Zylinder -MMB1 fährt aus
-SJB3
2
Zylinder -MMB1 fährt ein
-$\overline{\text{SJB3}}$
Betriebsdruck p=4bar
Verantwortl. Abteilung
XXXXXX
Technische Referenz
Christiani Verlag
Gezeichnet von
Geiss
Gezeichnet am
10.09.2022
Freigegeben von
Gumpp
Christiani
seit 1931
Dokumentenart
Pneumatikschaltplan
Dokumentenstatus
freigegeben
Titel, zusätzlicher Titel
Prüfungswissen Teil 1
Projekt 3
Sachnummer
Änd.
A
Ausgabedatum
2011
Spr.
De
Blatt
5/6

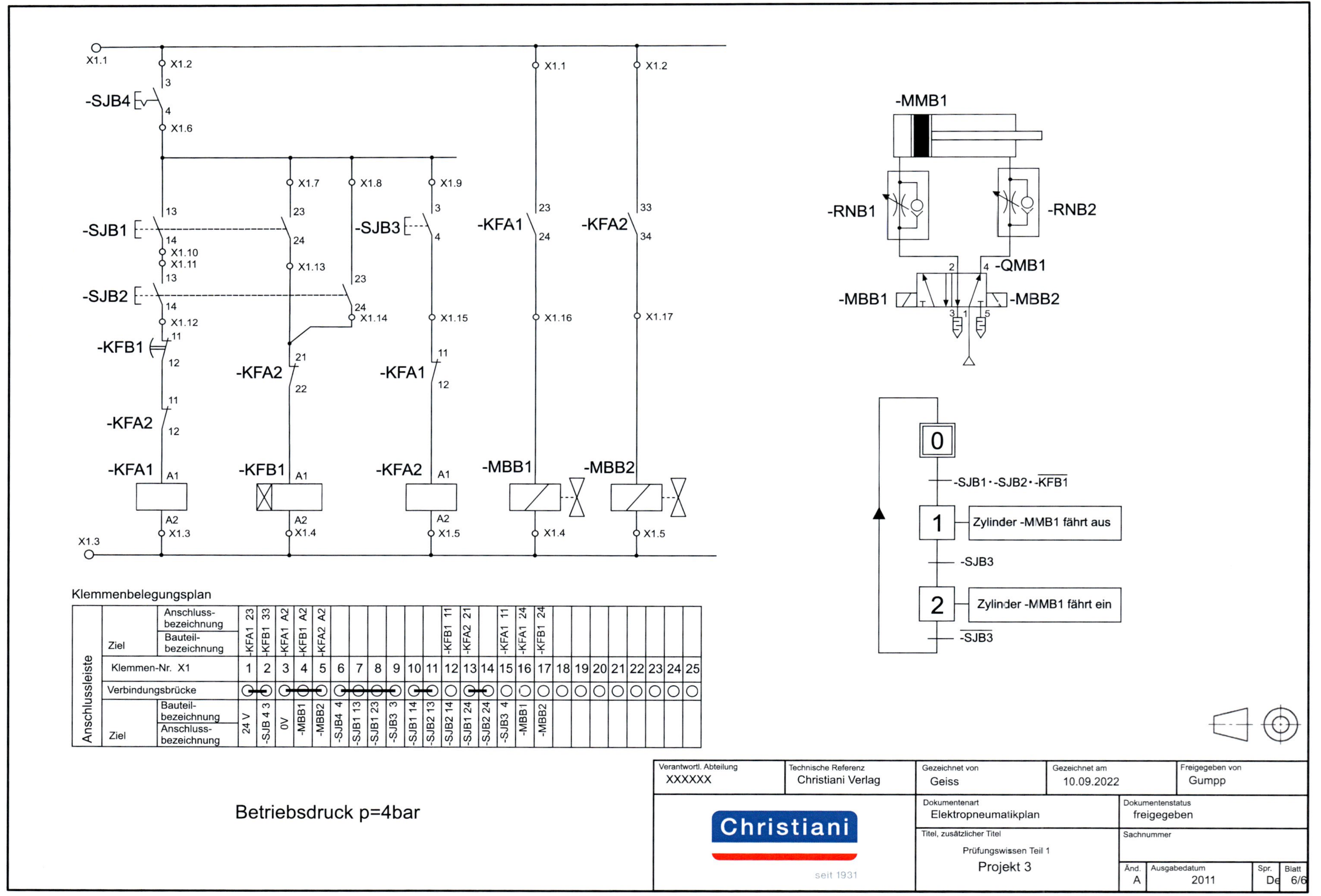

Klemmenbelegungsplan

Anschlussleiste																										
Ziel	Anschluss-bezeichnung	23	33	A2	A2	A2							11	21		11	24	24								
Ziel	Bauteil-bezeichnung	-KFA1	-KFB1	-KFA1	-KFB1	-KFA2							-KFB1	-KFA2		-KFA1	-KFA1	-KFB1								
Klemmen-Nr. X1		1	2	3	4	5	6	7	8	9	10	11	12	13	14	15	16	17	18	19	20	21	22	23	24	25
Verbindungsbrücke		○	○	○	○	○	○	○	○	○	○	○	○	○	○	○	○	○	○	○	○	○	○	○	○	○
Ziel	Bauteil-bezeichnung	24 V	-SJB 4	0V	-MBB1	-MBB2	-SJB4	-SJB1	-SJB1	-SJB3	-SJB1	-SJB2	-SJB2	-SJB1	-SJB2	-SJB3	-MBB1	-MBB2								
Ziel	Anschluss-bezeichnung		3				4	13	23	3	14	13	14	24	24	4										

Betriebsdruck p=4bar

Stahlbezeichnung/ Stahlnormung

01

Zum Bearbeiten von Werkstücken werden beim Drehen und Fräsen sehr oft Werkzeuge aus Hartmetall verwendet. Welche nachfolgende Definition trifft für Hartmetalle zu? Hartmetalle sind ...

1. Harte Werkzeugstähle
2. Gehärtete Stähle
3. Sinterwerkstoffe
4. Gehärtete Nichteisenmetalle
5. Hochelastische Stähle

02

Welche Bezeichnung des Gewindes ist richtig?

1. P = Flankenwinkel
2. d_3 = Außendurchmesser
3. d_2 = Kerndurchmesser
4. d = Kerndurchmesser
5. β = Flankenwinkel

Gewinde und Gewindearten

03

In der Zeichnung des Zylinders (Pos. 7) ist ein Gewinde mit G1/8 bemaßt. Um welches Gewinde handelt es sich?

1. Metrisches Spitzgewinde
2. Rundgewinde
3. Sägengewinde
4. Whitworth-Rohrgewinde
5. Whitworth-Gewinde

04

Aus welchem Material wird der Zylinder (Pos. 7) hergestellt?

1. Aluminium Knetlegierung
2. Kupfer-Zinn-Knetlegierung
3. Legiertem Einsatzstahl
4. Messing
5. Kupfer-Zink-Legierung

TB

Maschinenelemente

Zylinderstifte

05

In welchen Ansichten ist die Grundplatte Pos. 1 dargestellt?

1. Vorderansicht und Seitenansicht von links
2. Vorderansicht und Seitenansicht von rechts
3. Draufsicht und Seitenansicht von links
4. Unteransicht und Vorderansicht
5. Vorderansicht und Draufsicht

06

Mit welcher Passung ist der Zylinderstift Pos. 15 hergestellt?

1. h7
2. m6
3. f6
4. H7
5. M6

07

Schutzausrüstung, die dem Mitarbeiter bereitgestellt werden, wie z. B. Schutzbrille, Sicherheitsschuhe, Schutzhelm usw., bezeichnet man als:

1. Technische Schutzausrüstung
2. Persönliche Schutzausrüstung
3. Maschinenbezogene Schutzausrüstung
4. Private Schutzausrüstung
5. Firmenbezogene Schutzausrüstung

08

Sie kaufen sich ein neues Fernsehgerät für einen Preis von 850 €. Bei termingerechter Bezahlung können Sie Skonto von 3 % nutzen. Welchen Betrag müssen Sie überweisen?

1. 875,50 €
2. 850,00 €
3. 824,50 €
4. 847,00 €
5. 842,50 €

Nebenrechnung Aufgabe 08

09

Die Nut in der Grundplatte wird mit einem Schaftfräser Ø 8 mm aus HSS hergestellt. Die Schnittgeschwindigkeit beträgt 25 m/min, f_z = 0,05 mm, z = 3.

Welche Umdrehungsfrequenz müssen Sie an der Fräsmaschine einstellen.

1. n = 842 min^{-1}
2. n = 910 min^{-1}
3. n = 625 min^{-1}
4. n = 1242 min^{-1}
5. n = 995 min^{-1}

Nebenrechnung Aufgabe 09

10

Auf den Kolben soll ein Gewinde M8 geschnitten werden. Bei der Kontrolle des Schneideisens erkennen Sie den Schriftzug M8 LH. Um welches Gewinde handelt es sich?

1. Metrisches Linksgewinde
2. UNF-Gewinde
3. Withworth-Gewinde
4. Metrisches Sägengewinde
5. Metrisches Rundgewinde

Die Arbeitsschutzbestimmungen werden von den Berufsgenossenschaften erlassen und müssen zwingend eingehalten werden.

Schnittgeschwindigkeit

Fräsen

11

In diesen Maschinenschraubstock sollen Werkstücke gespannt werden. Mit welcher Spannkraft F_2 in kN wird das Werkstück bei den angegebenen Werten gespannt?

1. F_2 = 32,15 kN
2. F_2 = 25,13 kN
3. F_2 = 16,29 kN
4. F_2 = 42,18 kN
5. F_2 = 12,33 kN

Nebenrechnung Aufgabe 11

Schraube

Bewegungsgewinde

12

Welche der aufgezählten Werkstoffe besitzt die größte Zugfestigkeit?

1. PVC
2. Aluminium
3. Blei
4. Kupfer
5. Stahl

13

Bei einem zylindrischen Werkstück soll an der Stirnseite der Mittelpunkt angerissen werden. Welches der aufgeführten Hilfsmittel ist hierfür geeignet?

1. Anschlagwinkel
2. Flachwinkel
3. Zentrierwinkel
4. Schnittmacherwinkel
5. Flanschwinkel

14

Auf manchen Fräsmaschinen kann nur gegenlaufgefräst werden. Welche der aufgeführten Behauptungen ist richtig?

1. Gegenlauffräsen lässt sich nur auf besonders stabilen Fräsmaschinen.
2. Beim Gegenlauffräsen entsteht eine besonders hohe Oberflächengüte.
3. Beim Gegenlauffräsen dringt die Fräserschneide allmählich in das Werkstück ein.
4. Beim Gegenlauffräsen hakt die Fräserschneide in das Werkstück ein.
5. Gleich- oder Gegenlauffräsen macht keinen Unterschied.

15

Aus welchem Grund werden Drehmeißel mit einer Spanleitstufe verwendet?

1. Durch die Spanleitstufe wird die Schnittleistung des Drehmeißels größer.
2. Durch die Spanleitstufe wird ein Fließspan ermöglicht.
3. Durch die Spanleitstufe wird die Standzeit des Drehmeißels erhöht.
4. Die Spanleitstufe verringert die Bildung von Wirrspänen.
5. Durch die Spanleitstufe entstehen keine so hohen Temperaturen.

Gleichlauffräsen ist in der Regel nur mit einer Fräsmaschine möglich, die mit einer Kugel-Umlaufspindel ausgestattet ist.

Toleranzen

16

(Pos 8) Welches Maß des Ø 20 f7 am Kolben liegt innerhalb der Toleranz?

1. Ø 20,01
2. Ø 19,98
3. Ø 20,00
4. Ø 19,95
5. Ø 19,41

17

Welches ist der maßgebende Zeitpunkt für einen Ölwechsel an einer Werkzeugmaschine?

1. Unterlagen des Herstellers
2. Starke Geruchsentwicklung
3. Erhöhung der Getriebetemperatur
4. Minimaler Ölstand
5. Verfärbung des Schmierstoffes

18

Bei der Herstellung der Grundplatte (Pos. 1) soll die Nut gefräst werden. Welcher der Fräser ist hierfür geeignet?

1. Bild 1
2. Bild 2
3. Bild 3
4. Bild 4
5. Bild 5

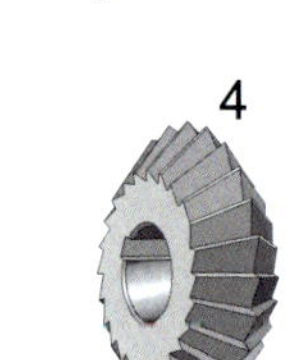
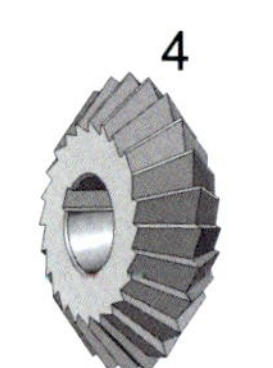
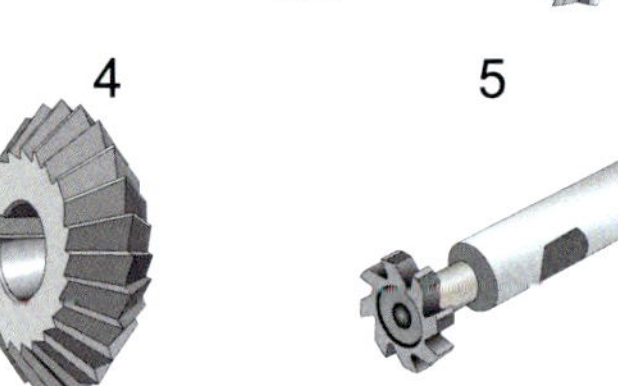

TB

Stahlnormung

19

Welche Bedeutung hat die Bezeichnung „JR“ bei der Werkstoffbezeichnung der Grundplatte?

1. Die Qualität
2. Das Wärmebehandlungsverfahren
3. Die Dehngrenze
4. Ein Legierungsbestandteil
5. Die Kerbschlagarbeit

20

Was besagt die Bezeichnung „140HV“ bei der Bezeichnung der Scheibe (Pos. 13)?

1. Das Haltevermögen 150 N
2. Die Härteklasse 140 HV
3. Die Oberflächengüte
4. Die Beschichtungsart
5. Den Werkstoff

21

Warum muss beim Schneiden eines Außengewindes der Bolzen kleiner als der Nenndurchmesser sein?

1. Das Mutterngewinde hat Übermaß
2. Weil sich der Werkstoff nach außen drückt
3. Um ein Spiel zu erreichen
4. Um das Schneideisen zu schonen
5. Um ein Vorschneiden zu vermeiden

22

Wie groß ist der Ausgleichswert v (in mm) für das Biegen (Pos. 9)?

1) $v = 1{,}3$

2) $v = 1{,}6$

3) $v = 1{,}9$

4) $v = 2{,}1$

5) $v = 3{,}0$

23

Der dargestellte Schieber soll vor dem Verstiften auf ein Spiel von 0,1 mm eingestellt werden. Welches Prüfmittel ist hierfür am besten geeignet?

1) Digitalmessschieber

2) Fühlerlehre

3) Messuhr

4) Werkstattmessschieber

5) Innentaster

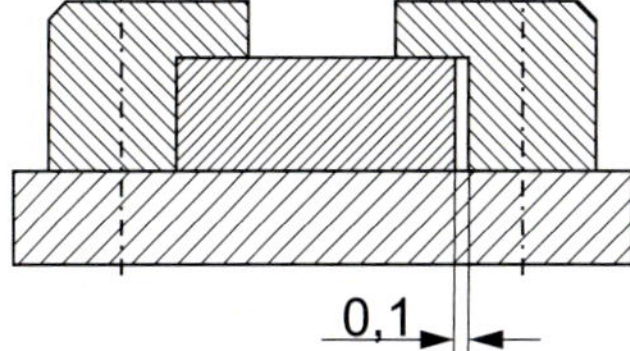

Bei der Auswahl des Mess- oder Prüfmittels ist die Ablesegenauigkeit des jeweiligen Mess- oder Prüfgerätes ausschlaggebend.

24

Der Schiebezylinder soll eine Last von $F = 350$ N waagerecht verschieben. Der Betriebsdruck p beträgt 4 bar. Wählen Sie aus dem Tabellenbuch den kleinstmöglichen Zylinderdurchmesser d (in mm).

1) $d = 25$ mm

2) $d = 32$ mm

3) $d = 40$ mm

4) $d = 50$ mm

5) $d = 53$ mm

zu Aufgabe 24

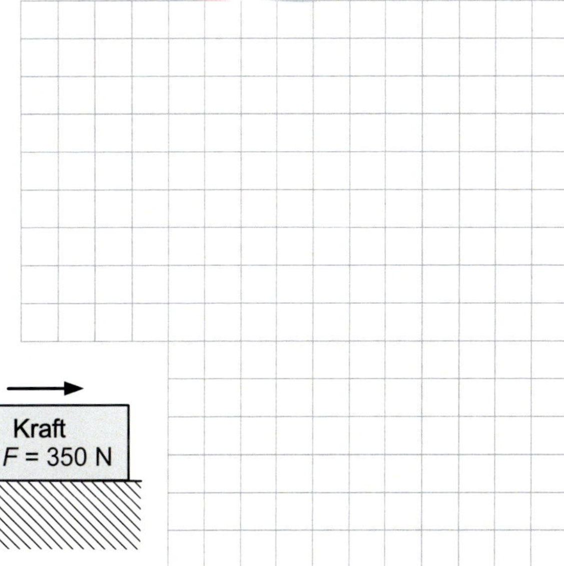

25

Mit welchem Bauteil der elektropneumatischen Steuerung kann eine Wegposition erfasst und dadurch verarbeitet werden?

1) Relais

2) Druckmessdose

3) Näherungsschalter

4) Druckschalter

5) Thermoelement

26

Welches der dargestellten Schaltzeichen zeigt ein Impulsventil?

1)  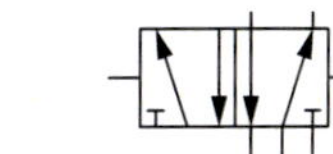

2)  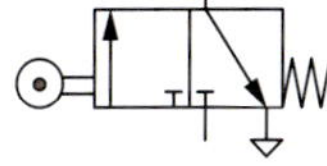

3) 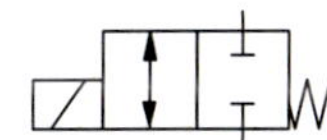

4) 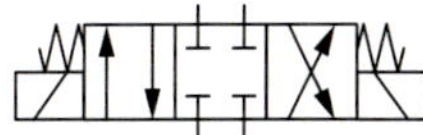

5) 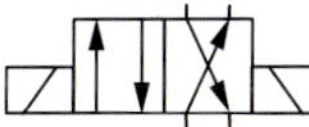

Die Wegposition zeigt den aktuellen Standort eines Pneumatik- oder Hydraulikzylinders an.

Sie kann durch ein mechanisches Signal oder berührungslos abgefragt werden.

27

Ein Pneumatikzylinder mit einem Kolbendurchmesser von 32 mm und einer Hublänge von 300 mm führt bei einem Druck von 5 bar 80 Doppelhübe pro Minute aus.
Welche Luftmenge verbraucht dieser Zylinder in einer Minute?

1. Q = 192 l/min
2. Q = 230,40 l/min
3. Q = 380,90 l/min
4. Q = 420,80 l/min
5. Q = 841,60 l/min

Nebenrechnung Aufgabe 27

Luftverbrauch eines doppeltwirkenden Pneumatikzylinders

28

Im skizzierten Stromkreis fließt ein Strom I von 1,6 mA. Wie groß ist die Spannung U in Volt bei einem Widerstand R von 15 kΩ?

1. U = 6 V
2. U = 12 V
3. U = 24 V
4. U = 32 V
5. U = 64 V

1 I = 1,6 mA
R = 15 kΩ
2

Nebenrechnung Aufgabe 28

Ohmsches Gesetz
Ohm's law

29

Elektropneumatische Steuerung. Im Funktionsplan „GRAFCET" wird der Schritt 2 nicht ausgeführt.
Welche Transition ist dafür verantwortlich?

1. -SJB1
2. -SJB2
3. -SJB3
4. UND-Verknüpfung -SJB1 -SJB2
5. Zeiteinstellung

30

Wie müssen Gefahrstoffe bezeichnet werden?

1. Durch das Gefahrensymbol
2. Nur durch Beschriftung
3. Durch farbliche Kennzeichnung
4. Keine einheitliche Beschriftung erforderlich
5. Namen, Gefahrensymbol sowie H- und P-Sätze

Gefahrensymbol
danger symbol

01

Die Spannvorrichtung soll ein anderes Bauteil spannen. Dafür soll eine Spannkraft von 145 N erreicht werden. Es dürfen keine baulichen Veränderungen vorgenommen werden. Der Wirkungsgrad der Spannvorrichtung wird mit 85 % angegeben.

a) Wie groß ist die aktuelle Spannkraft?

b) Welche Maßnahmen müssen getroffen werden, um diese Spannkraft zu erreichen?

Punkte
10 bis 0

02

a) Von welchen Faktoren hängt die Schnittgeschwindigkeit eines Bohrers ab?

b) Auf welche Weise können Sie die für die Bohrung erforderliche Drehzahl bestimmen? Nennen Sie zwei Möglichkeiten.

Schnitt-ge-schwin-digkeit cutting speed

Punkte
10 bis 0

03

(Zeichnung Pos. 2) Erstellen Sie eine Skizze des Schnittes A-A mit normgerechter Bemaßung der Befestigungsbohrungen.

Punkte
10 bis 0

04

Pneumatiksteuerung.

a) Welche Drosselungsart wird bei der Geschwindigkeitssteuerung für den Zylinder -MMB1 verwendet?

b) Begründen Sie diese Art der Geschwindigkeitssteuerung.

Drossel-ventil
throttle vale

Punkte
10 bis 0

05

Bei der Montage der Spannvorrichtung werden die Zylinderschrauben Pos. 12 verwendet. Beschreiben Sie die Schrauben hinsichtlich ihrer Bezeichnung, DIN EN-Normung, Abmessungen, Güteklasse sowie dem Werkzeug zur Montage der Schraube.

Neben der richtigen Güteklasse ist auch das verwendete Werkzeug ein wichtiger Punkt.

Wird das falsche Werkzeug verwendet, kann die Schraube beschädigt oder zerstört werden.

Punkte 10 bis 0

06

a) Bestimmen Sie für den Werkstoff von Pos. 1 die Zugfestigkeit R_m (in N/mm²) und Streckgrenze R_e (in N/mm²).

b) Tragen Sie die entsprechenden Werte an der richtigen Stelle im Spannungs-Dehnungs-Diagramm ein.

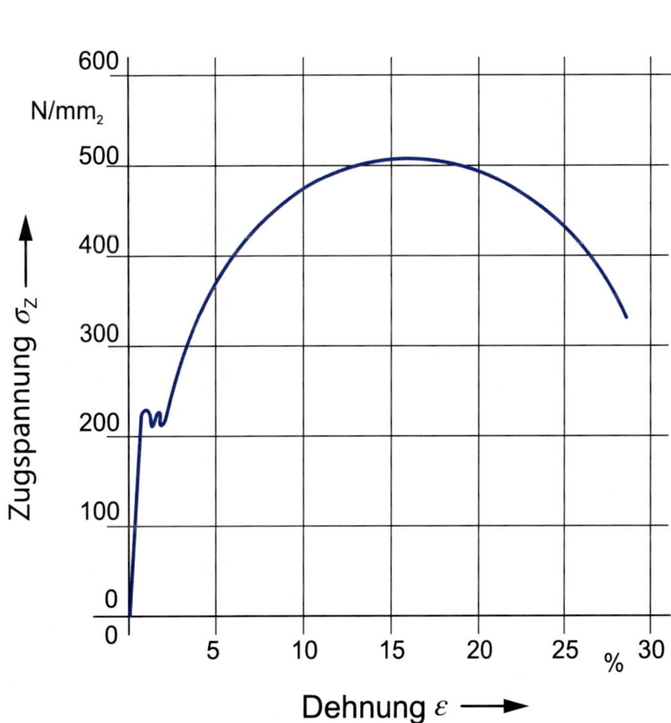

Zugversuch,

Zugproben

Punkte 10 bis 0

07

Die Grafik zeigt eine Aufbereitungseinheit.

a) Bezeichnen Sie die Bauteile 1 bis 3 mit ihrer fachgerechten Bezeichnung.

b) Beschreiben Sie stichpunktweise ihre Aufgabe in der Aufbereitungseinheit.

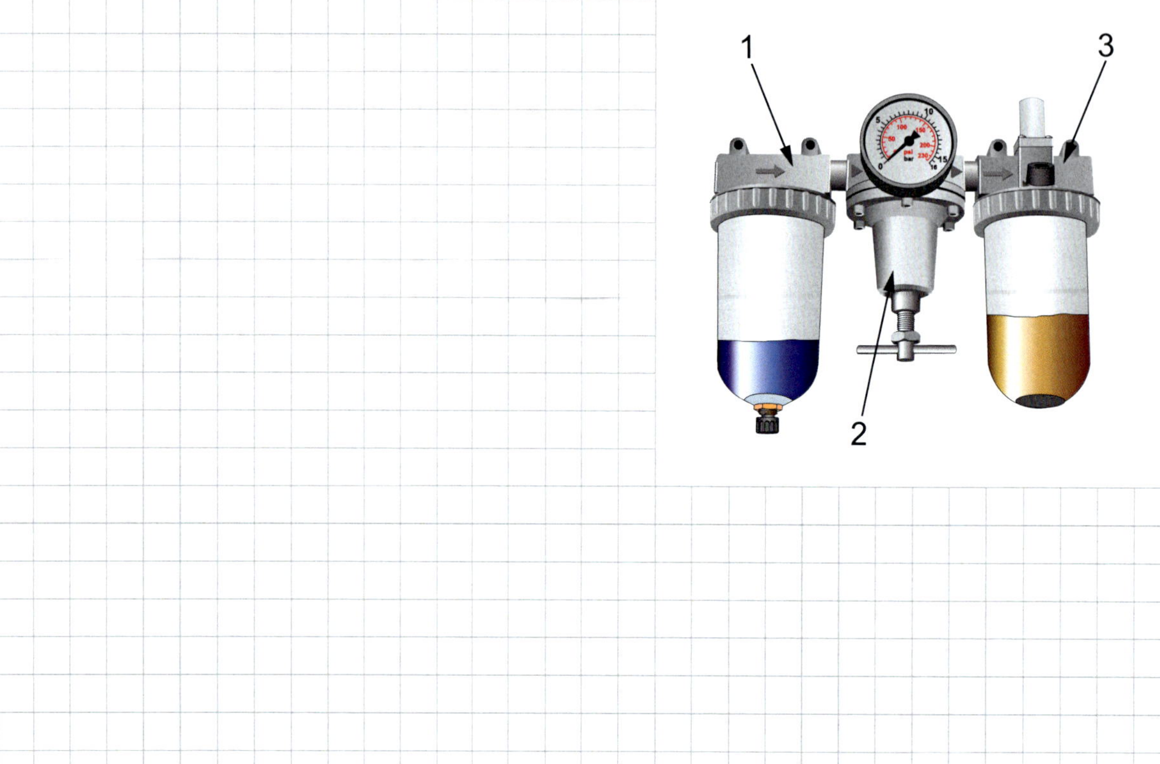

Die Bezeichnung „Aufbereitungseinheit" finden wir oftmals unter der Bezeichnung „Wartungseinheit".

Punkte
10 bis 0

08

Ein Werkstück wird zur Bearbeitung auf einer Fräsmaschine festgespannt (s. nachfolgendes Bild). Als Spannschraube wird eine T-Nutenschraube M12 verwendet. Mit welchem Drehmoment M (in Nm) muss die Mutter angezogen werden?

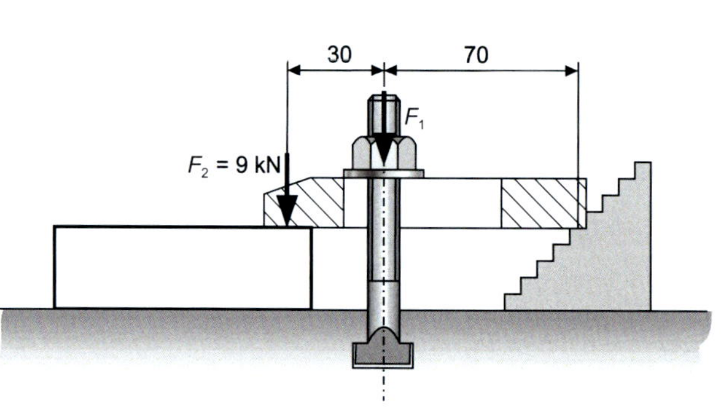

Hebel

Punkte
10 bis 0

09

Die Kolbenstange im dargestellten Pneumatikschaltplan ist in Grundstellung ausgefahren.

a) Vervollständigen Sie den dargestellten Schaltplanausschnitt (s. nachfolgendes Bild).

b) Beschreiben Sie das Schaltzeichen das Pneumatikzylinders -MMB1 vollständig.

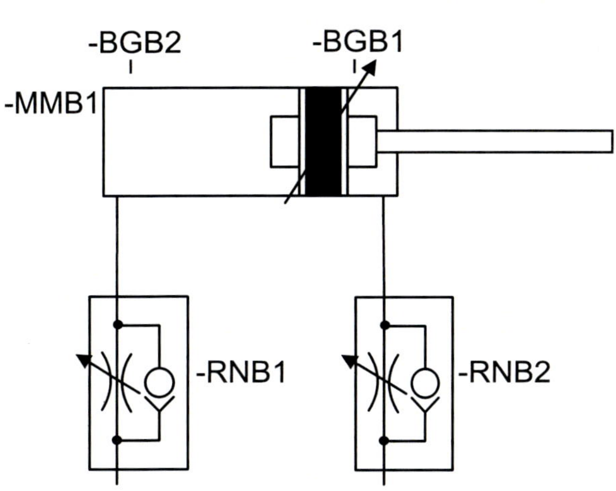

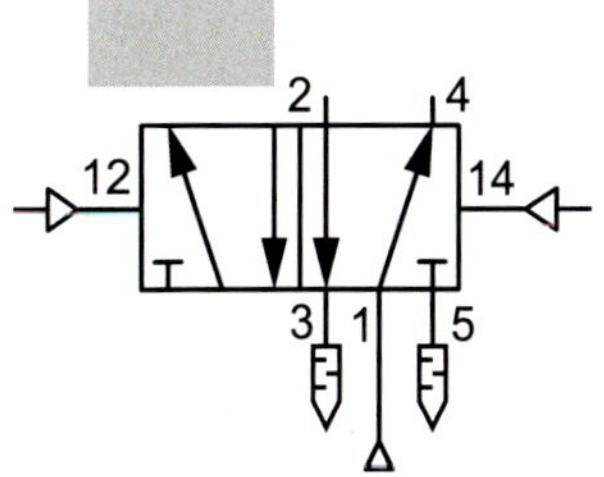

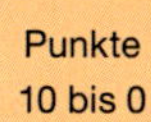

Pneumatikzylinder
pneumatic cylinder

Punkte
10 bis 0

10

In einer Betriebsanweisung der Berufsgenossenschaften sind Vorschläge für den Betrieb einer Maschine aufgeführt. Nennen Sie vier Inhalte einer Betriebsanweisung.

Betriebsanweisung
operating instruction

Punkte
10 bis 0

Notizen

Firma	Name	Datum	Gesamtergebnis

Single-Choice-Aufgaben

01	1	2	3	4	5	16	1	2	3	4	5
02	1	2	3	4	5	17	1	2	3	4	5
03	1	2	3	4	5	18	1	2	3	4	5
04	1	2	3	4	5	19	1	2	3	4	5
05	1	2	3	4	5	20	1	2	3	4	5
06	1	2	3	4	5	21	1	2	3	4	5
07	1	2	3	4	5	22	1	2	3	4	5
08	1	2	3	4	5	23	1	2	3	4	5
09	1	2	3	4	5	24	1	2	3	4	5
10	1	2	3	4	5	25	1	2	3	4	5
11	1	2	3	4	5	26	1	2	3	4	5
12	1	2	3	4	5	27	1	2	3	4	5
13	1	2	3	4	5	28	1	2	3	4	5
14	1	2	3	4	5	29	1	2	3	4	5
15	1	2	3	4	5	30	1	2	3	4	5

Single-Choice-Aufgaben, Teil 1

Punkte	Divisor		Ergebnis 1
	0,6	=	

Ungebundene Aufgaben, Teil 2

Punkte	Divisor		Ergebnis 2
	2	=	

Gesamtergebnis (Ergebnis 1 + Ergebnis 2)

Gesamtergebnis

Bewertungsschlüssel

Punkte	Note
0 bis 29	ungenügend
30 bis 49	mangelhaft
50 bis 66	ausreichend
67 bis 80	befriedigend
81 bis 91	gut
92 bis 100	sehr gut

Unterschrift Prüfer

Notizen

Hintergrundwissen

Aufgabensatz A

01

Hartmetalle sind sogenannte Verbundwerkstoffe. Man findet sie überwiegend als Schneidwerkstoffe bei Dreh-, Fräs- und Bohrwerkzeugen. Hartmetalle sind sogenannte Sinterwerkstoffe. Das sind Werkstoffe, die unter großem Druck und Hitze „zusammengebacken" werden. Dadurch behalten die verschiedenen Werkstoffe, die hier verbunden werden, ihre Eigenschaften, was bei Legierungen nicht der Fall ist.

Gewinde und Gewindearten

02

Hier die Daten von Gewinden (Bild rechts):

d = Nenn- oder Außendurchmesser

d_2 = Flankendurchmesser

d_3 = Kerndurchmesser

P = Steigung (Maß von einer Gewindespitze zur anderen oder Einschraubmaß bei einer Umdrehung der Schraube)

β = Flankenwinkel (bei metrischen Gewinden 60°, bei Withwort-Gewinden 55°)

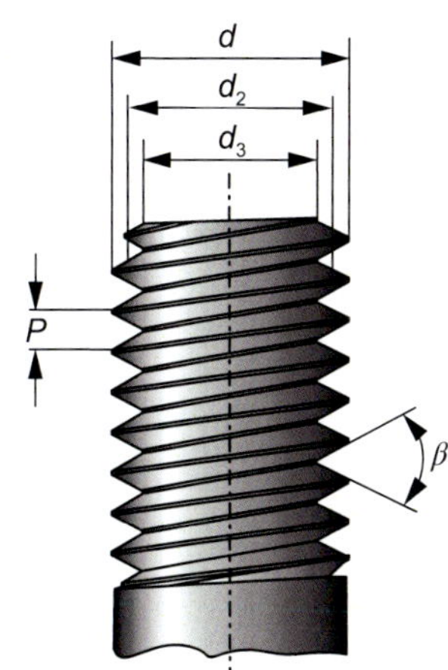

Das dargestellte Gewinde wird als Spitzgewinde bezeichnet.

Rohrgewinde

03

Hier handelt es sich um ein Rohrgewinde. Dabei bezieht sich der Wert von 1/8" auf den Innendurchmesser des Rohres. Man spricht auch von der sogenannten „lichten Rohrweite". Das heißt, der Innendurchmesser des Rohres oder des Schlauches errechnet sich: 25,4 mm : 8 = 3,18 mm. Außendurchmesser, Kerndurchmesser und Steigung kann aus einem Tabellenbuch entnommen werden. Achtung, das Whitworth-Rohrgewinde darf nicht mit einem Whitworth-Gewinde verwechselt werden. Bei diesem Gewinde entspricht die Maßangabe dem Gewindeaußendurchmesser.

04

Im Gegenstück zu Gusslegierungen sind Knetlegierungen für Umformungen geeignet. Knetlegierungen eignen sich z. B. zum Schmieden, Walzen und Biegen. Dagegen eignen sich Gusslegierungen vor allem zum Gießen.

TB

Projektionsmethoden

05

Wichtig bei der Bestimmung der Ansichten ist die Projektionsmethode. In europäischen Ländern gilt die Projektionsmethode 1. Dies besagt, die Seitenansicht wird rechts neben der Vorderansicht gezeichnet. Die Betrachtung der Seitenansicht erfolgt von links. Die Draufsicht befindet sich unter der Vorderansicht. Im rechten Bild sind die Ansichten der Projektionsmethode 1 nochmals dargestellt.

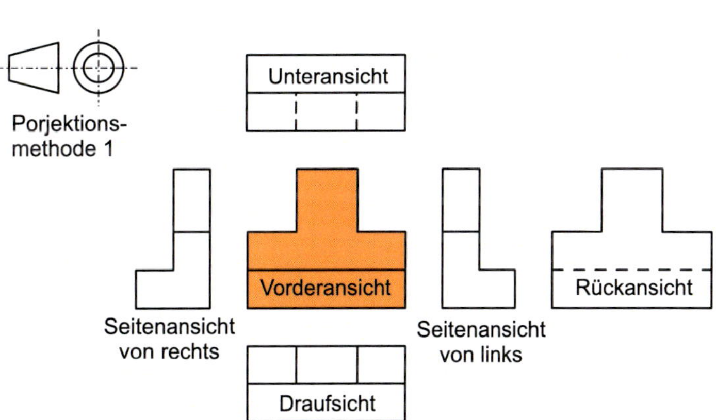

06

Bei Zylinderstiften ist deren Passung Bestandteil der Maßangabe z. B. 8 m6 × 35.

Das heißt: Ø 8 mm/Passung m6.

07

Als „persönliche Schutzausrüstung“ (PSA) werden Bekleidungen, Geräte oder Gegenstände bezeichnet, die zum Selbstschutz dienen. Diese werden bei gesundheitsgefährdeten Arbeiten gesetzlich gefordert.

Persönliche Schutzausrüstung ist in Europa durch die PSA-Verordnung mit unmittelbarem Gesetzgebungscharakter geregelt.

Persönliche Schutzausrüstung muss vom Beschäftigten benutzt werden, wenn die Gefährdungsbeurteilung nach der Betriebssicherheitsverordnung ein Risiko feststellt, das mit technischen oder organisatorischen Maßnahmen nicht abgestellt werden kann.

Persönliche Schutzausrüstung personal protective equipment

08

Bei der Prozentrechnung wird immer von der Gesamtgröße 100 % ausgegangen. In unserem Beispiel sind 100 % 850,00 €. Zieht man 3 % Skonto ab, so verringert sich der Betrag auf 97 % der Gesamtgröße.

09

Wenn Sie im Tabellenbuch nachschlagen, werden Sie folgende Formel für rotierende Geschwindigkeit finden:

Schnittgeschwindigkeit

$$v = d \cdot \pi \cdot n$$

Der Nachteil bei dieser Formel ist es, dass Sie den Durchmesser in Meter eingeben müssen, da das Ergebnis m/min lauten muss.

Um diese Umrechnung von mm in m zu vermeiden, kann die Umrechnung gleich in der Formel vorgenommen werden. So lautet die Formel:

$$v = \frac{d \cdot \pi \cdot n}{1000}$$

Wenn Sie diese abgewandelte Formel für die rotierende Geschwindigkeit verwenden, können Sie den Durchmesser wie gewohnt im mm angeben.

10

Die Bezeichnung LH auf Gewindebohrer und Schneideisen besagt, dass es sich um ein Linksgewinde handelt. Bei älteren Schneideisen und Gewindebohrern kann man auch die Bezeichnung „links“ ablesen. Auf neuen, also aktuellen Gewindeschneidwerkzeugen wird die Bezeichnung „LH“ für „Lefthand“ für Linksgewinde zu sehen sein.

11

Im Tabellenbuch steht für diese Berechnung die Formel:

Schraube/Bewegungsgewinde

$$F_1 \cdot 2 \cdot \pi \cdot l = F_2 \cdot P$$

Die Spannkraft des Maschinenschraubstockes kann mit der Formel für „Schrauben“ errechnet werden.

Wichtig ist, wie bei jeder Formel, dass die richtigen Einheiten verwendet werden. Die Kräfte werden in Newton angegeben. Die Hebellänge sowie die Steigung der Schraube wird in mm angegeben. Somit dürfte es bei der Berechnung keine weiteren Probleme geben.

12

Stahl liegt ganz klar an der Spitze der Zugfestigkeiten. Je nach Legierung und Stahlsorte erreicht Stahl eine Zugfestigkeit von 300 bis 1300 N/mm^2. An zweiter Stelle unserer Tabelle liegt Kupfer. Hier werden Zugfestigkeiten zwischen 250 und 550 N/mm^2 erreicht. An dritter Stelle liegt Aluminium mit 60 bis 250 N/mm^2. Danach folgt PVC mit Zugfestigkeiten zwischen 10 und 75 N/mm^2. Das Schlusslicht bildet Blei mit 10 bis 15 N/mm^2. Diese Werte sind nur allgemeine Pauschalwerte. Allerdings sind sie für diese Fragestellung ausreichend.

13

Ein Zentrierwinkel (Bild rechts) wird dann verwendet, wenn ein rundes Werkstück wie die Stirnseite einer Welle von Hand angerissen und zentriert werden muss. Der Zentrierwinkel ist also, wie auch ein Anschlagwinkel, ein Anreißhilfsmittel.

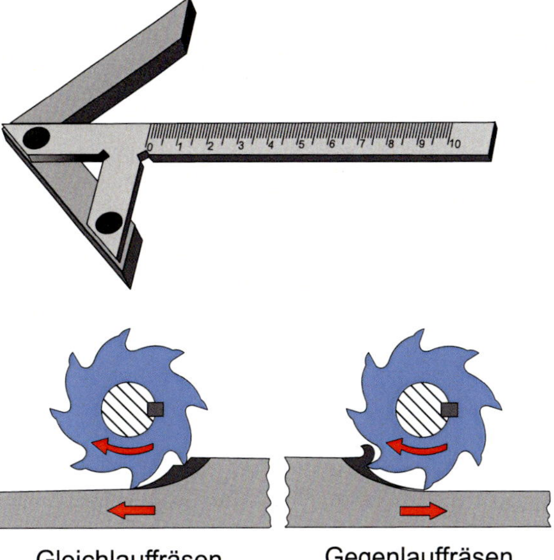

14

Ob im Gleich- oder Gegenlauf gefräst wird, hängt meistens von der Fräsmaschine ab. Mit Fräsmaschinen, bei denen als Tischantrieb eine Trapezgewindespindel verbaut ist, kann in den meisten Fällen nur im Gegenlauf gefräst werden (Bild rechts). Dabei dringt der Fräserzahn nur langsam in das zu fräsende Material ein. Beim Gleichlauffräsen hakt der Fräser in das zu fräsende Material ein. Dadurch kann durch das Gewindespiel der Trapezgewindespindel der Frästisch an den Fräser herangezogen und der Fräser hakt am Werkstück ein. Dadurch wird sehr oft der Fräser und das Werkstück beschädigt oder sogar zerstört. Im Gleichlauf kann dadurch nur auf Fräsmaschinen mit Kugelumlaufspindeln als Tischantrieb gefräst werden.

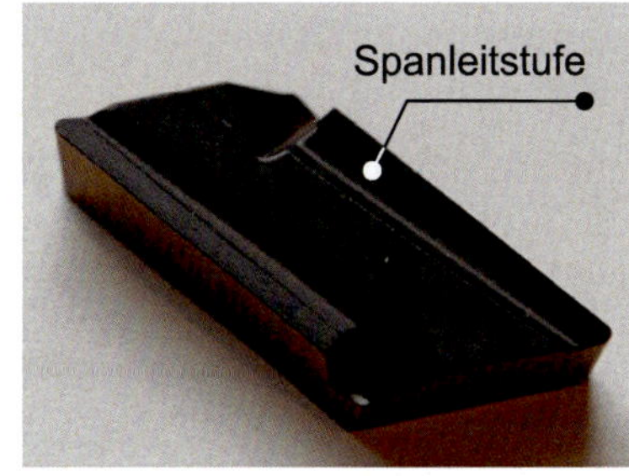

15

Die Spanleitstufe an einem Drehmeißel (s. rechtes Bild) wird auch oft als Spanbrecher oder Spannut bezeichnet. Diese Nut soll verhindern, dass Fließ- oder Wirrspäne entstehen. Die Spanleitstufe findet man wie bei unserem Bild bei Wendeplatten, aber auch bei geschliffenen HSS Drehmeißeln.

Spanleitstufe
chip groove

16

Im Tabellenbuch finden Sie für das Passmaß 20 f7 folgenden Eintrag –20 / –41.

Bei diesen Angaben handelt es sich um µm. Somit liegt der Toleranzbereich zwischen 19,980 mm und 19,959 mm. Bei diesem Passungssystem steht der Buchstabe für die Lage des Maßes zur Nulllinie. Die Zahl steht für die Toleranz des Maßes.

17

In den Herstellerunterlagen finden Sie neben technischen Beschreibungen auch Schmierpläne oder Schmieranweisungen. Darin sind Ölwechselzyklen sowie die Schmiermittelvorgaben zu finden. Man sollte nie den Fehler machen, einen Ölwechsel nach Geruchsentwicklung oder Verfärbung zu veranlassen. Eine Erhöhung der Getriebetemperatur ist meistens ein Anzeichen für technische Probleme des Getriebes.

18

Fräser Nr. 1 ist ein Walzenstirnfräser. Er wird zum Fräsen von Flächen oder großen Absätzen verwendet.

Fräser Nr. 2 ist ein Bohrnutenfräser oder auch Langlochfräser. Er wird zum Fräsen von Langlöchern und Taschen verwendet. Dieser Fräser ist zum Bohren geeignet, da eine Schneide über die Mitte des Fräsers schneidet.

Fräser Nr. 3 ist ein Schaftfräser. Er ist für das Fräsen für Nuten geeignet und somit die richtige Antwort auf diese Frage.

Fräser Nr. 4 ist ein Prismenfräser. Wie der Name schon sagt, können mit ihm prismatische Ausbrüche gefräst werden. Er ist mit verschiedenen Winkeln verfügbar.

Fräser Nr. 5 ist ein T-Nutenfräser. Mithilfe dieses Fräsers kann, nachdem mit einem Schaftfräser eine Nut gefräst wurde, ein T-Nut gefertigt werden.

Stahlnormung (Baustahl)

19

Sucht man im Tabellenbuch im Themenbereich „Werkstofftechnik“, so findet man bei den Stählen für den Stahlbau bei den Zusatzsymbolen die Bezeichnung „JR“.

Bei dem Symbol „J“ handelt es sich um die Kerbschlagarbeit. Der Buchstabe „R“ gibt die Arbeit sowie die Temperatur an. Somit besagt dieses Zusatzsymbol: Kerbschlagarbeit mit 27 J bei einer Temperatur von 20 °C.

20

Bei Scheiben wird neben den Durchmessermaßen auch der Härtegrad angegeben. Bei unserem Beispiel handelt es sich um eine Härte von 140 HV = 140 Härte Vickers.

21

Durch das Schneiden eines Gewindes mit einem Schneideisen muss der Außendurchmesser um ca. 0,1 bis 0,2 mm kleiner ausgeführt werden. Durch das Schneiden des Gewindes wird Material nach außen gedrückt, dass mit der Durchmesserreduzierung wieder kompensiert wird.

Wird ein Bolzendurchmesser genau auf das Außenmaß des Gewindes gefertigt, besteht die Gefahr, dass Gewindeflanken ausbrechen.

Ausgleichswerte für Biegewinkel

22

Um die gestreckte Länge eines Biegeteils zu errechnen, kann dies durch die „neutrale Faser“ erfolgen oder über den sogenannten Ausgleichswert. Bei Berechnungen mit dem Ausgleichswert wird dieser von der Schenkellänge abgezogen. Der Ausgleichswert ist von der Blechstärke sowie dem Biegeradius und vom Biegewinkel abhängig (s. nachfolgendes Bild).

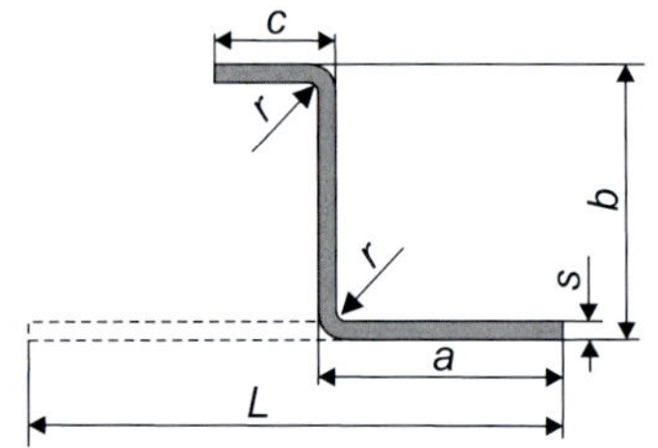

L = gestreckte Länge
a, b, c = Länge der Schenkel
s = Materialstärke
r = Biegeradius
n = Anzahl der Biegestellen
v = Ausgleichswert

$L = a + b + c + \ldots - n \cdot v$

Ausgleichswerte *v* für Biegewinkel von 90°

Biegeradius *r* in mm	Ausgleichswert *v* je Biegestelle in mm für Blechdicke *s* in mm											
	0,8	1	1,5	2	2,5	3	3,5	4	4,5	5	6	8	10
1	1,7	1,9	-,-	-,-	-,-	-,-	-,-	-,-	-,-	-,-	-,-	-,-	-,-
1,6	1,8	2,1	2,9	-,-	-,-	-,-	-,-	-,-	-,-	-,-	-,-	-,-	-,-
2,5	2,2	2,4	3,2	4,0	4,8	-,-	-,-	-,-	-,-	-,-	-,-	-,-	-,-
4	2,8	3,0	3,7	4,5	5,2	6,0	6,9	-,-	-,-	-,-	-,-	-,-	-,-
6	3,4	3,8	4,5	5,2	5,9	6,7	7,5	8,3	9,0	9,9	-,-	-,-	-,-
10	-,-	5,5	6,1	6,7	7,4	8,1	8,9	9,6	10,4	11,2	12,7	-,-	-,-
16	-,-	8,1	8,7	9,3	9,9	10,5	11,2	11,9	12,6	13,3	14,8	17,8	21,0
20	-,-	9,8	10,4	11,0	11,6	12,2	12,8	13,4	14,1	14,9	16,3	19,3	22,3

23

Um ein Spiel zwischen Führung und Schieber oder eine Lagerluft einzustellen, ist die Fühlerlehre das richtige Prüfmittel. Die einzelnen Lamellen der Fühlerlehre können bei Bedarf auch zusammengefügt werden, sodass das gewünschte Maß erreicht wird. Mit anderen Mess- und Prüfgeräten sind so kleine Spalten meist nicht zu prüfen.

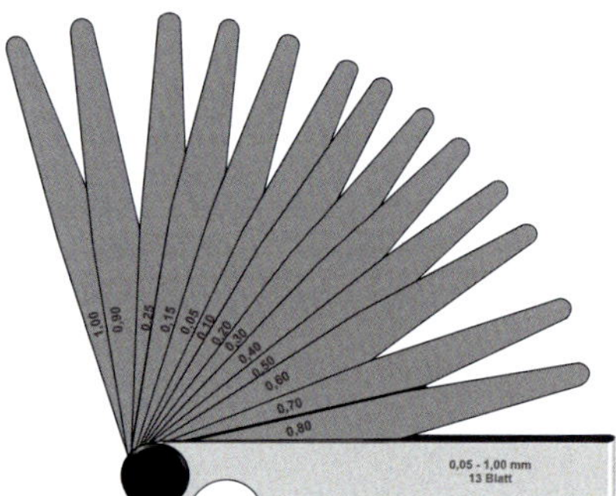

Kolbenkräfte

24

Im Tabellenbuch steht für diese Berechnung die Formel:

$$F = p_e \cdot A \cdot \eta$$

Bei der Berechnung ist allerdings wichtig, die richtigen Einheiten zu verwenden.

Kraft F = N

Druck p_e = N/cm^2 1 bar = 10 N/cm^2

Kolbenfläche A in cm^2

Wirkungsgrad η = Einheit in %

25

Wegpositionen lassen sich auf verschiedene Weise abfragen. Der Klassiker ist einmal der mechanische Endschalter. Eine weitere Möglichkeit bieten die Näherungsschalter. Sie gehören, wie auch Initiatoren, zu den berührungslosen Sensoren.

Druckmessdosen messen Kräfte, Relais sind elektrisch betätigte Schalter, Druckschalter schalten bei eingestelltem Drücken und Thermoelemente schalten bei Temperaturen.

26

Als Impulsventile werden beidseitig druckbeaufschlagte oder beidseitig magnetbetätigte Wegeventile bezeichnet. Da diese Ventile nicht über eine Feder zurückgestellt werden, müssen sie über ein Gegensignal ihre Schaltstellung ändern. Dazu brauchen Sie nur einen kurzen Schaltimpuls. Daher werden diese Ventile auch als Impulsventile bezeichnet.

27

Im Tabellenbuch steht für diese Berechnung die Formel:

$$Q = 2 \cdot A \cdot s \cdot n \cdot \frac{p_e + p_{amb}}{p_{amb}}$$

Bei der Berechnung ist allerdings wichtig, die richtigen Einheiten zu verwenden.

Das Ergebnis Q wird in l/min angegeben (1 l = 1 dm^3). Daher ist es sinnvoll, alle Längenmaße auf dm umzurechnen.

Da es sich um einen doppeltwirkenden Zylinder handelt, muss die Fläche A verdoppelt werden.

A = Kolbenfläche – dm^2
s = Hublänge – dm
n = Anzahl der Doppelhübe in einer Zeiteinheit
p_e = Systemdruck – bar
p_{amb} = Atmosphärendruck – 1 bar

28

Im Tabellenbuch steht für diese Berechnung des ohmschen Gesetzes die Formel:

$$I = \frac{U}{R}$$

Dabei steht für die Spannung (Volt) das Formelzeichen U, für den Widerstand (Ohm) das Formelzeichen R und für die Stromstärke (Ampere) das Formelzeichen I.

Berechnet man die Stromstärke, erhält man das Ergebnis in Ampere. Zur Umrechnung auf Milliampere wird der errechnete Wert durch 1000 geteilt.

Ohmsches Gesetz Ohm's law

29

Bei der Fehlersuche nach „GRAFCET" ist es sinnvoll, bei der Steuerung zu beobachten, wie weit diese läuft. Wird ein Schritt nicht mehr ausgeführt, kann die vorherige Transition auf den Fehler hinweisen und bildet somit eine Basis für die Fehlersuche in der Steuerung.

30

Für die Kennzeichnung von Gefahrstoffen wird das GHS-System verwendet. Diese Kennzeichnungsmethode besteht zum einen aus dem Gefahrensymbol mit seinen Gefahrenbezeichnungen, den Grafikpiktogrammen und gegebenenfalls einem Signalwort („Achtung Gefahr").

Die früheren R-Sätze wurden durch die H-Sätze (Hazard Statements) ersetzt.

Die früheren S-Sätze wurden durch die P-Sätze (Precautionary Statements) ersetzt.

(Siehe nachfolgende Abbildung)

TB Sicherheitskennzeichnung

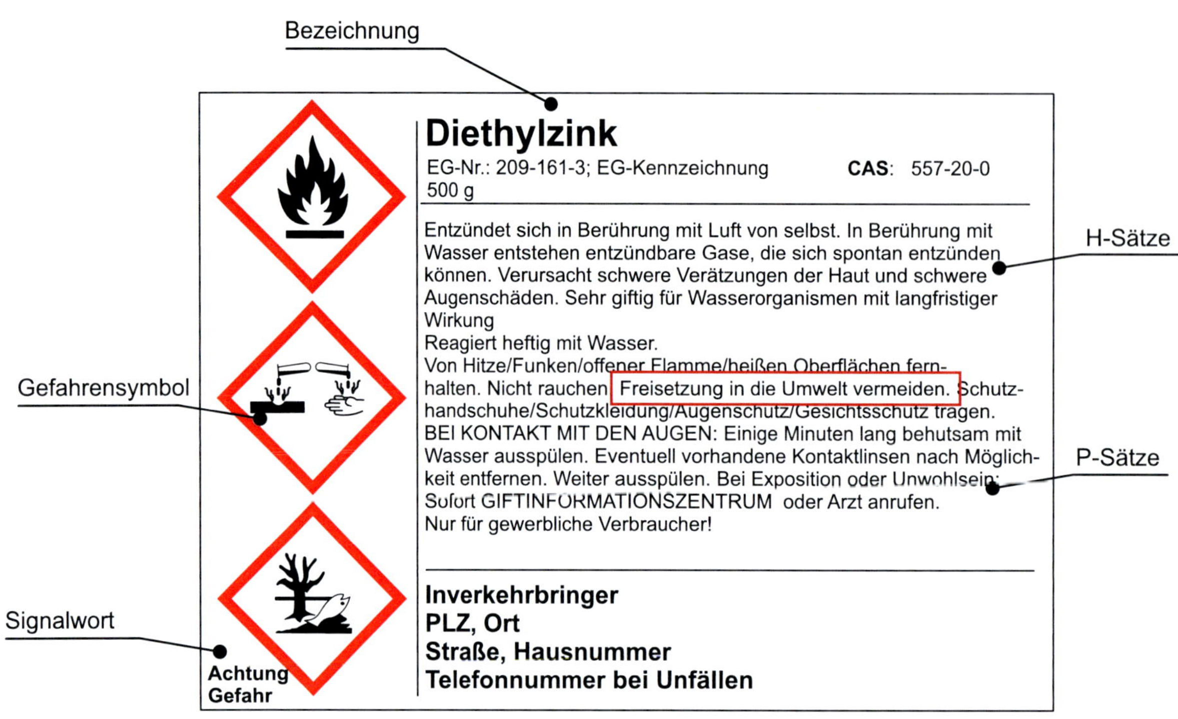

Aufgabensatz B

01

Im Tabellenbuch steht für diese Berechnung die Formel:

$$F = p_e \cdot A \cdot \eta$$

Bei der Berechnung ist allerdings wichtig, die richtigen Einheiten zu verwenden.

Kraft F = N

Druck p_e = N/cm² 1 bar = 10 N/cm²

Kolbenfläche A in cm²

Wirkungsgrad η = Einheit in %

Mögliche Zylinderdurchmesser können in der Regel aus Tabellenbüchern oder direkt vom Zylinderhersteller in Erfahrung gebracht werden.

02

Ein wesentlicher Bestandteil zur Ermittlung der Schnittgeschwindigkeit ist der Werkstoff eines Bohrers. Eine weitere Komponente ist der zu bearbeitende Werkstoff sowie die Information, welcher Kühlschmierstoff verwendet wird.

Die zulässige Schnittgeschwindigkeit findet man in Datenblättern der Hersteller von Bohrern oder in Tabellenbüchern.

Ist die Schnittgeschwindigkeit bekannt, kann die passende Drehzahl berechnet werden. Die passende Drehzahl kann aber auch über Drehzahldiagramme, wie sie an vielen Maschinen und in Tabellenbüchern zu finden sind, abgelesen werden.

04

Es gibt die Möglichkeit, die Geschwindigkeit eines Pneumatikzylinders über Zuluft- oder Abluftdrosselung zu regulieren.

Die gängigste Methode ist die Abluftdrosselung. Bei dieser Drosselungsart wird der Kolben des Zylinders zwischen zwei „Druckpolstern" eingespannt. Dadurch wird eine gleichmäßigere Kolbenführung gewährleistet und ein „Stic-Slip-Effekt" weitgehend vermieden.

Schrauben-Güteklassen screws quality

05

Am leichtesten lässt sich eine Schraube über ihre DIN EN ISO-Normung ermitteln.

Die Güteklasse einer Schraube wird mit z. B. 8.8 angegeben. Diese Zahlen beziehen sich auf:

$8 \times 100 = 800$ N/mm^2 Mindestzugfestigkeit

$8 \times 8 \times 10 = 640$ N/mm^2 Mindeststreckgrenze

07

Eine Aufbereitungseinheit wird auch noch als Wartungseinheit bezeichnet. Sie wird in der Regel vor einer Steuerung oder vor einem Verbraucher eingebaut. Ihre Aufgabe ist es, die Druckluft nochmals zu filtern, Kondenswasser zu entfernen sowie den Druck auf ein benötigtes Niveau einzustellen. In vielen Fällen ist noch ein Druckluftöler verbaut. Er soll bei Bedarf die Steuerung und den Verbraucher mit geölter Druckluft versorgen. Werden Ventile und Verbraucher verwendet, die nur mit ungeölter Druckluft betrieben werden dürfen, ist es sinnvoll, den Druckluftöler zu entfernen.

08

Im Tabellenbuch steht für diese Hebelberechnung die Formel:

$$F_1 \cdot l_1 = F_2 \cdot l_2$$

Diese Formel gilt für einarmige und zweiarmige Hebel gleichermaßen. Bei der dargestellten Spannpratze handelt es sich um einen einarmigen Hebel.

Im Tabellenbuch steht für die Berechnung der Schraube die Formel:

$$F_1 \cdot 2 \cdot \pi \cdot l = F_2 \cdot P$$

Die Spannkraft der T-Nuten-Schraube kann mit der Formel für „Schrauben" errechnet werden.

Da keine Hebellänge zur Verfügung steht, ist es sinnvoll, eine definierte Länge von 1000 mm, also 1 m anzugeben.

Im Tabellenbuch steht für die Drehmomentberechung die Formel:

$$M = F \cdot l$$

Durch die angenommene Hebellänge ist es ein Leichtes, das Drehmoment zu berechnen. Für die Kraft F wird die errechnete Kraft der Schraube eingesetzt. Für die Länge l gibt man 1 m ein.

09

Das Schaltzeichen des doppeltwirkenden Zylinders zeigt eine einstellbare Endlagendämpfung sowie einen Permanentmagneten, der am Kolben angebracht ist. Nur durch diesen Permanentmagneten ist es möglich, dass die Näherungsschalter (pneumatisch oder elektrisch) schalten können.

10

Das Bild auf der folgenden Seite zeigt eine Betriebsanweisung einer Säulenbohrmaschine.

Betriebsanweisung operating instructions

Firma:
Hermann Geiss

Betriebsanweisung

Nummer: 12.30

1. Anwendungsbereich

Offene Bauweise / konventionelle Steuerung / manuelles Steuern / kein Automatikbetrieb / kein Werkzeugwechsel / überwiegend Trockenbearbeitung

. Gefahren für Mensch und Umwelt

- Einzuggefahr durch rotierende Spindel und rotierende Werkzeuge
- Augenverletzungen durch Späneflug und ggf. Kühlmittel
- Fußverletzungen durch herabfallende Werkstücke
- Schnittverletzungen durch Späne und scharfkantige Werkstücke
- Gefährdung der Haut durch Öle, Fette und kühlmittelbenetzte Werkstücke

. Schutzmaßnahmen und Verhaltensregeln

Persönliche Schutzausrüstungen

- Eng anliegende Arbeitskleidung mit Klettverschluss (Ärmel- und Beinansatz)
- Schutzhandschuhverbot bei laufender Maschine
- Schutzkappe bei langen Haaren
- Schutzbrille bei laufender Maschine (Sichtgläser aus Polycarbonat)
- Hautschutz und –pflege gemäß Hautschutzplan

Verhaltensregeln

- Werkstück sicher spannen (Verwendung von Spannpratzen!)
- Späne je nach Späneanfall von Zeit zu Zeit mit Spänehaken oder Besen entfernen, um immer einen sicheren Stand am Steuerstand und um die Maschinen herum zu gewährleisten
- Bei Späne- und Kühlmittelwurf zu benachbarten Arbeitsplätzen Späne- und Spritzschutzwand aufstellen
- Keine losen Lappen und Putzwolle im Arbeitsbereich verwenden und ablegen
- Keine Stolperstellen, insbesondere keine zwischen Steuerstand und Zeichnungsablage/Werkbank/Messmittel usw. (z.B. Druckluftschlauch, Kabel)
- Keine Mess-, Tuschier- u. Markierungsarbeiten (z.B. Ankörnen usw.) bei laufender Maschine durchführen; Maschine dazu abschalten!

. Verhalten bei Störungen und im Gefahrfall

Notruf: 686

Maschine abschalten (NOT-AUS, Hauptschalter)
Vorgesetzten verständigen
Keine eigenmächtigen Provisorien an der Maschine durchführen!

. Verhalten bei Unfällen – Erste Hilfe

Notruf: 112

- Unfallstelle sichern.
- Ersthelfer und Vorgesetzten verständigen.
- Verletzte betreuen.

6. Instandhaltung, Entsorgung

- Mängel nur vom Sachkundigen beseitigen lassen.
- Instandhaltungsarbeiten werden durchgeführt von: Hermann Geiss
- Für die Entsorgung ist zuständig: Hermann Geiss

Datum: 14.02.2022

Unterschrift:

Betriebsanweisung einer Säulenbohrmaschine

Firma	Name	Datum	Gesamtergebnis

Single-Choice-Aufgaben

01	1	2	**3**	4	5	16	1	**2**	3	4	5
02	1	2	3	4	**5**	17	**1**	2	3	4	5
03	1	2	3	**4**	5	18	1	2	**3**	4	5
04	**1**	2	3	4	5	19	1	2	3	4	**5**
05	**1**	2	3	4	5	20	1	**2**	3	4	5
06	1	**2**	3	4	5	21	1	**2**	3	4	5
07	1	**2**	3	4	5	22	1	2	**3**	4	5
08	1	2	**3**	4	5	23	1	**2**	3	4	5
09	1	2	3	4	**5**	24	1	2	**3**	4	5
10	**1**	2	3	4	5	25	1	2	**3**	4	5
11	1	**2**	3	4	5	26	**1**	2	3	4	5
12	1	2	3	4	**5**	27	1	**2**	3	4	5
13	1	2	**3**	4	5	28	1	2	**3**	4	5
14	1	2	**3**	4	5	29	1	2	**3**	4	5
15	1	2	3	**4**	5	30	1	2	3	4	**5**

Single-Choice-Aufgaben, Teil 1

Punkte	Divisor		Ergebnis 1
	0,6	=	

Ungebundene Aufgaben, Teil 2

Punkte	Divisor		Ergebnis 2
	2	=	

Gesamtergebnis (Ergebnis 1 + Ergebnis 2)

Gesamtergebnis

Bewertungsschlüssel

Punkte	Note
0 bis 29	ungenügend
30 bis 49	mangelhaft
50 bis 66	ausreichend
67 bis 80	befriedigend
81 bis 91	gut
92 bis 100	sehr gut

Unterschrift Prüfer

Notizen

Aufgabensatz B

01

a) Aktuelle Spannkraft

$$F = p_e \cdot A \cdot \eta \qquad A = \frac{d^2 \cdot \pi}{4}$$

$$A = \frac{(2\ \text{cm})^2 \cdot \pi}{4} = 3{,}14\ \text{cm}^2 \qquad F = 40\ \text{N/cm}^2 \cdot 3{,}14\ \text{cm}^2 \cdot 0{,}85 = 106{,}76\ \text{N}$$

$$p_e = \frac{F}{A \cdot \eta} = \frac{145\ \text{N}}{3{,}14\ \text{cm}^2 \cdot 0{,}85} = 54{,}33\ \text{N/cm}^2 = 5{,}43\ \text{bar}$$

b) Der Betriebsdruck muss auf 5,43 bar erhöht werden.

02

a) Werkstoff des Bohrers
Werkstoff des Werkstückes
Vom Kühlschmierstoff

b) Durch Berechnung
Durch ein Drehzahldiagramm an der Bohrmaschine oder im Tabellenbuch

03

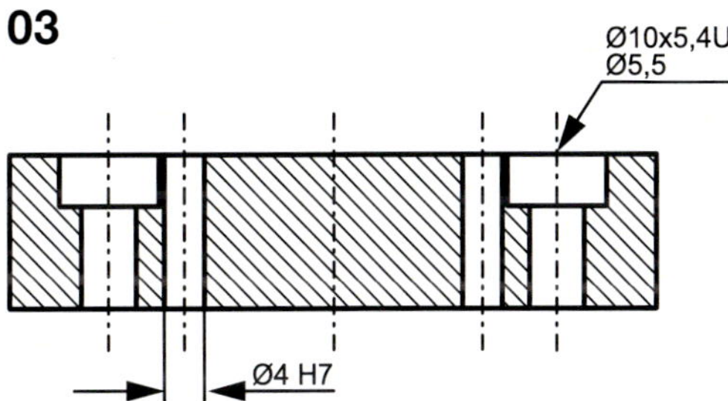

04

Abluftdrosselung

Durch die Abluftdrosselung wird der Kolben des Zylinders -MMB1 zwischen zwei Druckpolstern eingespannt. Dadurch erhält der Zylinder eine stabilere Fahrbewegung. Der Stick-Slip-Effekt wird dadurch weitgehend verhindert.

05

Bezeichnung:	Zylinderschraube
Norm:	DIN EN ISO 4762
Abmessungen:	Gewinde M5 Schaftlänge 16 mm
Güteklasse:	8.8 = Mindestzugfestigkeit 800 N/mm^2
	Streckgrenze 640 N/mm^2
Werkzeug:	Sechskant Stiftschlüssel

06

$R_m = 510 \text{ N/mm}^2$

$R_e = 235 \text{ N/mm}^2$

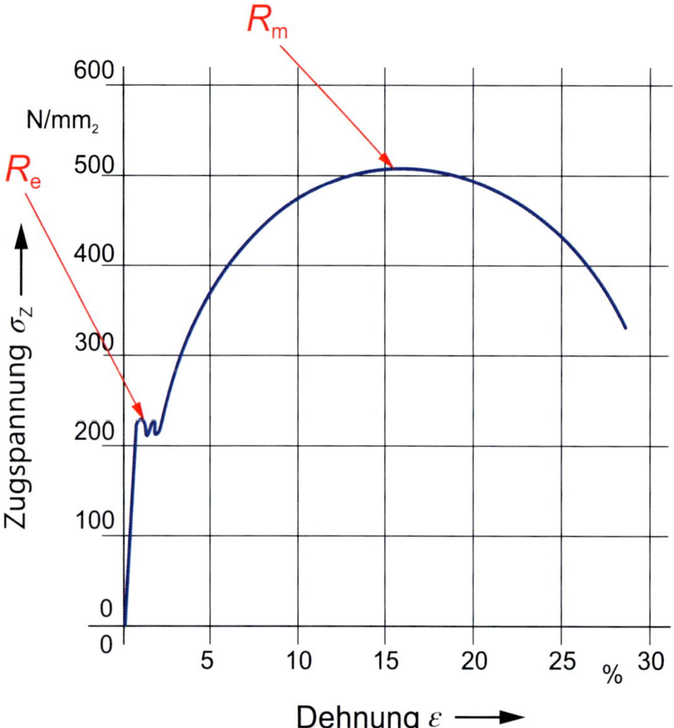

07

a) 1 = Filter und Wasserabscheider

2 = Druckregelventil

3 = Druckluftöler

b)
- Der Filter und Wasserabscheider filtert die Druckluft und scheidet Kondenswasser aus der Druckluft heraus.
- Der Druckregler hat die Aufgabe, den Ausgangsdruck auf das gewünschte Niveau einzustellen und den Ausgangsdruck konstant zu halten.
- Der Druckluftöler versetzt den Druckluftstrom mit Öl, damit Ventile und Geräte geschmiert werden.

08

$$F_1 \cdot l_1 = F_2 \cdot l_2$$

$$F_1 = \frac{F_2 \cdot l_2}{l_1} = \frac{9000 \text{ N} \cdot 100 \text{ mm}}{70 \text{ mm}} = 12857{,}14 \text{ N}$$

$$F_1 \cdot 2 \cdot \pi \cdot l = F_2 \cdot P$$

$$F_1 = \frac{F_2 \cdot P}{2 \cdot \pi \cdot l} = \frac{12857{,}14 \text{ N} \cdot 1{,}75 \text{ mm}}{2 \cdot \pi \cdot 1000 \text{ mm}} = 3{,}58 \text{ N}$$

$$M = F \cdot l = 3{,}58 \text{ N} \cdot 1 \text{ m} = 3{,}58 \text{ Nm}$$

09

a)

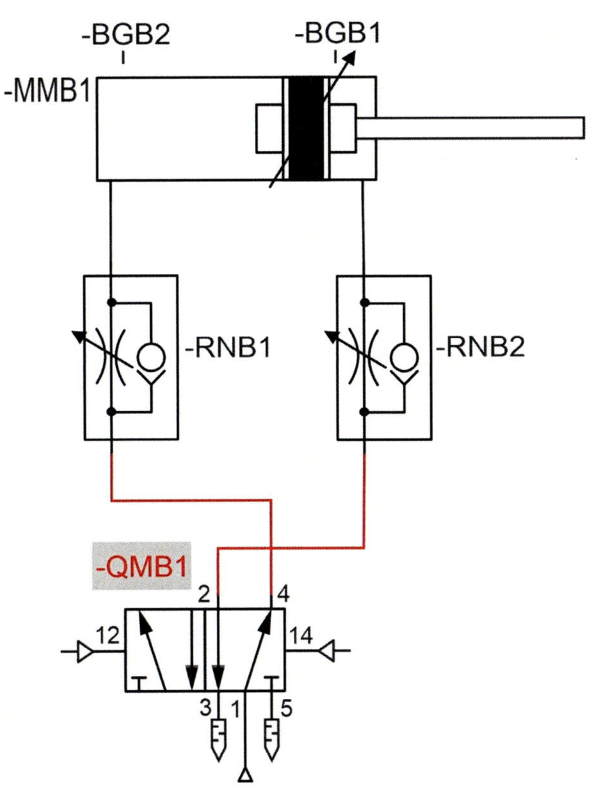

b) Doppeltwirkender Zylinder mit einstellbarer Endlagendämpfung

Der Kolben ist mit einem Permanentmagneten bestückt, damit die Näherungsschalter -BGB1 und -BGB2 schalten können.

10

- Umweltschutz
- Arbeitssicherheit
- Instandhaltung
- Verhalten bei Störungen
- Verhalten bei Unfällen
- Anwendungsbereich
- Sachgerechte Entsorgung
- Folgen bei Nichtbeachtung

Notizen

Projekt 4

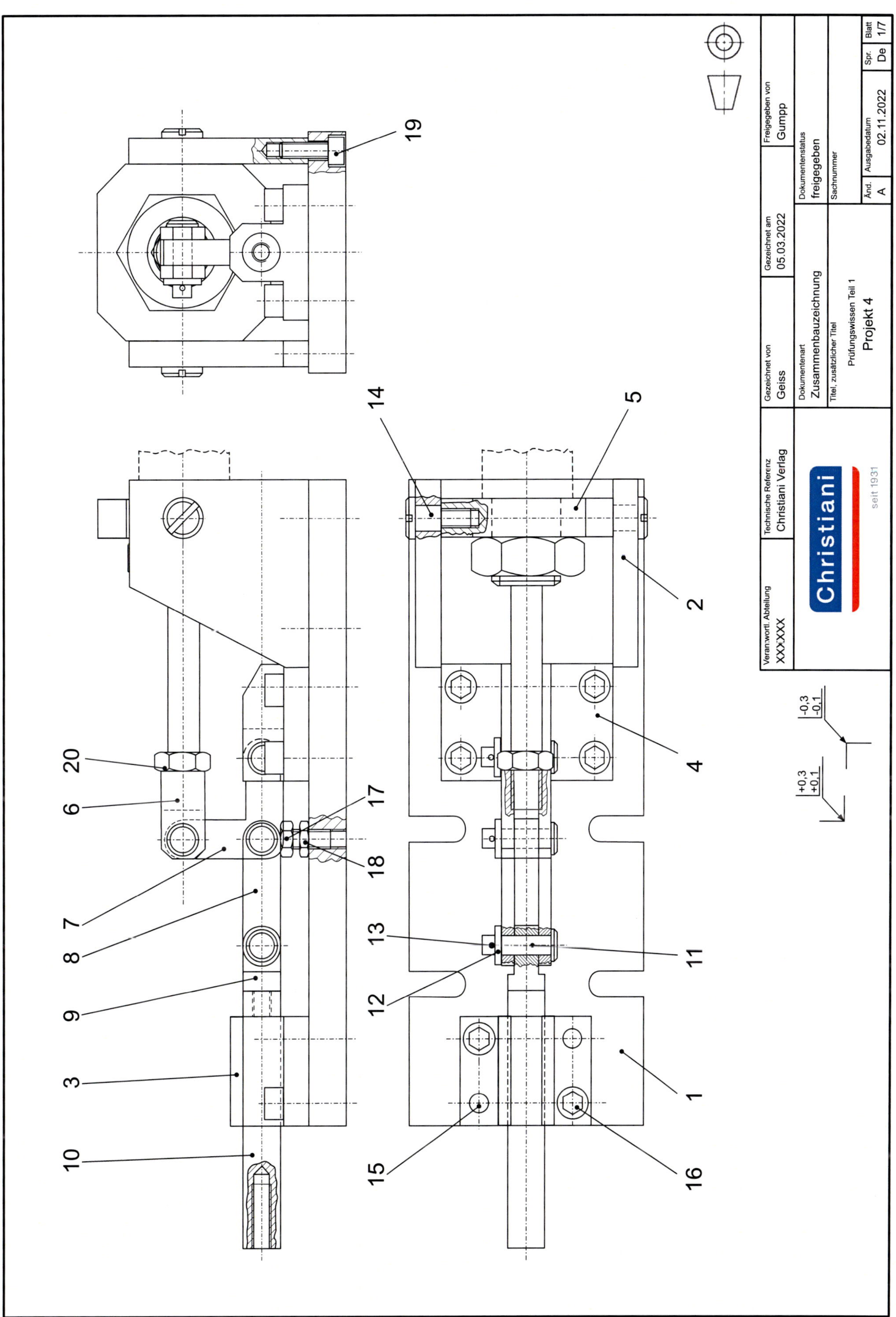

19
14
5
2
4
20
6
17
18
7
8
13
11
12
9
3
1
10
15
16
+0,3
+0,1
-0,3
-0,1
Veran.wortl. Abteilung
XXXXXX
Technische Referenz
Christiani Verlag
Christiani
seit 1931
Gezeichnet von
Geiss
Dokumentenart
Zusammenbauzeichnung
Titel, zusätzlicher Titel
Prüfungswissen Teil 1
Projekt 4
Gezeichnet am
05.03.2022
Dokumentenstatus
freigegeben
Sachnummer
Freigegeben von
Gumpp
Änd.
A
Ausgabedatum
02.11.2022
Spr.
De
Blatt
1/7

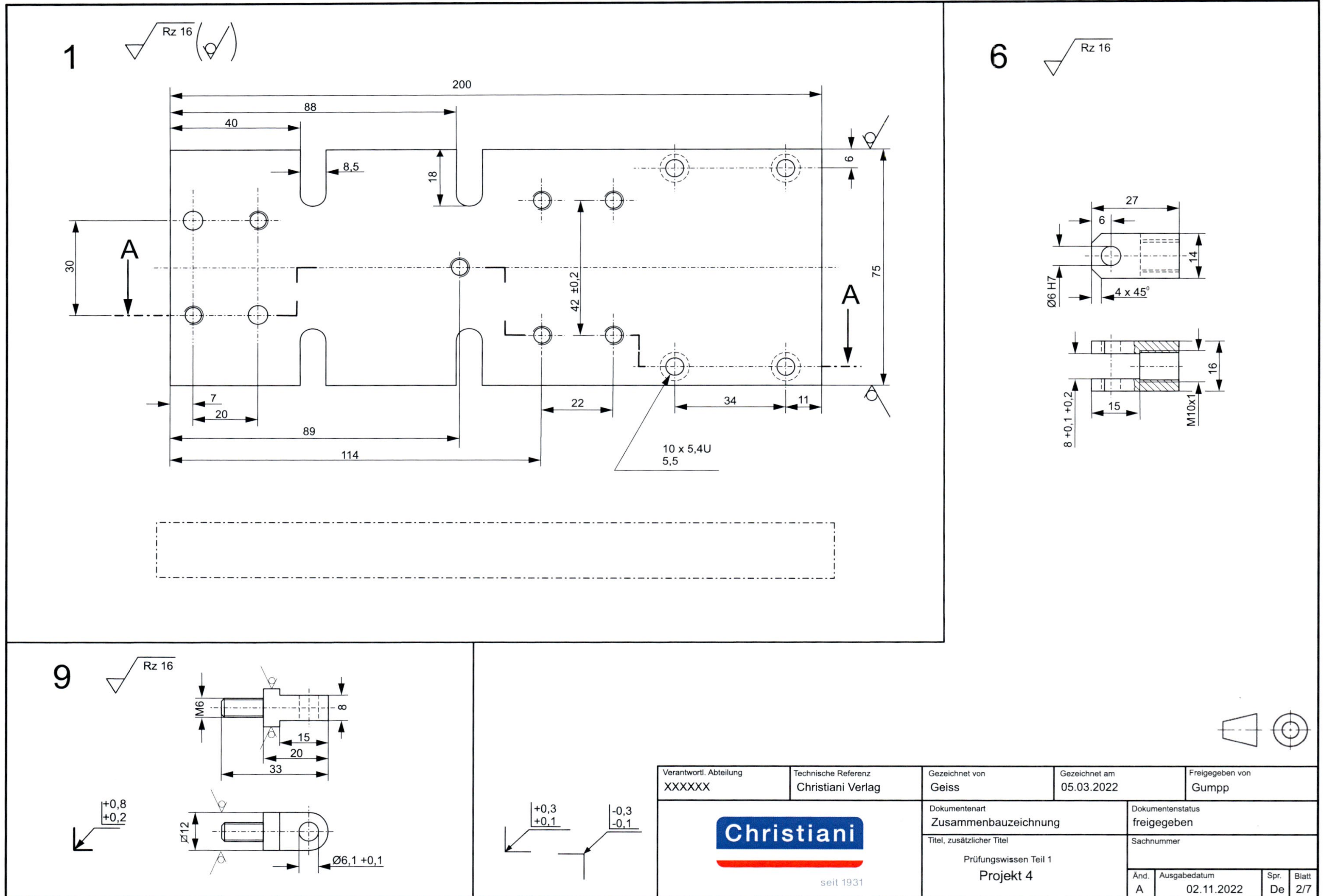
1
6
9
Rz 16
Verantwortl. Abteilung
XXXXXX
Technische Referenz
Christiani Verlag
Gezeichnet von
Geiss
Gezeichnet am
05.03.2022
Freigegeben von
Gumpp
Christiani
seit 1931
Dokumentenart
Zusammenbauzeichnung
Dokumentenstatus
freigegeben
Titel, zusätzlicher Titel
Prüfungswissen Teil 1
Projekt 4
Sachnummer
Änd.
A
Ausgabedatum
02.11.2022
Spr.
De
Blatt
2/7

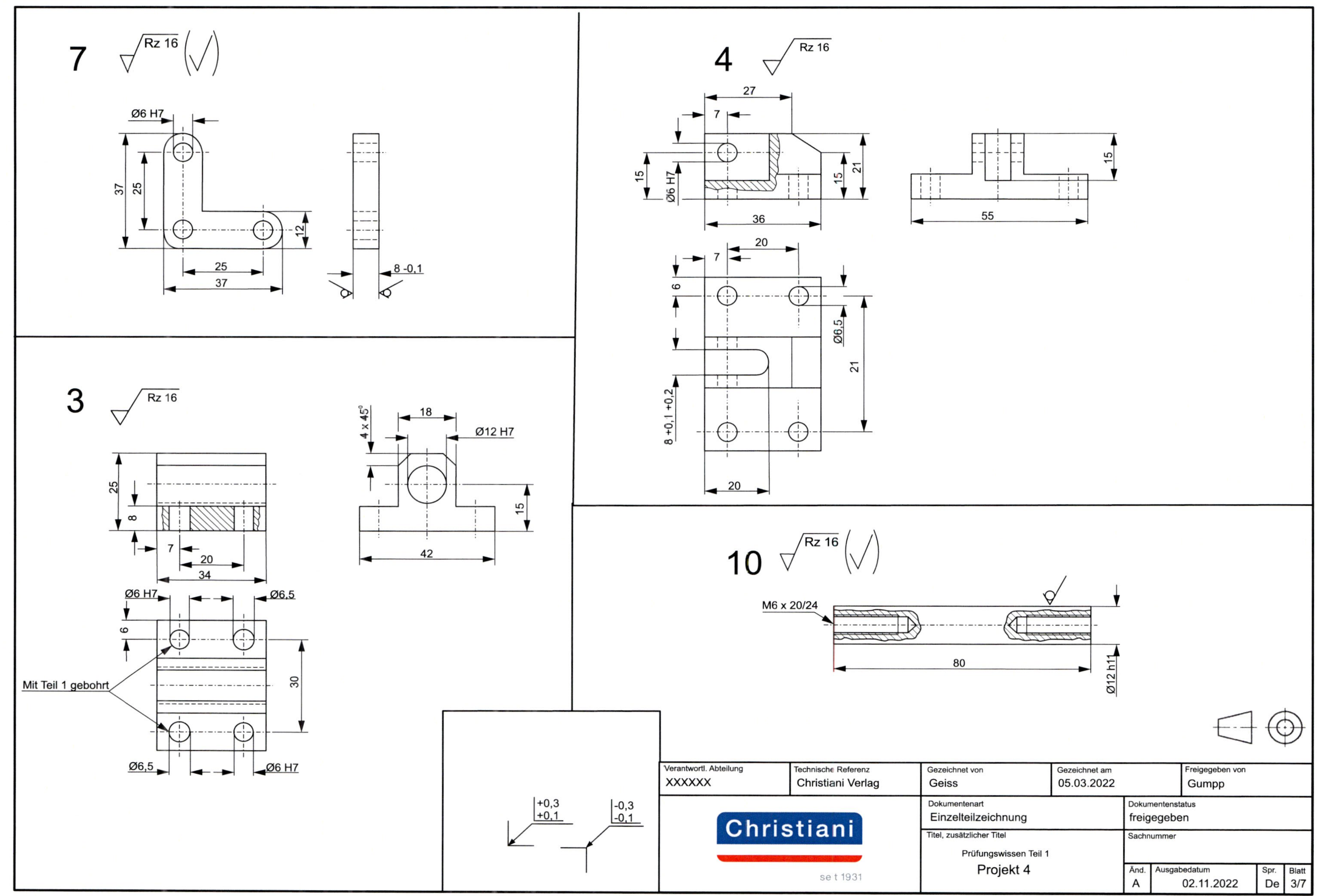
7
Rz 16
Ø6 H7
37
25
12
25
37
8 -0,1
4
Rz 16
27
7
15
Ø6 H7
15
21
36
15
55
20
7
6
Ø6,5
21
8 +0,1 +0,2
20
3
Rz 16
25
8
7
20
34
4 x 45°
18
Ø12 H7
15
42
Ø6 H7
Ø6,5
6
30
Mit Teil 1 gebohrt
Ø6,5
Ø6 H7
10
Rz 16
M6 x 20/24
80
Ø12 h11
+0,3
+0,1
-0,3
-0,1
Verantwortl. Abteilung
XXXXXX
Technische Referenz
Christiani Verlag
Gezeichnet von
Geiss
Gezeichnet am
05.03.2022
Freigegeben von
Gumpp
Christiani
seit 1931
Dokumentenart
Einzelteilzeichnung
Dokumentenstatus
freigegeben
Titel, zusätzlicher Titel
Prüfungswissen Teil 1
Projekt 4
Sachnummer
Änd.
A
Ausgabedatum
02.11.2022
Spr.
De
Blatt
3/7

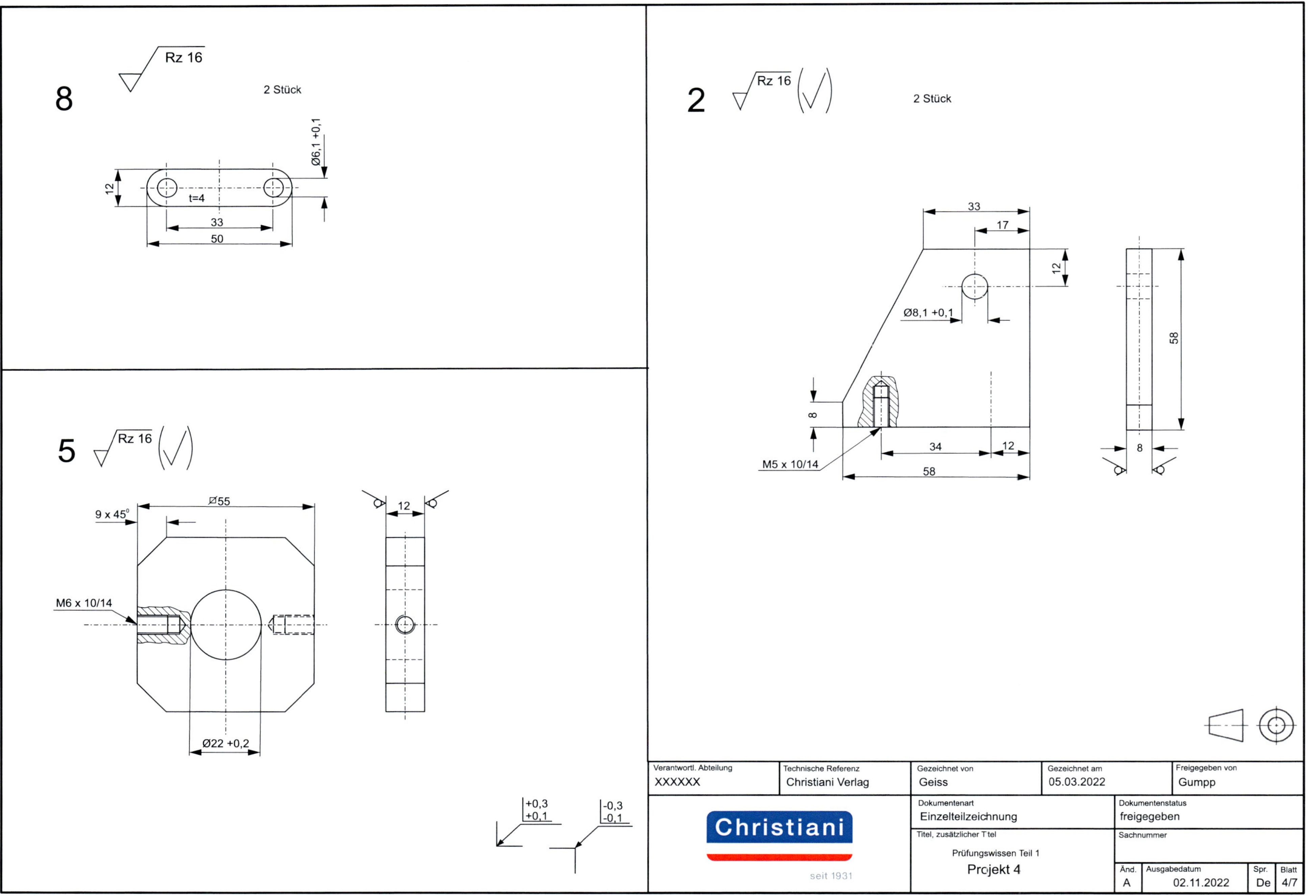
8
Rz 16
2 Stück
Ø6,1 +0,1
12
t=4
33
50
2
Rz 16
2 Stück
33
17
12
Ø8,1 +0,1
58
8
M5 x 10/14
34
12
58
8
5
Rz 16
Ø55
9 x 45°
12
M6 x 10/14
Ø22 +0,2
+0,3
+0,1
-0,3
-0,1
Verantwortl. Abteilung
XXXXXX
Technische Referenz
Christiani Verlag
Gezeichnet von
Geiss
Gezeichnet am
05.03.2022
Freigegeben von
Gumpp
Christiani
seit 1931
Dokumentenart
Einzelteilzeichnung
Dokumentenstatus
freigegeben
Titel, zusätzlicher Titel
Sachnummer
Prüfungswissen Teil 1
Projekt 4
Änd.
A
Ausgabedatum
02.11.2022
Spr.
De
Blatt
4/7

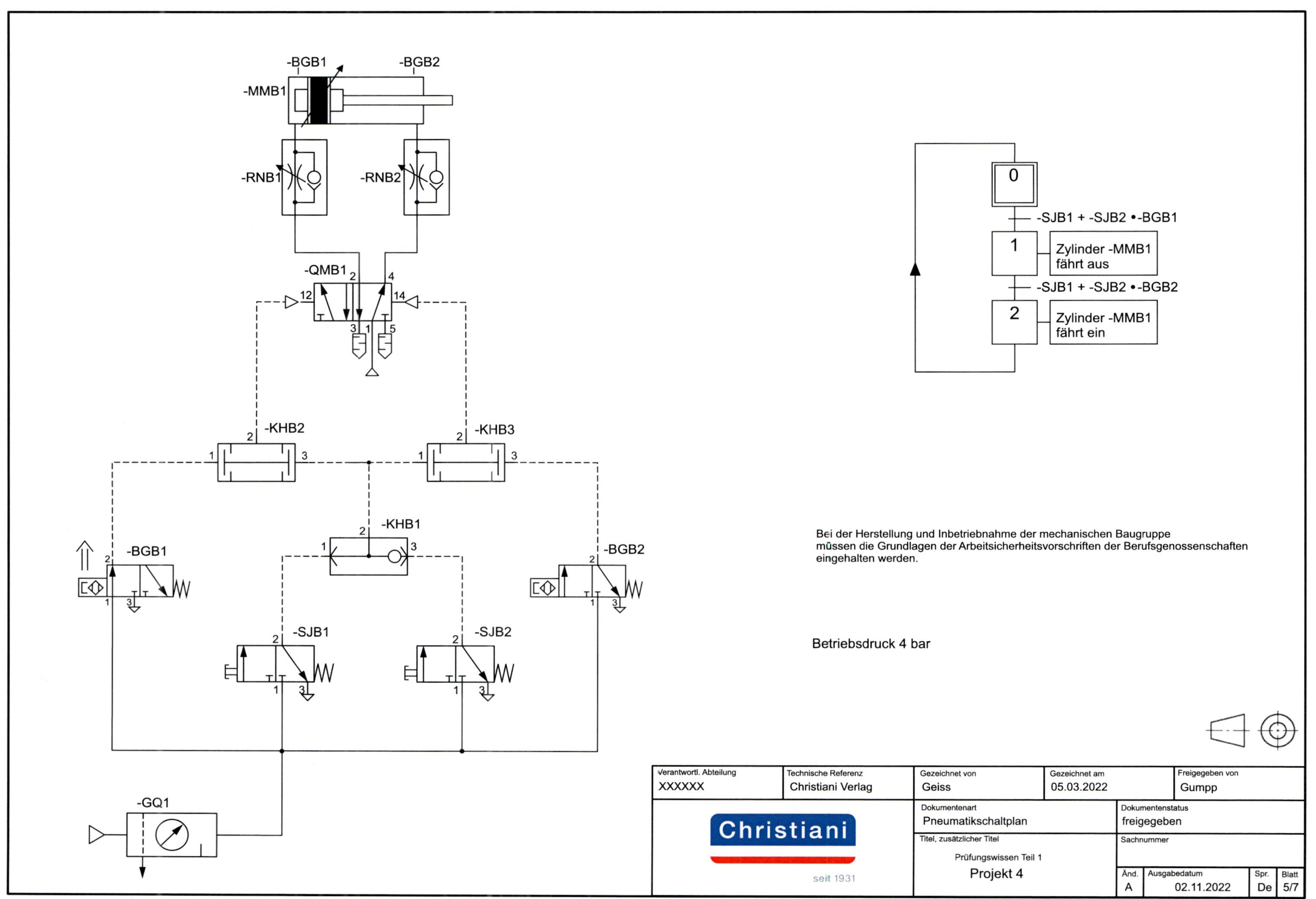
-BGB1
-BGB2
-MMB1
-RNB1
-RNB2
-QMB1
-KHB2
-KHB3
-KHB1
-BGB1
-BGB2
-SJB1
-SJB2
-GQ1
0
-SJB1 + -SJB2 •-BGB1
1
Zylinder -MMB1 fährt aus
-SJB1 + -SJB2 •-BGB2
2
Zylinder -MMB1 fährt ein
Bei der Herstellung und Inbetriebnahme der mechanischen Baugruppe müssen die Grundlagen der Arbeitssicherheitsvorschriften der Berufsgenossenschaften eingehalten werden.
Betriebsdruck 4 bar
Verantwortl. Abteilung
XXXXXX
Technische Referenz
Christiani Verlag
Gezeichnet von
Geiss
Gezeichnet am
05.03.2022
Freigegeben von
Gumpp
Christiani
seit 1931
Dokumentenart
Pneumatikschaltplan
Dokumentenstatus
freigegeben
Titel, zusätzlicher Titel
Prüfungswissen Teil 1
Projekt 4
Sachnummer
Änd.
A
Ausgabedatum
02.11.2022
Spr.
De
Blatt
5/7

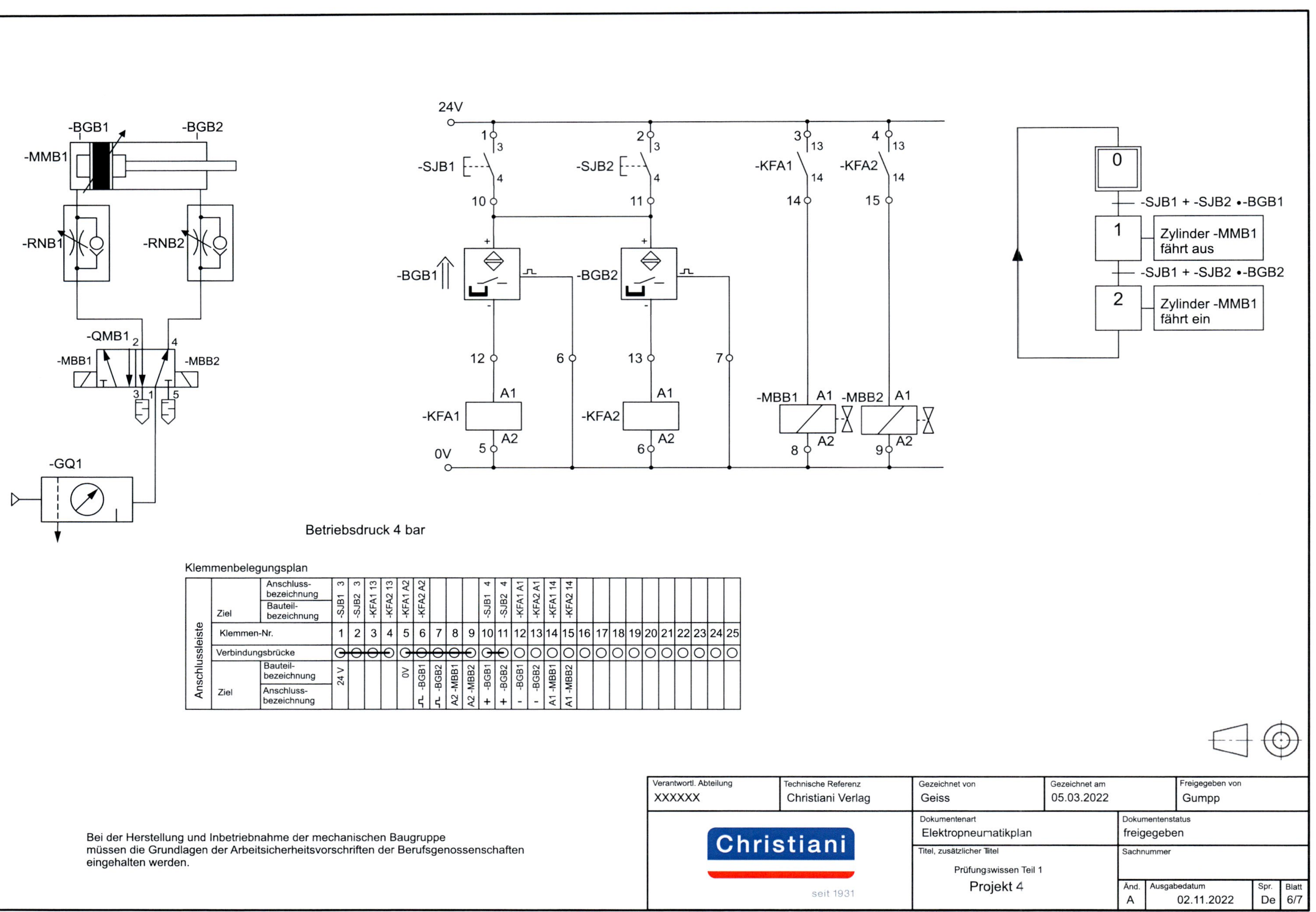

Klemmenbelegungsplan

Anschlussleiste																										
Ziel	Anschluss-bezeichnung / Bauteil-bezeichnung	-SJB1 3	-SJB2 3	-KFA1 13	-KFA2 13	-KFA1 A2	-KFA2 A2				-SJB1 4	-SJB2 4	-KFA1 A1	-KFA2 A1	-KFA1 14	-KFA2 14										
Klemmen-Nr.		1	2	3	4	5	6	7	8	9	10	11	12	13	14	15	16	17	18	19	20	21	22	23	24	25
Verbindungsbrücke		⊖	⊖	⊖	⊖	⊖	⊖	⊖	⊖	⊖	⊖	⊖	○	○	○	○	○	○	○	○	○	○	○	○	○	○
Ziel	Bauteil-bezeichnung / Anschluss-bezeichnung	24 V				0V	⎍ -BGB1	⎍ -BGB2	A2 -MBB1	A2 -MBB2	+ -BGB1	+ -BGB2	- -BGB1	- -BGB2	A1 -MBB1	A1 -MBB2										

Bei der Herstellung und Inbetriebnahme der mechanischen Baugruppe müssen die Grundlagen der Arbeitssicherheitsvorschriften der Berufsgenossenschaften eingehalten werden.

Verantwortl. Abteilung	Technische Referenz	Gezeichnet von	Gezeichnet am	Freigegeben von
XXXXXX	Christiani Verlag	Geiss	05.03.2022	Gumpp

Christiani seit 1931

Dokumentenart	Dokumentenstatus
Elektropneumatikplan	freigegeben
Titel, zusätzlicher Titel: Prüfungswissen Teil 1 – Projekt 4	Sachnummer

Änd.	Ausgabedatum	Spr.	Blatt
A	02.11.2022	De	6/7

Pos-Nr.	Stück	Benennung	Norm	Werkstoff	Halbzeug
28					
27					
26					
25					
24					
23					
22					
21					
20	1	Mutter	DIN EN ISO 8673		M10x1
19	4	Zylinderschraube	DIN EN ISO 4762		M5x16
18	1	Mutter	DIN EN ISO 4035		M6
17	1	Sechskantschraube	DIN EN ISO 4017		M6x12
16	6	Zylinderschraube	DIN EN ISO 4762		M6x16
15	2	Zylinderstift	DIN EN ISO 2338		6m6x16
14	2	Flachkopfschraube	DIN EN ISO 22341		M6x8
13	4	Splint	DIN EN ISO 1237		1,6x10
12	4	Scheibe	ISO 8738		6 140HV
11	4	Bolzen	ISO 2340 B		6x22
10	1	Schubstange	DIN EN 10277	16MnCr5	Ø12x80
9	1	Schieberanschluss	DIN EN 10277	S235JR+C	12x12x33
8	2	Verbinder	DIN EN 10277	S235JR+C	50x12x4
7	1	Winkel	DIN EN 10277	S235JR+C	37x37x8
6	1	Zylinderadapter	DIN EN 10277	S235JR+C	14x16x27
5	1	Zylinderhalterung	DIN EN 10277	S235JR+C	55x55x12
4	1	Gegenlager	DIN EN 10277	S235JR+C	36x55x21
3	1	Lagerbock	DIN EN 1561	EN-GJL-250	42x34x25
2	2	Seitenplatte	DIN EN 10277	S235JR+C	58x58x8
1	1	Grundplatte	DIN EN 10277	S235JR+C	200x75x12

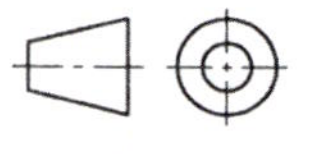

Verantwortl. Abteilung	Technische Referenz	Gezeichnet von	Gezeichnet am	Freigegeben von
XXXXXX	Christiani Verlag	Geiss	05.03.2022	Gumpp

Christiani seit 1931

Dokumentenart	Dokumentenstatus
Stückliste	freigegeben
Titel, zusätzlicher Titel: Prüfungswissen Teil 1 – Projekt 4	Sachnummer

Änd.	Ausgabedatum	Spr.	Blatt
A	02.11.2022	De	7/7

Notizen

01

Ein Werkstoff wird durch Zusammenschmelzen von unterschiedlichen Metallen hergestellt. Wie wird diese Verbindung der Metalle bezeichnet?

(1) Chemische Verbindung

(2) Sintermetall

(3) Gemenge

(4) Legierung

(5) Galvanik

02

Durch welches Element wird die Härte, Zähigkeit und Festigkeit bei einer Wärmebehandlung eines Stahles beeinflusst?

(1) Kohlenstoff

(2) Mangan

(3) Silicium

(4) Chrom

(5) Magnesium

03

Welcher Werkstoff besitzt die größte Dichte?

(1) Polyamid

(2) Aluminium

(3) Titan

(4) Blei

(5) Stahl

04

Aus welchem Werkstoff wird der Lagerbock Pos. 3 hergestellt?

Dichte

(1) Einsatzstahl

(2) Vergütungsstahl

(3) Grauguss mit Lamellengraphit

(4) Sintermetall

(5) Grauguss mit Kugelgraphit

05

Auf der Zeichnung von Pos. 1 steht das rechts dargestellte Oberflächenzeichen. Wie muss diese Oberfläche bearbeitet werden?

(1) Die Oberfläche muss geschliffen werden.

(2) Die Oberfläche muss gefräst werden.

(3) Die Oberfläche muss gefeilt werden.

(4) Die Oberfläche bleibt unbearbeitet.

(5) Das Bearbeitungsverfahren ist nicht vorgeschrieben.

06

Wie soll die Spitze eines Körners ausgeführt sein?

Oberflächenangaben

(1) Gehärtet mit einem Spitzenwinkel von 90°

(2) Weich und ballig geschliffen

(3) Gehärtet mit einem Spitzenwinkel von 60°

(4) Gehärtet mit einem Spitzenwinkel von 30°

(5) Weich mit einem Spitzenwinkel von 60°

07

Wann ist der Zeitpunkt für einen Ölwechsel an einer Bohrmaschine?

(1) Starke Geruchsentwicklung

(2) Starke Lagergeräusche

(3) Starke Erwärmung des Getriebes

(4) Schaumbildung des Getriebeöls

(5) Schmierplan des Herstellers

08

Am Lagerbock (Pos. 3) sollen die beiden Ansätze links und rechts gefräst werden. Welcher der Fräser ist dafür am besten geeignet?

(1) Schaftfräser

(2) Bohrnutenfräser

(3) Prismenfräser

(4) T-Nutenfräser

(5) Kreissägeblatt

09

Die Schubstange (Pos. 10) soll eine harte und verschleißfeste Oberfläche erhalten. Welches Wärmebehandlungsverfahren ist hier anzuwenden?

(1) Einsatzhärten

(2) Nitrieren

(3) Vergüten

(4) Brünieren

(5) Dieser Werkstoff kann nicht gehärtet werden.

10

In welchem der unten dargestellten Abbildungen ist das Werkstück richtig für Fräsarbeiten eingespannt? Der Pfeil gibt die Vorschubrichtung an.

(1) Bild 1

(2) Bild 2

(3) Bild 3

(4) Bild 4

(5) Bild 5

Welches Wärmebehandlungsverfahren verwendet wird, hängt weitgehend vom Kohlenstoffgehalt ab.

11

Welches der angegebenen Maße des Bohrungsabstandes 22 von Pos. 1 liegt außerhalb der Toleranz?

(1) 21,95 mm

(2) 21,90 mm

(3) 22,15 mm

(4) 22,25 mm

(5) 22,10 mm

1

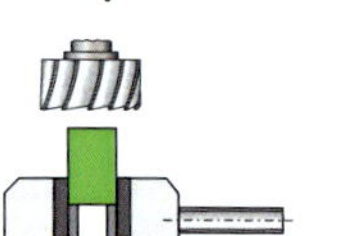

2

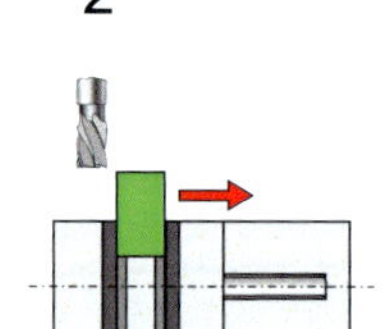

3

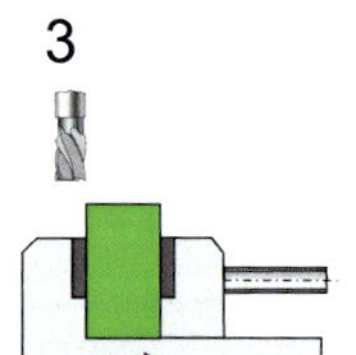

4

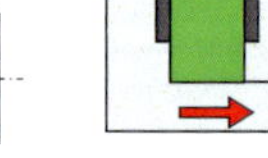

5

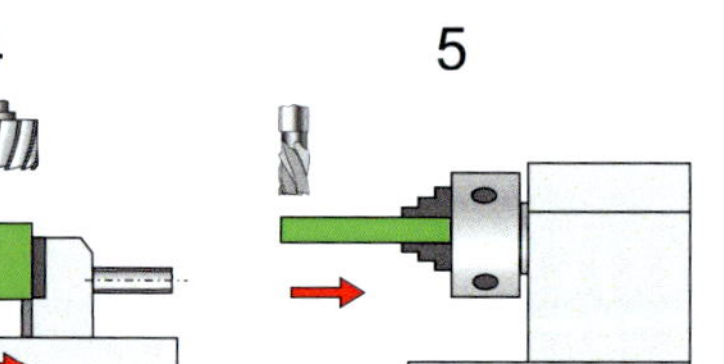

Um ein Werkstück stabil einzuspannen, sollte die Kraft gegen den stabilsten Punkt wirken.

12

Welches Prüfmittel ist für die Kontrolle der geriebenen Bohrung 6 H7 geeignet?

1. Digitalmessschieber
2. Grenzlehrdorn
3. Messuhr
4. Feinzeiger
5. Innentaster

13

In die Zylinderhalterung Pos. 5 soll eine Bohrung auf der Säulenbohrmaschine mit einem Durchmesser von 22 mm hergestellt werden. Wie sichern Sie das Werkstück gegen Herumschlagen auf der Bohrmaschine?

1. Festhalten mit der Hand
2. Einspannen in einen Maschinenschraubstock
3. An einem Anschlagpunkt anlegen und niederdrücken von Hand
4. Mit einer Schraubzwinge auf dem Maschinentisch festspannen
5. Einspannen in einen Maschinenschraubstock und diesen mit Spannschrauben auf dem Maschinentisch festspannen

14

In einer Zeichnung steht ein Maß in Klammern. Was besagt diese Klammer?

1. Dieses Maß ist nur ein theoretisches Maß.
2. Dieses Maß ist nicht maßstäblich.
3. Dieses Maß wird besonders geprüft.
4. Dieses Maß ist ein Hilfsmaß.
5. Dieses Maß wird öfter verwendet.

15

In der Werkstoffnormung für Stahl nach DIN EN 10027-1 sind Legierungselementen Multiplikatoren zugeordnet.

Welche der aufgeführten Multiplikatoren sind den Legierungsbestandteilen richtig zugeordnet?

	Legierungsbestandteil		Faktor
1	Mangan	Mn	10
2	Aluminium	Al	4
3	Kohlenstoff	C	10
4	Blei	Pb	100
5	Schwefel	S	100

16

(Pos. 5) In die Zylinderhalterung soll die Bohrung Ø 22 +0,2 fertig gebohrt werden. Hierfür wird ein Spiralbohrer aus HSS verwendet. Die Schnittgeschwindigkeit wird mit 30 m/min angegeben. Welche Drehzahl muss eingestellt werden?

1. $n = 523\ \text{min}^{-1}$
2. $n = 632\ \text{min}^{-1}$
3. $n = 285\ \text{min}^{-1}$
4. $n = 392\ \text{min}^{-1}$
5. $n = 434\ \text{min}^{-1}$

Nebenrechnung Aufgabe 16

Schnittgeschwindigkeit

17

Welchen Vorteil bietet der Messschieber im Bild 1 gegenüber dem Messschieber im Bild 2?

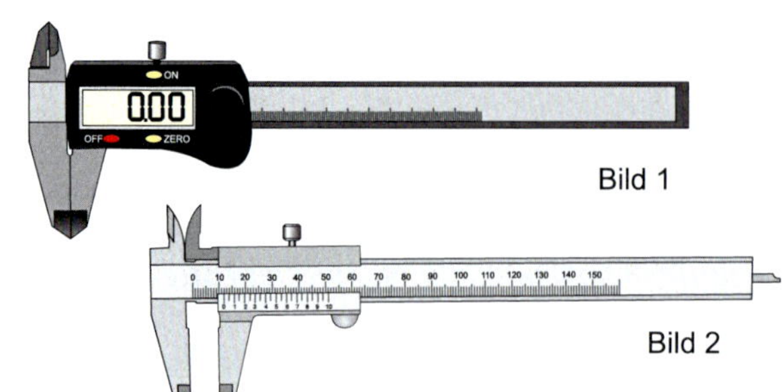

Bild 1

Bild 2

1. Die Messkraft spielt im Bild 1 keine Rolle.
2. Bei Bild 1 sind Parallaxenfehler bei der Ablesung ausgeschlossen.
3. Bei Bild 1 wird der Messwert analog angezeigt.
4. Bei Bild 1 spielt die Handwärme keine Rolle.
5. Die Anzeige bei Bild 1 funktioniert auch ohne Batterie.

18

Das Bild zeigt einen Ausschnitt einer Skala eines Messschiebers. Welches Maß wird angezeigt?

1. 91,1 mm
2. 91,01 mm
3. 9,1 mm
4. 91,2 mm
5. 130,1 mm

19

In einer Zeichnung steht das Maß 25 +0,2/+0,1. Welche Aussage ist richtig?

1. Das Mindestmaß ist 25,2 mm.
2. Das Höchstmaß ist 25,1 mm.
3. Die Toleranz ist 0,1 mm.
4. Das obere Abmaß beträgt +0,1 mm.
5. Das untere Abmaß beträgt +0,3 mm.

Der Nonius wird auch als Hilfsmaßstab bezeichnet.

20

Welcher Druck muss bei der rechts skizzierten Steuerung eingestellt werden, um eine Zylinderkraft von 245 N zu erreichen? Reibungsverluste werden nicht berücksichtigt.

1. p = 4,99 bar
2. p = 49,9 bar
3. p = 6,2 bar
4. p = 8,32 bar
5. p = 3,91 bar

Nebenrechnung Aufgabe 20

Der Druck wird bei der Berechnung nicht in bar, sondern in N/cm² angegeben.

21

An einer Fräsmaschine ist Öl ausgelaufen. Mit welchem Mittel kann das ausgelaufene Öl gebunden werden?

(1) Reinigungstuch

(2) Wasser

(3) Putzwolle

(4) Sand

(5) Spezialbindemittel

22

Welche der unten gezeigten Bilder zeigen eine unlösbare Verbindung?

(1) Bild 1 und 3

(2) Bild 1 und 4

(3) Bild 4 und 5

(4) Bild 2 und 3

(5) Bild 1 und 5

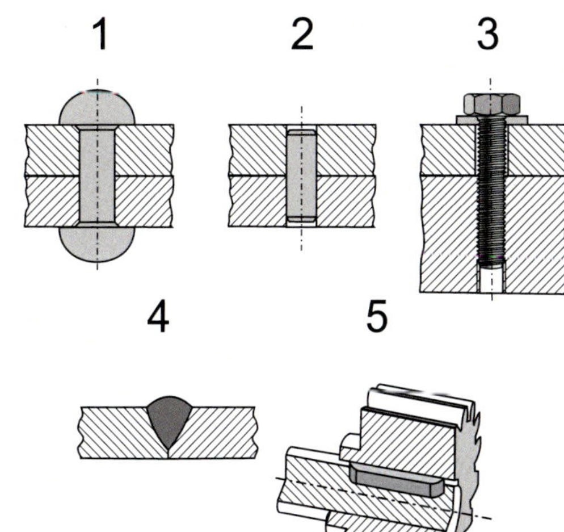

23

An den Schieberanschluss Pos. 9 soll das Gewinde M6 mit einer konventionellen Drehmaschine hergestellt werden. Mit welchem Spannmittel kann dieses Werkstück gespannt werden?

(1) Dreibackenfutter

(2) Vierbackenfutter

(3) Spannzange

(4) Planscheibe

(5) Stirnseitenmitnehmer

24

Welche Signale müssen vorhanden sein, wenn der Spanner den Spannvorgang lösen kann?

(1) -SJB1 oder -SJB2

(2) -SJB1 oder -SJB2 und -BGB1

(3) -SJB1 und -SJB2 und -BGB2

(4) -SJB1 oder -SJB2 und -BGB2

(5) -SJB1 und -SJB2 oder -BGB2

Notizen

Als Signale werden Informationen an die Steuerung bezeichnet, die manuell, mechanisch, berührungslos oder elektrisch Signale an die Steuerung abgeben.

25

Der Pneumatikzylinder -MMB1 mit einem Kolbendurchmesser von 30 mm und einer Hublänge von 125 mm legt in 3 Sekunden seinen gesamten Hubweg zurück. Mit welcher Geschwindigkeit in m/min fährt dieser Zylinder aus?

1) v = 4 m/min

2) v = 0,4 m/min

3) v = 25 m/min

4) v = 0,04 m/min

5) v = 2,5 m/min

Nebenrechnung Aufgabe 25

Geschwindigkeiten werden üblicherweise in m/s, m/min oder in km/h angegeben.

26

Ein Stromkreis besteht aus mehreren Komponenten. Aus welchen drei Komponenten besteht ein einfacher Stromkreis?

1) Spannungsquelle, Schalter, Verbraucher

2) Spannungsquelle, Leitungen, Verbraucher

3) Spannungsquelle, Widerstand, Schalter

4) Spannungsquelle, Gleichrichter, Leitungen

5) Spannungsquelle, Gleichrichter, Verbraucher

Notizen

27

Welches Bauteil zeigt das rechts dargestellte Bild?

1) Aufbereitungseinheit

2) Filter mit Wasserabscheider

3) Druckbegrenzungseinheit

4) Druckversorgung

5) Druckreduzierer

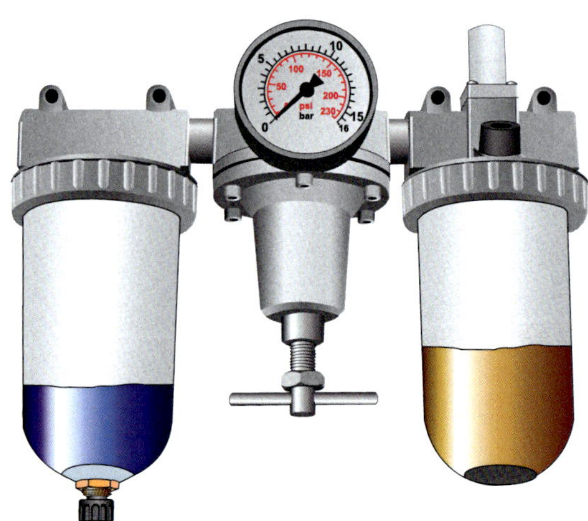

Dieses Bauteil findet man meist unmittelbar vor einer Steuerung.

28

Das Material für eine Baugruppe kostet 52,00 €. Es werden 15 Baugruppen bestellt. Für diese Baugruppen erhalten wir eine Rechnung über 741,00 €. Wieviel Prozent beträgt dabei der Preisnachlass?

1. 1 %
2. 3 %
3. 5 %
4. 8 %
5. Es gibt keinen Preisnachlass.

Nebenrechnung Aufgabe 28

29

Ihr Kollege erleidet einen schweren Arbeitsunfall.

Welche Rettungskette muss nun eingeleitet werden?

1. Nur den Vorgesetzten informieren
2. Nur Sofortmaßnahmen einleiten
3. Rettungsdienst informieren, Erste Hilfe
4. Sofortmaßnahmen, Notruf, Erste Hilfe
5. Erste Hilfe, Rettungsdienst, Notruf

30

Woran erkennt man einen Not-Aus-Schalter?

1. Er hat einen roten Kopf auf gelbem Hintergrund.
2. Er hat einen gelben Kopf auf rotem Hintergrund.
3. Er ist immer beleuchtet.
4. Er sitzt immer in der Nähe des Hauptschalters.
5. Er ist immer als Taster ausgeführt.

Notizen

01

Benennen Sie die Schnitte der dargestellten Flansche.

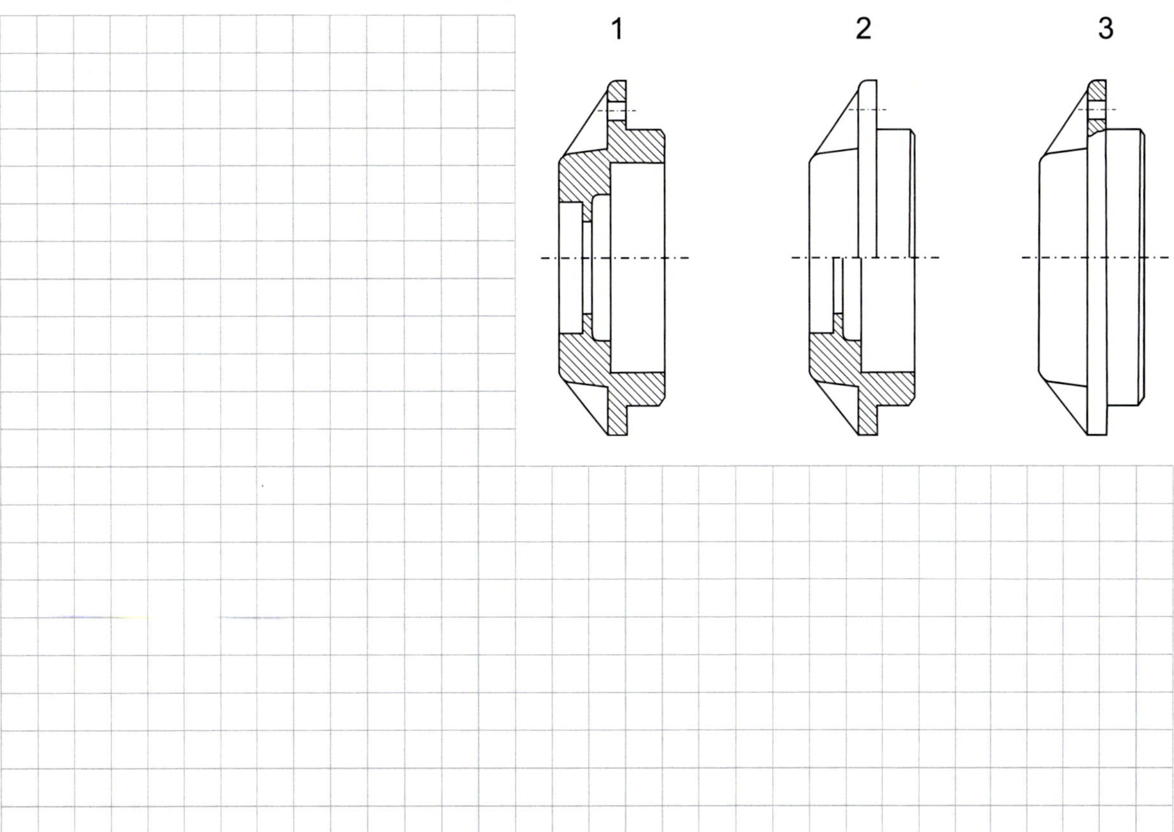

TB Schnitt-darstel-lungen

Punkte 10 bis 0

02

a) Um welches Bauteil handelt es sich bei den Ventilen -KMB1 und -KMB2?

b) Welche logische Funktion erfüllen diese Bauteile?

Punkte 10 bis 0

03

Benennen Sie die drei in der Grafik dargestellten Bohrmaschinen.

1 2 3

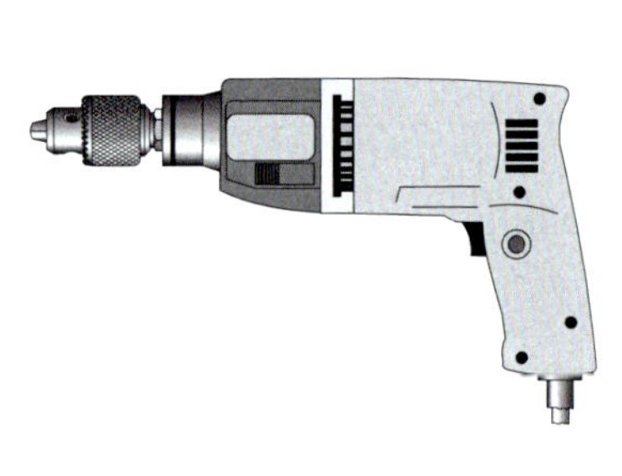

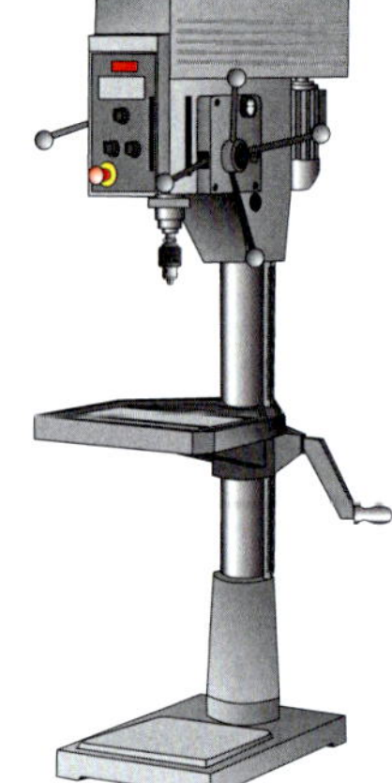

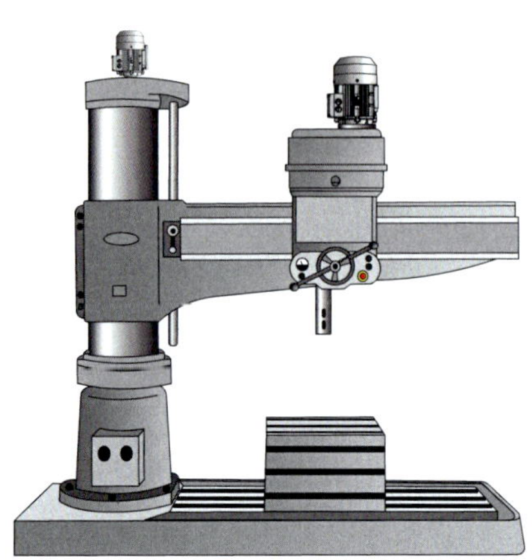

Punkte
10 bis 0

04

Zylinderstifte

a) Welche Aufgabe haben Zylinderstifte in dieser Baugruppe?
b) Wie viele Zylinderstifte sind in dieser Baugruppe verbaut?
c) Geben Sie die Passung der verbauten Zylinderstifte an.

TB Zylinderstifte

Punkte
10 bis 0

05

Berechnen Sie die Masse der beiden Seitenplatten Pos. 2 in Gramm. Die beiden Gewindebohrungen bleiben unberücksichtigt.

Wichtig bei der Berechnung ist die richtige Angabe der Dichte des Werkstoffes.

Punkte
10 bis 0

06

Skizzieren Sie den Schnittverlauf A-A der Grundplatte Pos. 1 ohne Bemaßung.

Punkte
10 bis 0

07

Durch Wartungsarbeiten kann die Lebensdauer von Werkzeugmaschinen wesentlich erhöht werden. Nennen Sie drei Wartungsaufgaben an Werkzeugmaschinen.

Wartung, Inspektion, Instandhaltung und Verbesserung

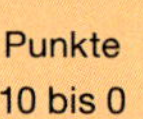

Punkte
10 bis 0

08

Auf vielen Waren und Hilfsmitteln sind Gefahren-Piktogramme zu finden. Erläutern Sie die auf diesen Piktogrammen dargestellten Gefahren.

Global Harmonisiertes System (GHS)

Punkte
10 bis 0

09

Kühlschmierstoffe erfüllen bei der maschinellen Bearbeitung von Werkstücken verschiedene Aufgaben. Sie bestehen meistens aus Öl, Wasser, Emulgatoren und Korrosionsschutzmittel. Erklären Sie jeweils die Aufgabe der einzelnen Bestandteile.

Punkte
10 bis 0

10

Nennen Sie drei persönliche Schutzmaßnahmen, die Sie beim Drehen beachten müssen.

Die Arbeitsschutzbestimmungen werden von den Berufsgenossenschaften erlassen und müssen zwingend eingehalten werden.

Punkte
10 bis 0

Notizen

Firma	Name	Datum	Gesamtergebnis

Single-Choice-Aufgaben

01	1	2	3	4	5	16	1	2	3	4	5
02	1	2	3	4	5	17	1	2	3	4	5
03	1	2	3	4	5	18	1	2	3	4	5
04	1	2	3	4	5	19	1	2	3	4	5
05	1	2	3	4	5	20	1	2	3	4	5
06	1	2	3	4	5	21	1	2	3	4	5
07	1	2	3	4	5	22	1	2	3	4	5
08	1	2	3	4	5	23	1	2	3	4	5
09	1	2	3	4	5	24	1	2	3	4	5
10	1	2	3	4	5	25	1	2	3	4	5
11	1	2	3	4	5	26	1	2	3	4	5
12	1	2	3	4	5	27	1	2	3	4	5
13	1	2	3	4	5	28	1	2	3	4	5
14	1	2	3	4	5	29	1	2	3	4	5
15	1	2	3	4	5	30	1	2	3	4	5

Single-Choice-Aufgaben, Teil 1

Punkte	Divisor		Ergebnis 1
	0,6	=	

Ungebundene Aufgaben, Teil 2

Punkte	Divisor		Ergebnis 2
	2	=	

Gesamtergebnis (Ergebnis 1 + Ergebnis 2)

Gesamtergebnis

Bewertungsschlüssel

Punkte	Note
0 bis 29	ungenügend
30 bis 49	mangelhaft
50 bis 66	ausreichend
67 bis 80	befriedigend
81 bis 91	gut
92 bis 100	sehr gut

Unterschrift Prüfer

Notizen

Hintergrundwissen

Aufgabensatz A

01

Werden Werkstoffe zusammengeschmolzen, wird dieses Verfahren als „legieren" bezeichnet. Dadurch entsteht ein Werkstoff, der andere Eigenschaften aufweist als die Grundwerkstoffe, die zusammen verschmolzen werden. Die Eigenschaften des „neuen" Werkstoffs richten sich nach der Zusammensetzung der Legierungsbestandteile.

02

Die Härtbarkeit und die Härte eines Stahls ist vom Kohlenstoffgehalt des Stahls abhängig. Für die Härtbarkeit des Stahls muss ein Kohlenstoffgehalt von mindestens 0,2 % vorhanden sein.

TB

Stahlnormung

03

Die Dichte eines Werkstoffes wird auch als spezifisches Gewicht bezeichnet. Die Dichte wird bei festen Körpern sowie auch bei flüssigen Stoffen in kg/dm^3 angegeben. Das Formelzeichen für die Dichte eines Stoffes ist das Rho ϱ. Die Dichte von Polyamid liegt, je nach Art, bei 1,13–1,23 kg/dm^3. Die Dichte von Aluminium liegt bei 2,7 kg/dm^3. Die Dichte von Titan liegt bei 4,5 kg/dm^3. Die Dichte von unlegiertem Stahl liegt bei 7,85 kg/dm^3. Die Dichte von Blei ist in unserer Aufstellung mit 11,3 kg/dm^3 am größten.

04

Der Lagerbock Pos. 3 wird aus Grauguss hergestellt. Die Materialkennzeichnung schlüsselt sich wie folgt auf:

EN = Europäische Norm

GJ = Gusseisen (G = Guss / I = englisch für Iron)

L = Lamellengraphit

250 = 250 Mindestzugfestigkeit R_m in N/mm^2

Schmierpläne sind in den Betriebsanleitungen der Maschinen zu finden.

05

Die Bearbeitungsangaben für die Oberflächenbeschaffenheit sind ebenso wichtig wie die anderen Angaben auf einer Zeichnung. Aus der Oberflächengüte können z. B. Rückschlüsse auf die Stabilität und die Dauerhaftigkeit von Passungen geschlossen werden. Das in der Frage angegebene Bearbeitungszeichen zeigt, dass diese Oberfläche unbearbeitet bleibt. Finden Sie in der Prüfung dieses Bearbeitungszeichen, brauchen Sie diese Oberfläche nicht zu bearbeiten. Das heißt, diese Oberflächengüte wird nicht bewertet.

06

Der Körner ist ein Schlagwerkzeug. Daher muss der Kopf eines Körners weich sein, damit keine Teile absplittern können. Dagegen ist die Spitze eines Körners gehärtet. Sie muss natürlich härter sein als das zu bearbeitende Material. Der Spitzenwinkel beträgt bei einem Körner in der Regel 60°.

07

(Bild rechts) Der Termin für einen Ölwechsel an einer Werkzeugmaschine, wie z. B. an einer Bohrmaschine, wird vom Hersteller der Maschine angegeben. Diese Angaben findet man in den technischen Unterlagen der Maschine. Darin findet man auch die Art des Schmierstoffes sowie dessen Viskosität.

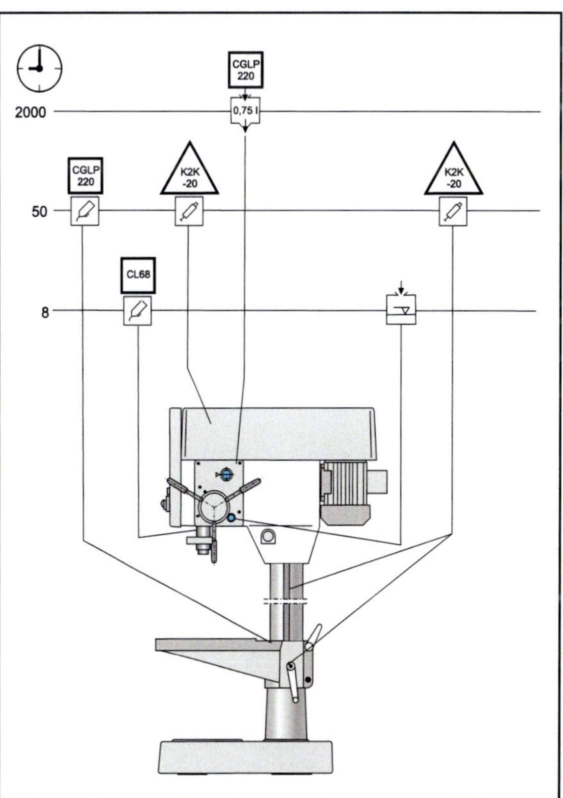

Angaben zum Ölwechsel

08

Schaftfräser ①: Diese Fräserform eignet sich zum Fräsen von Ansätzen und Nuten.

① 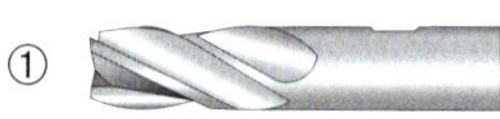

Bohrnutenfräser ②: Er dient, wie der Name schon sagt, für Bohrnuten und Langlöcher. Im Gegensatz zu einem Schaftfräser kann mit diesem Fräser gebohrt werden. Das heißt, eine Schneide schneidet über die Mitte des Fräsers.

②

③ 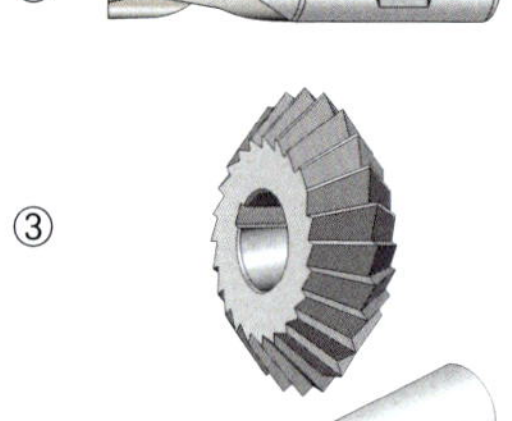

Prismenfräser ③: Mit diesem Fräser lassen sich Prismen, ähnlich wie mit einem Scheibenfräser, in ein Werkstück fräsen. Gängige Winkel an Prismenfräsern sind 60° und 90°. Sonderformen sind natürlich möglich.

④ 

T-Nuten-Fräser ④: Wie der Name schon sagt, wird dieser Fräser für die Anfertigung von T-Nuten verwendet.

Kreissägeblatt ⑤: Das Kreissägeblatt dient zum Trennen oder Schlitzen von Bauteilen. Es ist in verschiedenen Breiten erhältlich. Im Gegensatz zu einem Scheibenfräser sind die Zähne des Sägeblattes nicht geschränkt.

⑤ 

Schaftfräser, Bohrnutenfräser und T-Nutenfräser werden in der Regel in Spannzangen gespannt.

Prismenfräser und auch Kreissägeblätter werden auf Fräsdornen gespannt.

09

In der Stückliste finden wir für die Schubstange Pos. 10 das Material 16MnCr5. Bei diesem Stahl handelt es sich um einen Einsatzstahl. Daher muss dieses Werkstück einsatzgehärtet werden. Durch das Einsatzhärten wird nur die Oberfläche gehärtet. Dadurch entsteht eine harte und verschleißfeste Oberfläche. Der Werkstückkern bleibt weich und dadurch elastisch.

10

Beim Spannen eines Werkstückes sollte immer darauf geachtet werden, dass das Werkstück so stabil wie möglich gespannt wird. Des Weiteren sollte die Schnittkraft immer gegen die feste Backe des Maschinenschraubstockes wirken. Bei Bild 1 und Bild 2 steht das Werkstück sehr weit aus dem Schraubstock. Dadurch wird die Spannfläche sehr reduziert. Bei Bild 3 liegt das Werkstück am Grund des Maschinenschraubstockes auf. Daher ist nicht gewährleistet, dass das Werkstück in der richtigen Lage gespannt ist. Bei Bild 4 wurde alles richtig gemacht. Das Werkstück ist stabil im Maschinenschraubstock gespannt und die Schnittkraft wirkt gegen die festen Backen des Maschinenschraubstockes. Bei Bild 5 kann das dünne und lang gespannte Werkstück schwingen.

11

Laut der Allgemeintoleranz ISO 2768 m wird eine Abweichung von ±0,2 mm angegeben. Daher darf sich das Maß des Bohrungsabstandes zwischen 21,8 mm und 22,2 mm bewegen. Der Buchstabe m in der ISO-Bezeichnung steht für die Bezeichnung „mittel“. Diese Toleranzangabe ist für den Maschinenbau üblich.

Allgemeintoleranzen

12

Für die Prüfung einer Passbohrung ist der Grenzlehrdorn das gängige Prüfmittel. Der Digitalmessschieber ist für einen Genauigkeitsgrad von 0,1 mm ausgelegt und dadurch für Passungen nicht geeignet. Messuhr und Feinzeiger sind für Vergleichs-, Ebenheits-, Lage- oder Rundlaufmessungen geeignet, allerdings nicht zum Prüfen von Passbohrungen. Innentaster sind für diese Toleranzen nicht geeignet.

Mess- und Prüfwerkzeuge unterliegen im Allgemeinen der Prüfmittelüberwachung.

13

Werkstücke sollten auf einer Säulenbohrmaschine immer gegen Herumschlagen gesichert werden. Bei kleinen Bohrungen reicht meist aus, wenn man das Werkstück in den Maschinenschraubstock spannt. Bei größeren Bohrungen sollte der Maschinenschraubstock mit Spannschrauben auf dem Maschinentisch festgespannt werden.

14

In der technischen Kommunikation werden sehr oft Maße gekennzeichnet. Dadurch wird auf Besonderheiten hingewiesen. Diese Kennzeichnungen sind genormt.

Die Abbildung rechts zeigt ein Prüfmaß, da dieses Maß vom Kunden besonders geprüft wird. In manchen Fällen wird auch der Prüfzyklus angegeben, wie hier 100 %.

(Ø 60 ± 0,1)

(Ø 60 ± 0,1 | 100%)

Besondere Maße

Diese Abbildung zeigt ein Hilfsmaß. Diese Maße dienen zur zusätzlichen Information. Bei einem Hilfsmaß sind keine Toleranzen angegeben.

(Ø 60)

Hier wird ein Maß gezeigt, das nicht maßstäblich gezeichnet wurde. Diese Darstellung ist bei CAD-Zeichnungen unzulässig.

<u>Ø 60 ± 0,1</u>

15

Um möglichst auf ganzzahlige Zahlen zu kommen, werden die tatsächlichen Legierungsanteile mit folgenden Faktoren multipliziert:

Faktor 1000: B

Faktor 100: C, N, P, S, Ce

Faktor 10: Al, Cu, Mo, Ti, V, Be, Ta, Zr, Nb, Pb

Faktor 4: Cr, Co, Mn, Ni, Si, W

Bezeichnungssysteme für Stähle

16

Wenn Sie im Tabellenbuch nachschlagen, werden Sie folgende Formel für rotierende Geschwindigkeit finden:

$$v = d \cdot \pi \cdot n$$

Der Nachteil bei dieser Formel ist es, dass Sie den Durchmesser in Meter eingeben müssen, da ja das Ergebnis m/min lauten muss.

Um diese Umrechnung von mm in m zu vermeiden, kann die Umrechnung gleich in der Formel vorgenommen werden. So lautet die Formel:

$$v = \frac{d \cdot \pi \cdot n}{1000}$$

Wenn Sie diese abgewandelte Formel für die rotierende Geschwindigkeit verwenden, können Sie den Durchmesser wie gewohnt in mm angeben.

17

Die Messgenauigkeit ist bei Digital- und Analogmessschiebern gleich. Beide sind für eine Messgenauigkeit von 0,1 mm ausgelegt, auch wenn bei Digitalmessschiebern ein Anzeigewert von 1/100 mm abgelesen werden kann.

Bei Digitalmessschiebern spielt ein Parallaxenfehler bei der Ablesung keine Rolle.

Parallaxenfehler entstehen bei analogen Messschiebern durch einen schrägen Betrachtungswinkel bei der Ablesung der Skala.

18

Die Ablesegenauigkeit von Messschiebern beträgt im Allgemeinen 0,1 mm. Diese Ablesegenauigkeit ist durch den Nonius möglich. Der Nonius ist ein Hilfsmaßstab, der auf dem Schieber angebracht ist. Dieser Nonius hat in den meisten Fällen eine Länge von 39 mm.

Bei unserem Beispiel steht der Nullstrich des Nonius zwischen 91 und 92 mm. Der Teilstrich 1 des Nonius deckt sich mit der Millimeterskala. Somit beträgt das abgelesene Maß 91,1 mm.

19

Steht in einer Zeichnung das Maß 25 +0,2/+0,1, so wird das Maß 25 als Nennmaß bezeichnet. Der Wert +0,2 gibt uns das obere Abmaß, der Wert +0,1 das untere Abmaß an. Daraus ergibt sich eine Toleranz von 0,1 mm.

Das Höchstmaß beträgt 25,2 mm und das Mindestmaß 25,1 mm.

20

Im Tabellenbuch steht für diese Berechnung die Formel:

Kolben-kraft piston force

$$F = p_e \cdot A \cdot \eta$$

Bei der Berechnung ist allerdings wichtig, die richtigen Einheiten zu verwenden.

Kraft F = N

Druck p_e = N/cm^2 1 bar = 10 N/cm^2

Kolbenfläche A in cm^2

Wirkungsgrad η = Einheit in %

21

Ausgelaufene Öle dürfen nur mit Spezialbindemittel gebunden werden. Diese müssen in geeigneten Behältnissen gesammelt und durch Spezialfirmen fachgerecht entsorgt werden.

22

Verbindungen werden als lösbar, unlösbar oder bedingt lösbar eingeteilt.

Unlösbare Verbindungen sind z. B. Schweißverbindungen. Diese Verbindungen lassen sich nur durch Zerstörung der Bauteile lösen. Nietverbindungen gelten als bedingt lösbare Verbindungen. Die Nieten müssen zum Trennen zerstört werden. Allerdings werden die gefügten Bauteile nicht zerstört.

Lösbare Verbindungen sind Schrauben- und Stiftverbindungen. Auch Passfederverbindungen zählen zu den lösbaren Verbindungen.

23

An einen Vierkantstahl soll ein Gewindeansatz gedreht werden. Dazu braucht man ein Spannmittel, dass das Werkstück zentrisch spannen kann. Dazu ist am besten ein Vierbackenfutter geeignet. Ein Dreibackenfutter ist hierzu ungeeignet. Spannzangen sind ebenfalls für das Spannen eines Vierkantes nicht geeignet. Der Stirnseitenmitnehmer wird meist nur für das Bearbeiten von runden Werkstücken verwendet. Auf einer Planscheibe können zwar quadratische oder rechteckige Werkstücke gespannt werden. Allerdings ist dies sehr arbeitsintensiv, da bei einer Planscheibe jede Backe einzeln verstellt wird und das Werkstück sehr aufwendig ausgerichtet werden muss.

24

Die Signalglieder -SJB1 und -SJB2 sind über ein Wechselventil miteinander verbunden. Diese Verbindung entspricht einer ODER-Funktion. Wenn der Spannvorgang ausgeführt ist, ist das Signalglied -BGB2 betätigt. Das Signalglied -BGB2 und die Signale der Signalglieder -SJB1 oder -SJB2 sind mit einem Zweidruckventil verbunden. Diese Verbindung entspricht einer UND-Funktion.

Kenn-zeichnung indus-trieller Systeme oder auch Referenz-kenn-zeichnung

Daher müssen die Signalglieder -SJB1 oder -SJB2 und -BGB2 vorhanden sein, um den Spannvorgang zu lösen.

25

Im Tabellenbuch steht für diese Berechnung der linearen Geschwindigkeit die Formel:

$$v = \frac{s}{t}$$

Die Einheiten, in der die Geschwindigkeit üblicherweise angegeben wird, sind m/s, m/min oder km/h. Daher ist es wichtig, die richtigen Einheiten in die Formel einzusetzen. Soll die errechnete Geschwindigkeit m/s sein, so muss die Strecke *s* in Meter angegeben werden und die Zeit *t* in Sekunden.

26

Um einen Stromkreis zu bauen, braucht man lediglich eine Spannungsquelle, Leitungen und einen Verbraucher oder Widerstand. Ein Schalter ist zwar nicht schlecht, allerdings für einen funktionierenden Stromkreis ist er nicht erforderlich. Was allerdings auf keinen Fall fehlen darf, ist ein Verbraucher oder auch ein Widerstand. Wird dieser vergessen, entsteht ein klassischer Kurzschluss, der nicht nur Bauteile zerstört, sondern auch zu einem Brand führen kann.

Spannungsquelle voltage source

Stromkreis circuit

27

Eine Aufbereitungseinheit oder auch Wartungseinheit besteht aus zwei oder drei Komponenten. Die Reihenfolge der Komponenten ist festgelegt. Das erste Bauteil ist der Filter und Wasserabscheider. Er filtert die Druckluft und scheidet Kondenswasser aus der Druckluft ab. Das zweite Bauteil ist der Druckregler oder auch Druckminderer. Mit ihm wird der Arbeitsdruck eingestellt. Das dritte Bauteil ist der Druckluftöler. Er reichert die Druckluft mit Öl an, um die verwendeten Bauteile zu schmieren. Allerdings wird der Druckluftöler nur bei Bedarf eingebaut. Wird nur ungeölte Druckluft benötigt, wird der Druckluftöler nicht in die Aufbereitungseinheit eingebaut.

28

Im Tabellenbuch steht für diese Prozentrechnung folgende Formel:

$$P_w = \frac{G_w \cdot P_s}{100}$$

Hier die Formelbestandteile:

P_w = Prozentwert

G_w = Grundwert

P_s = Prozentsatz

29

Ist die Rettungskette richtig angewendet, kann diese Leben retten. Daher sollte jeder die Abfolge der Rettungskette kennen.

- Absicherung und Eigenschutz
- Sofortmaßnahmen
- Notruf
- Erste Hilfe
- Transport ins Krankenhaus

Die Rettungskette ist auch Bestandteil jedes Erste-Hilfe-Lehrgangs.

30

Die Bauform und die Farbgebung für einen Not-Aus-Schalter sind vorgeschrieben. Der Hintergrund ist gelb und der eigentliche Schalter (Schalterknopf) ist rot. Wichtig ist auch, dass der Schalter nicht als Taster (Federrückstellung) ausgelegt ist. Der Not-Aus-Schalter bleibt so lange eingerastet, bis er „willensabhängig“ wieder entriegelt wird. Die Entriegelung kann über eine Zug- oder Drehbewegung am Schalter ausgelöst werden.

Aufgabensatz B

01

Bei den Schnittarten unterscheidet man zwischen:

Vollschnitt

Hier wird die vordere Seite des gesamten Werkstückes abgeschnitten. Dadurch zeigt der Schnitt die inneren Umrisse. Er kann beliebig verlaufen.

Halbschnitt

Er wird für symmetrische Werkstücke angewandt. Dabei wird eine Hälfte in der Ansicht und die andere Hälfte im Schnitt dargestellt. Bei waagerechter Mittellinie wird der Schnitt unterhalb der Mittellinie dargestellt. Bei senkrechter Mittellinie wird der Schnitt rechts dargestellt.

Teilschnitt oder auch lokaler Schnitt

Hier wird nur ein Teil des Werkstückes im Schnitt dargestellt.

Die logischen Bezeichnungen wie UND oder ODER findet man sowohl in der Pneumatik, der Elektrik sowie in der SPS-Technik.

02

Zweidruckventile erfüllen die logische Funktion UND.

Wechselventile erfüllen die logische Funktion ODER.

04

Zylinderstifte dienen vorwiegend zur Fixierung von Bauteilen. Dadurch können Bauteile nach einer Demontage wieder exakt positioniert werden. Man unterscheidet Zylinderstifte oder auch Passstifte in ungehärteter und gehärteter Ausführung. Man unterscheidet Zylinderstifte für Durchgangsbohrungen und für Sackbohrungen. Zylinderstifte für Sackbohrungen besitzen an der Längsseite eine Fläche. Dadurch kann bei der Montage des Zylinderstiftes die Luft aus der Bohrung entweichen und der Stift kann ganz in die Bohrung eingesetzt werden. Viele dieser Zylinderstifte für Sackbohrungen besitzen an einer der Stirnseiten ein Innengewinde, um den Stift wieder aus der Bohrung entfernen zu können.

05

Bei der Berechnung der Masse eines Werkstückes ist es neben der Berechnung der Volumina der beteiligten Elemente erforderlich, die richtige Einheit zu verwenden. Die Dichte eines Werkstoffes wird in den Tabellenbüchern in kg/dm^3 angegeben. Es gibt auch die Möglichkeit, die Dichte in g/cm^3 anzugeben. Bei dieser Angabe der Dichte ist es sinnvoll, die Maße für die Volumenberechnung in cm zu verwenden.

Wichtig ist auch die richtige Entscheidung für die Dichte. So wird fälschlicherweise oft statt unlegiertem Stahl die Dichte von Eisen verwendet.

07

Der Begriff Wartung ist ein genormter Begriff (DIN 31051). Die Wartung einer Maschine oder Anlage soll den Abbau des Abnutzungsvorrates verzögern und somit die Laufzeit verlängern. Wartungsarbeiten werden meist nach technischen Regeln, die meist der Hersteller vorgibt, durchgeführt. Wartung ist wie Inspektion und Instandsetzung ein Bestandteil der Instandhaltung.

08

Die Gefahrenpiktogramme gehören zu einem globalen harmonisierten System zur Einstufung und Kennzeichnung von Chemikalien (GHS). Initiiert wurde dieses System durch die Vereinten Nationen. Dadurch lassen sich Chemikalien auf Verpackungen und Sicherheitsdatenblättern eindeutig kennzeichnen, sodass bei jedem Bezug auf das GHS-System der aktuelle Stand zurate gezogen werden kann.

09

Kühlschmierstoffe haben verschiedene Aufgaben. Sie sollen die Reibung zwischen Werkzeug und Werkstück durch Schmierung reduzieren, die entstandene Wärme abführen, also kühlen, und durch die Zugabe von Korrosionsschutzmittel die Korrosion von Werkzeug und Werkstück verhindern. Durch Emulgatoren lassen sich Flüssigkeiten, die normalerweise nicht gemischt werden können, vermischen.

Eine weitere Eigenschaft von Kühlschmierstoffen ist die Verbesserung der Oberflächengüte und die Verringerung von Aufbauschneiden.

Alte Kühlschmierstoffe müssen fachgerecht entsorgt werden. Es muss auch ein Entsorgungsnachweis vorgelegt werden können.

Notizen

Firma	Name	Datum	Gesamtergebnis

Single-Choice-Aufgaben

01	1	2	3	**4**	5
02	**1**	2	3	4	5
03	1	2	3	**4**	5
04	1	2	**3**	4	5
05	1	2	3	**4**	5
06	1	2	**3**	4	5
07	1	2	3	4	**5**
08	**1**	2	3	4	5
09	**1**	2	3	4	5
10	1	2	3	**4**	5
11	1	2	3	**4**	5
12	1	**2**	3	4	5
13	1	2	3	4	**5**
14	1	2	3	**4**	5
15	1	2	3	4	**5**

16	1	2	3	4	**5**
17	1	**2**	3	4	5
18	**1**	2	3	4	5
19	1	2	**3**	4	5
20	**1**	2	3	4	5
21	1	2	3	4	**5**
22	1	**2**	3	4	5
23	1	**2**	3	4	5
24	1	2	3	**4**	5
25	1	2	3	4	**5**
26	1	**2**	3	4	5
27	**1**	2	3	4	5
28	1	2	**3**	4	5
29	1	2	3	**4**	5
30	**1**	2	3	4	5

Single-Choice-Aufgaben, Teil 1

Punkte	Divisor		Ergebnis 1
	0,6	=	

Ungebundene Aufgaben, Teil 2

Punkte	Divisor		Ergebnis 2
	2	=	

Gesamtergebnis (Ergebnis 1 + Ergebnis 2)

Gesamtergebnis

Bewertungsschlüssel

Punkte	Note
0 bis 29	ungenügend
30 bis 49	mangelhaft
50 bis 66	ausreichend
67 bis 80	befriedigend
81 bis 91	gut
92 bis 100	sehr gut

Unterschrift Prüfer

Notizen

Aufgabensatz B

01

1. Vollschnitt
2. Halbschnitt
3. Lokaler Schnitt

02

a) -KMB1 = Wechselventil / -KMB2 = Zweidruckventil

b) -KMB1 erfüllt die logische Funktion ODER.
-KMB2 erfüllt die logische Funktion UND.

03

1. Handbohrmaschine
2. Säulenbohrmaschine
3. Radialbohrmaschine oder Auslegerbohrmaschine

04

a) Zylinderstifte sollen die Lage der verbauten Bauteile gegeneinander exakt fixieren.
Durch Durchgangsbohrungen und Schrauben ist dies nicht gegeben.

b) Es werden zwei Zylinderstifte für diese Baugruppe benötigt.

c) Die Passung der verbauten Zylinderstifte wird mit m6 angegeben.

05

$$V_{\text{Rohteil}} = l \cdot b \cdot h = 5{,}8\ \text{cm} \cdot 5{,}8\ \text{cm} \cdot 0{,}8\ \text{cm} = 26{,}91\ \text{cm}^3$$

$$-V_{\text{Dreieck}} = \frac{l \cdot b}{2} \cdot h = \frac{2{,}5\ \text{cm} \cdot 5{,}0\ \text{cm}}{2} \cdot 0{,}8\ \text{cm} = 5{,}0\ \text{cm}^3$$

$$-V_{\text{Bohrung}} = \frac{d^2 \cdot \pi}{4} \cdot h = \frac{(0{,}8\ \text{cm})^2 \cdot \pi}{4 \cdot 0{,}8\ \text{cm}} = 0{,}4\ \text{cm}^3$$

$$V_{\text{ges}} = 21{,}51\ \text{cm}^3 \cdot 2 = 43{,}02\ \text{cm}^3$$

$$m = V \cdot \varrho = 43{,}02\ \text{cm}^3 \cdot 7{,}85\ \text{g/cm}^3 = 337{,}71\ \text{g}$$

06

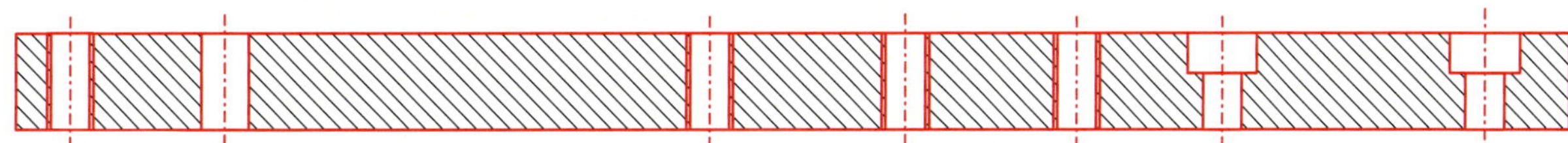

07

- Schmieren von Führungen und Lagern
- Ölstandskontrolle
- Reinigung der Maschine
- Ölwechsel nach Herstellerangaben
- Filterwechsel

08

(von oben nach unten:)

Leicht entzündlich/hochentzündlich

Giftig/sehr giftig

Ätzend

Umweltgefährdend

09

Öl dient zur Schmierung und dadurch zur Reduzierung der Reibung.

Wasser wird zur Kühlung verwendet.

Durch **Emulgatoren** wird die Mischung der verschiedenen Bestandteile ermöglicht.

Korrosionsschutzmittel: verhindert die Korrosion von Werkstücken und Werkzeugen.

10

- Eng anliegende Arbeitskleidung
- Sicherheitsschuhe
- Haarschutz (z. B. Haarnetz)
- Schutzbrille
- Kein Schmuck (Ringe, Ohrringe oder Ketten)
- Keine Handschuhe

Projekt 5

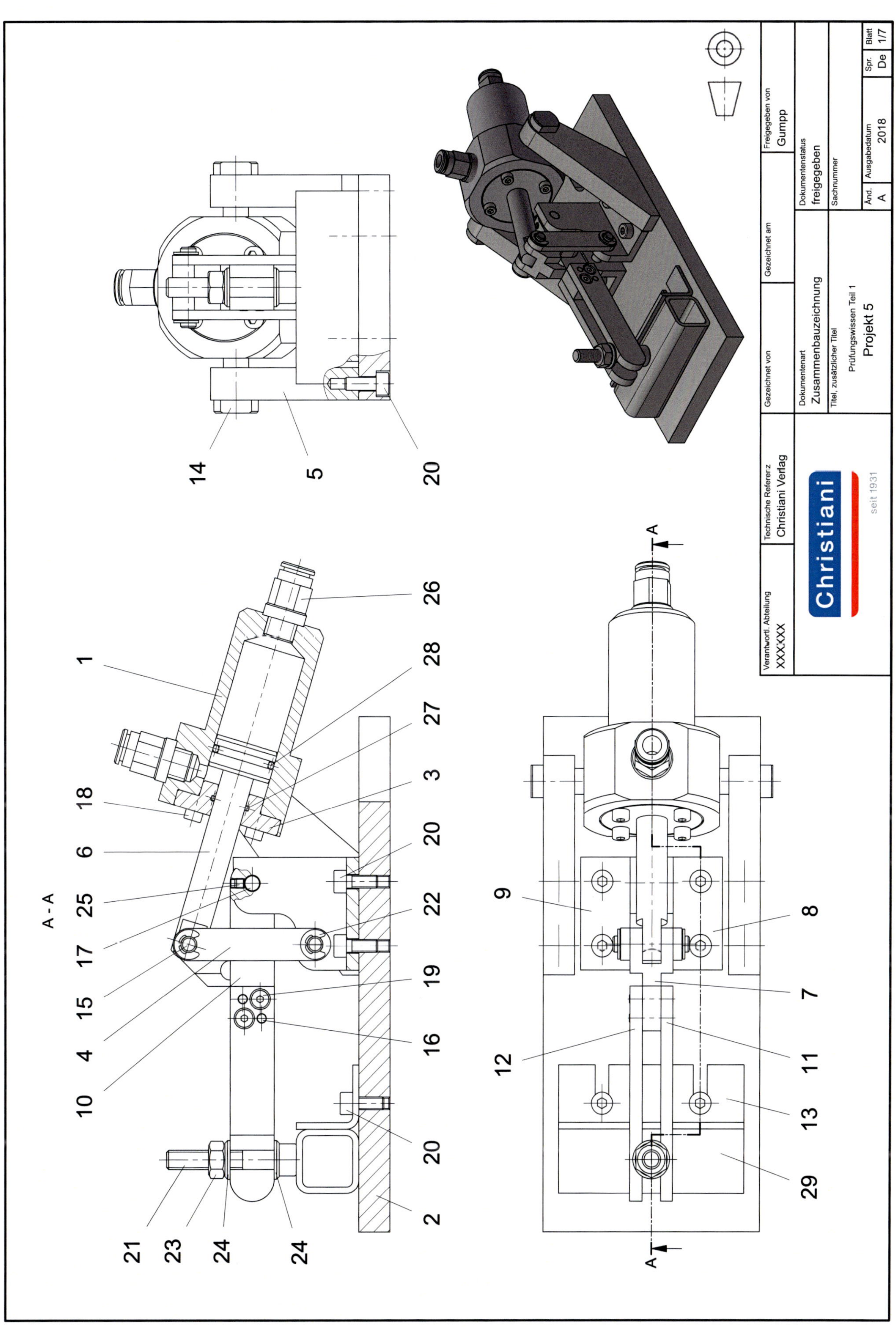
A - A
1
18
6
25
17
15
4
10
21
23
24
24
26
28
27
3
20
22
19
16
20
2
14
5
20
9
12
8
7
11
13
29
A
A
Verantwortl. Abteilung
XXX.XXX
Technische Referenz
Christiani Verlag
Christiani
seit 1931
Gezeichnet von
Gezeichnet am
Freigegeben von
Gumpp
Dokumentenart
Zusammenbauzeichnung
Dokumentenstatus
freigegeben
Titel, zusätzlicher Titel
Prüfungswissen Teil 1
Projekt 5
Sachnummer
Änd.
A
Ausgabedatum
2018
Spr.
De
Blatt
1/7

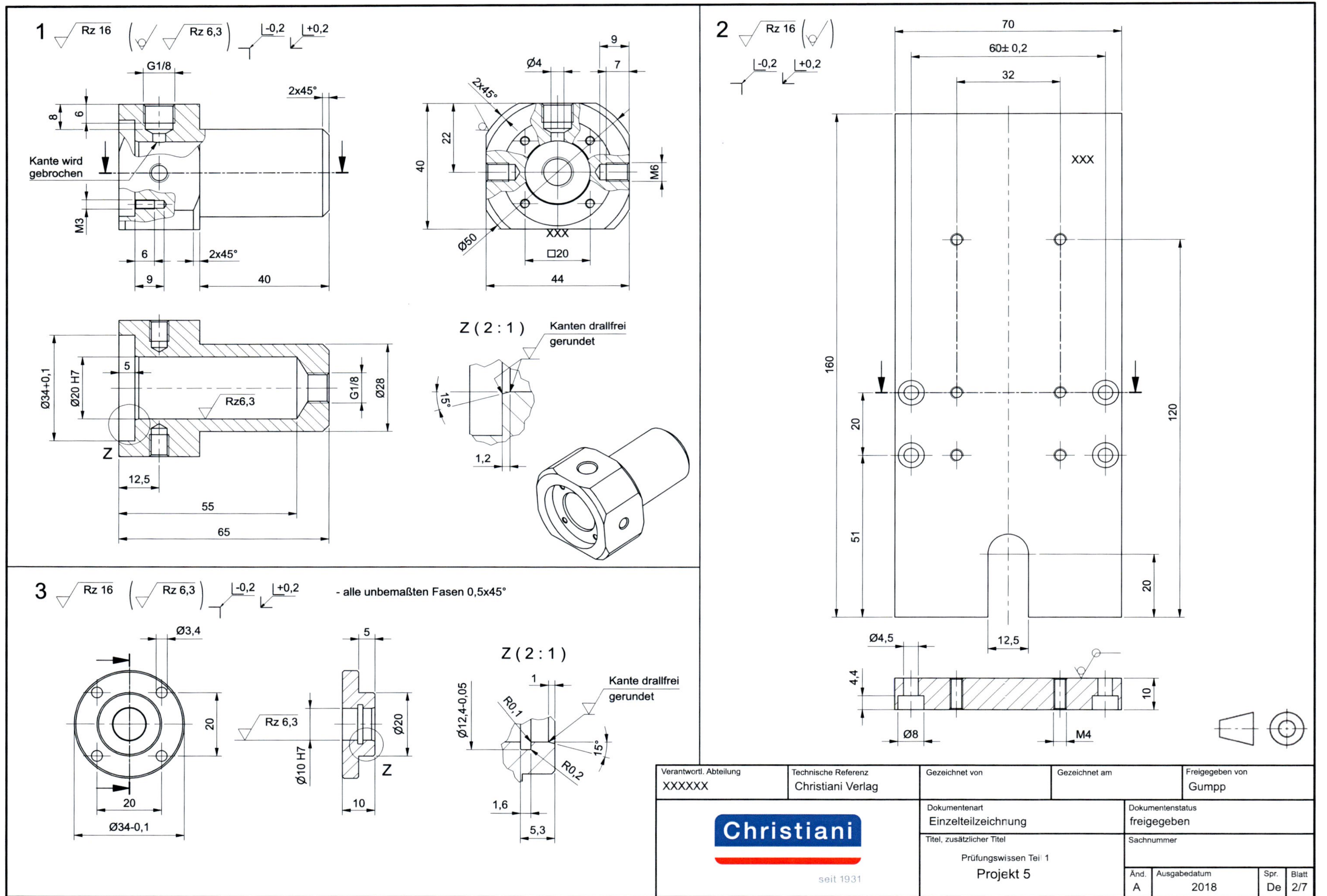
1
Kante wird gebrochen
Z (2 : 1)
Kanten drallfrei gerundet
2
3
- alle unbemaßten Fasen 0,5x45°
Z (2 : 1)
Kante drallfrei gerundet
Verantwortl. Abteilung
XXXXXX
Technische Referenz
Christiani Verlag
Gezeichnet von
Gezeichnet am
Freigegeben von
Gumpp
Dokumentenart
Einzelteilzeichnung
Dokumentenstatus
freigegeben
Titel, zusätzlicher Titel
Prüfungswissen Teil 1
Projekt 5
Sachnummer
Änd.
A
Ausgabedatum
2018
Spr.
De
Blatt
2/7
Christiani
seit 1931

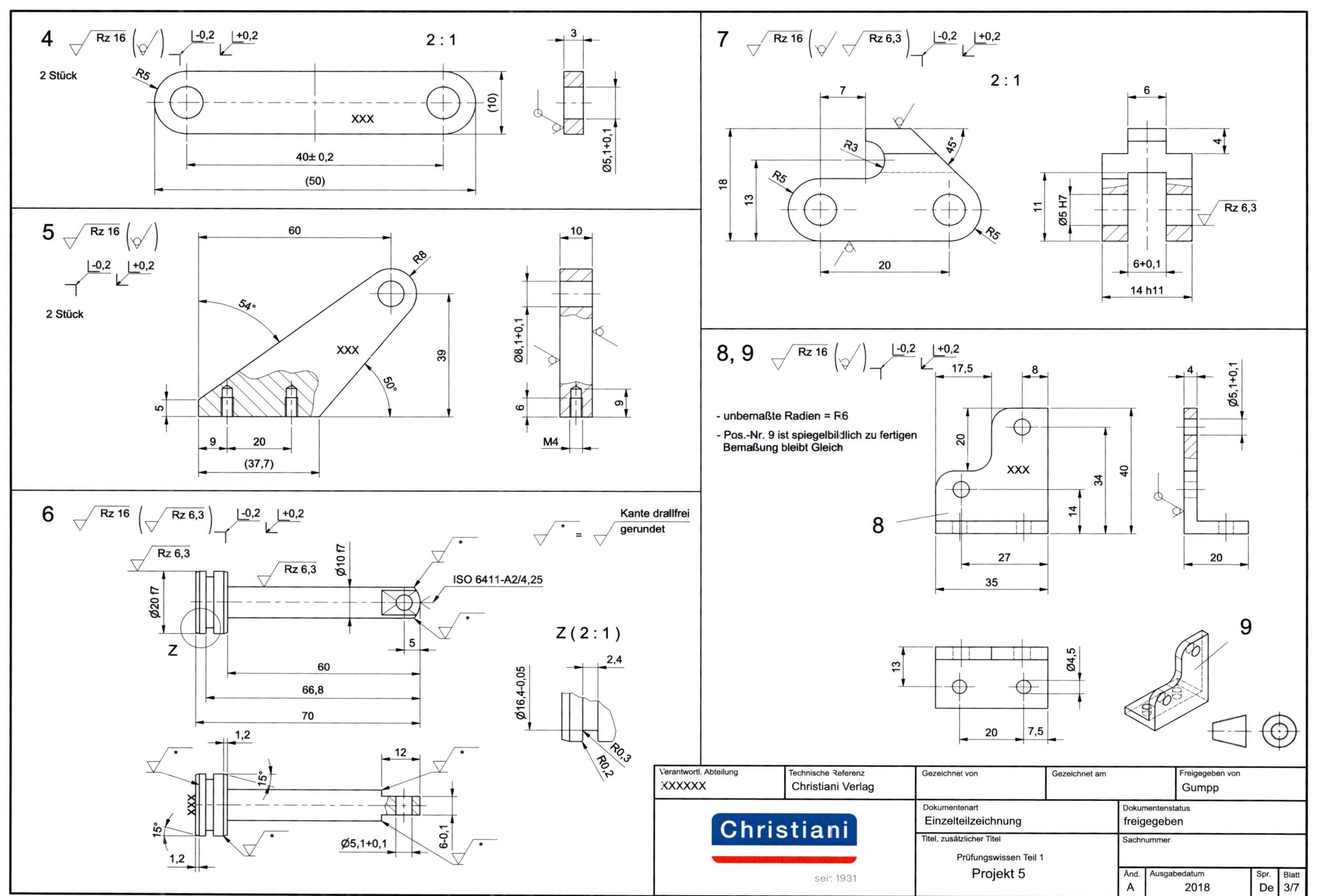
4
Rz 16
-0,2
+0,2
2 : 1
2 Stück
R5
XXX
(10)
40± 0,2
(50)
3
Ø5,1+0,1
5
Rz 16
-0,2
+0,2
2 Stück
60
R8
54°
XXX
50°
39
5
9
20
(37,7)
10
Ø8,1+0,1
6
9
M4
6
Rz 16
Rz 6,3
-0,2
+0,2
* = Kante drallfrei gerundet
Rz 6,3
Rz 6,3
Ø10 f7
ISO 6411-A2/4,25
Ø20 f7
Z
5
60
66,8
70
Z (2 : 1)
2,4
Ø16,4-0,05
R0,3
R0,2
1,2
12
15°
XXX
15°
1,2
Ø5,1+0,1
6-0,1
7
Rz 16
Rz 6,3
-0,2
+0,2
2 : 1
7
R3
45°
R5
18
13
R5
20
6
4
11
Ø5 H7
Rz 6,3
6+0,1
14 h11
8, 9
Rz 16
-0,2
+0,2
- unbemaßte Radien = R6
- Pos.-Nr. 9 ist spiegelbildlich zu fertigen
Bemaßung bleibt Gleich
17,5
8
20
XXX
34
40
14
8
27
35
4
Ø5,1+0,1
20
13
Ø4,5
20
7,5
9
Verantwortl. Abteilung
XXXXXX
Technische Referenz
Christiani Verlag
Gezeichnet von
Gezeichnet am
Freigegeben von
Gumpp
Christiani
seit 1931
Dokumentenart
Einzelteilzeichnung
Dokumentenstatus
freigegeben
Titel, zusätzlicher Titel
Prüfungswissen Teil 1
Projekt 5
Sachnummer
Änd.
A
Ausgabedatum
2018
Spr.
De
Blatt
3/7

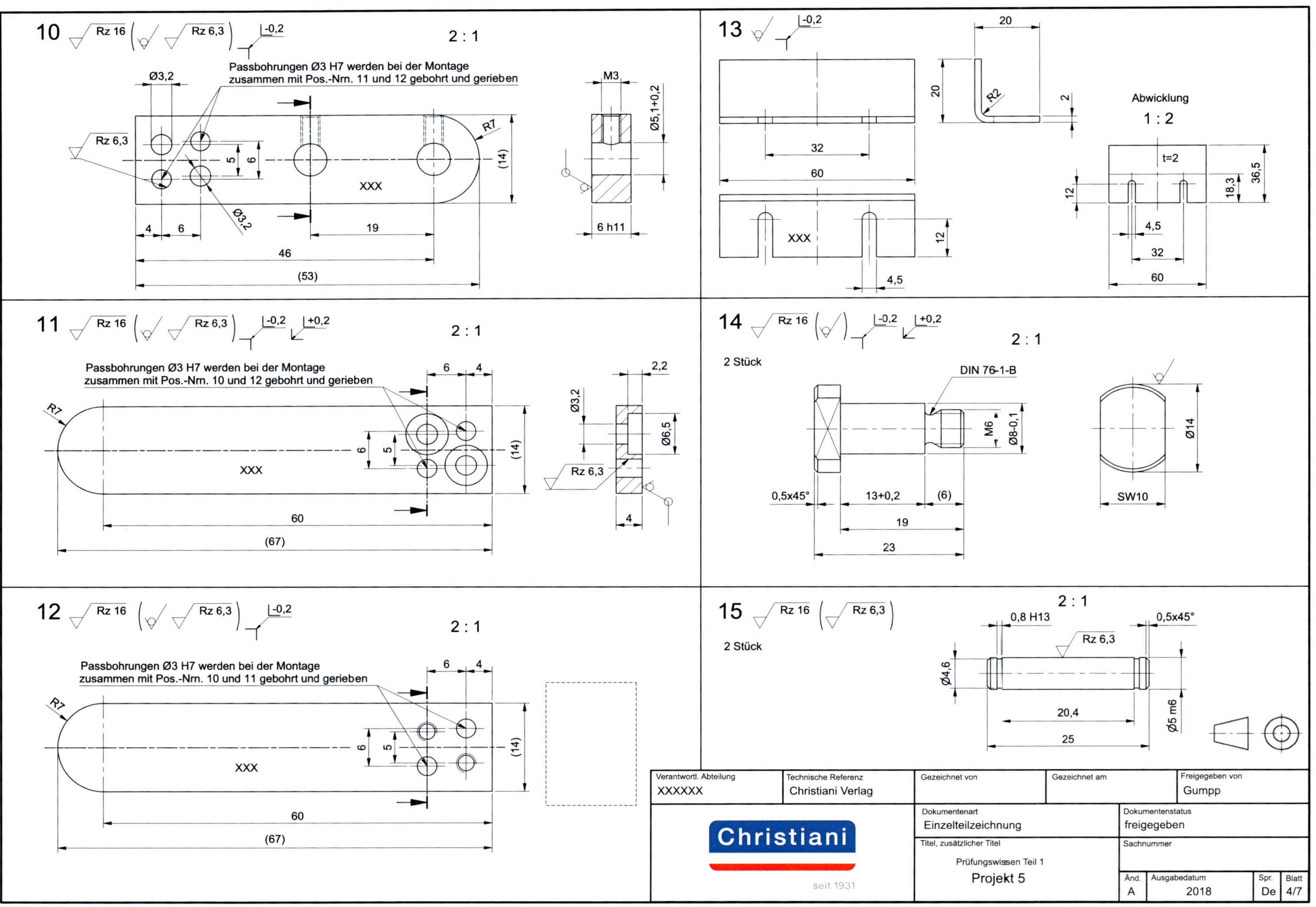
10
2 : 1
Passbohrungen Ø3 H7 werden bei der Montage zusammen mit Pos.-Nrn. 11 und 12 gebohrt und gerieben
11
2 : 1
Passbohrungen Ø3 H7 werden bei der Montage zusammen mit Pos.-Nrn. 10 und 12 gebohrt und gerieben
12
2 : 1
Passbohrungen Ø3 H7 werden bei der Montage zusammen mit Pos.-Nrn. 10 und 11 gebohrt und gerieben
13
Abwicklung
1 : 2
14
2 Stück
2 : 1
DIN 76-1-B
15
2 Stück
2 : 1
Verantwortl. Abteilung
XXXXXX
Technische Referenz
Christiani Verlag
Gezeichnet von
Gezeichnet am
Freigegeben von
Gumpp
Dokumentenart
Einzelteilzeichnung
Dokumentenstatus
freigegeben
Titel, zusätzlicher Titel
Prüfungswissen Teil 1
Projekt 5
Sachnummer
Änd.
A
Ausgabedatum
2018
Spr.
De
Blatt
4/7
Christiani
seit 1931

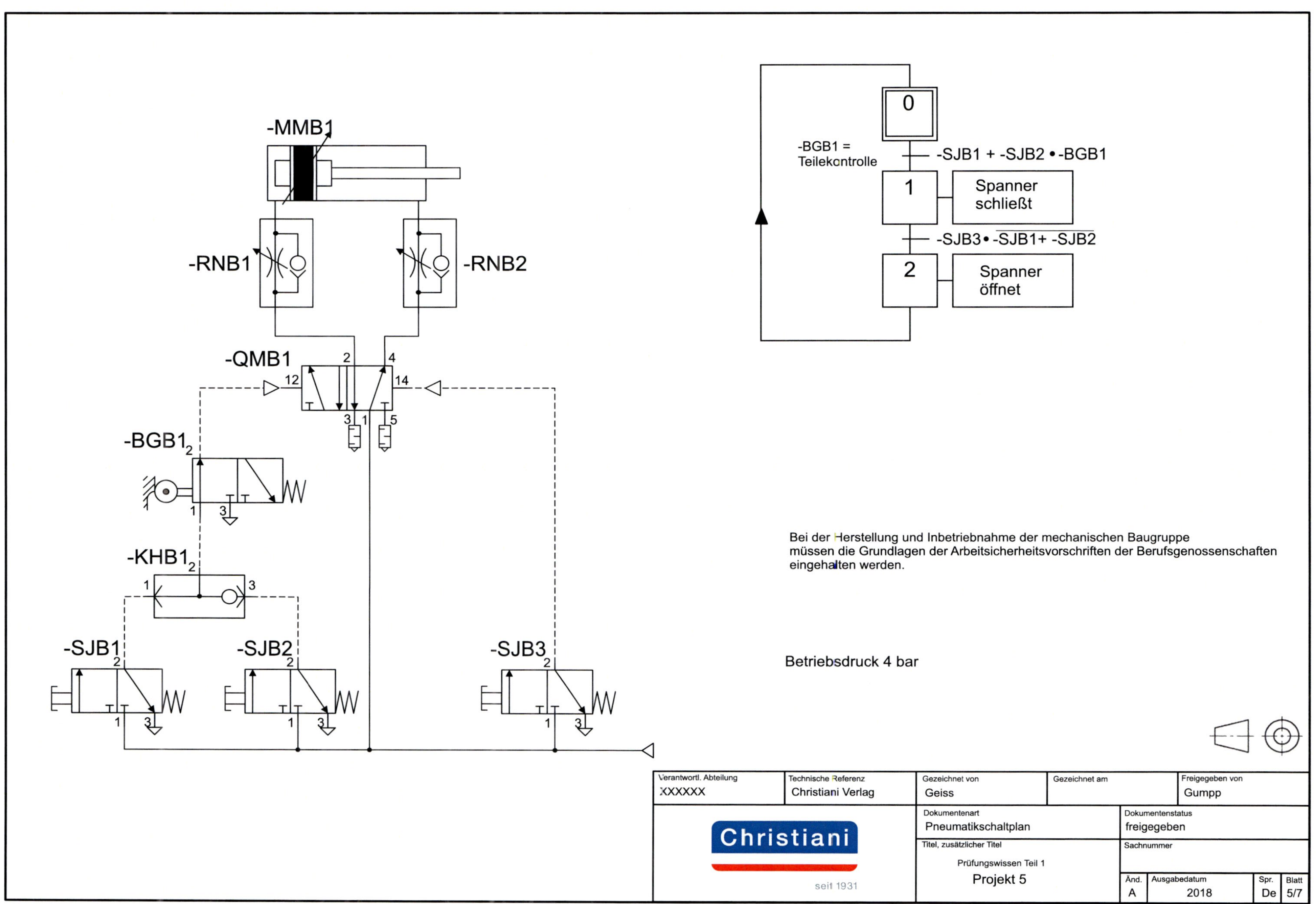
-MMB1
-RNB1
-RNB2
-QMB1
-BGB1
-KHB1
-SJB1
-SJB2
-SJB3
0
-BGB1 =
Teilekontrolle
-SJB1 + -SJB2 • -BGB1
1
Spanner schließt
-SJB3 • -SJB1+ -SJB2
2
Spanner öffnet
Bei der Herstellung und Inbetriebnahme der mechanischen Baugruppe müssen die Grundlagen der Arbeitssicherheitsvorschriften der Berufsgenossenschaften eingehalten werden.
Betriebsdruck 4 bar
Verantwortl. Abteilung
XXXXXX
Technische Referenz
Christiani Verlag
Gezeichnet von
Geiss
Gezeichnet am
Freigegeben von
Gumpp
Dokumentenart
Pneumatikschaltplan
Dokumentenstatus
freigegeben
Titel, zusätzlicher Titel
Prüfungswissen Teil 1
Projekt 5
Sachnummer
Änd.
A
Ausgabedatum
2018
Spr.
De
Blatt
5/7
Christiani
seit 1931

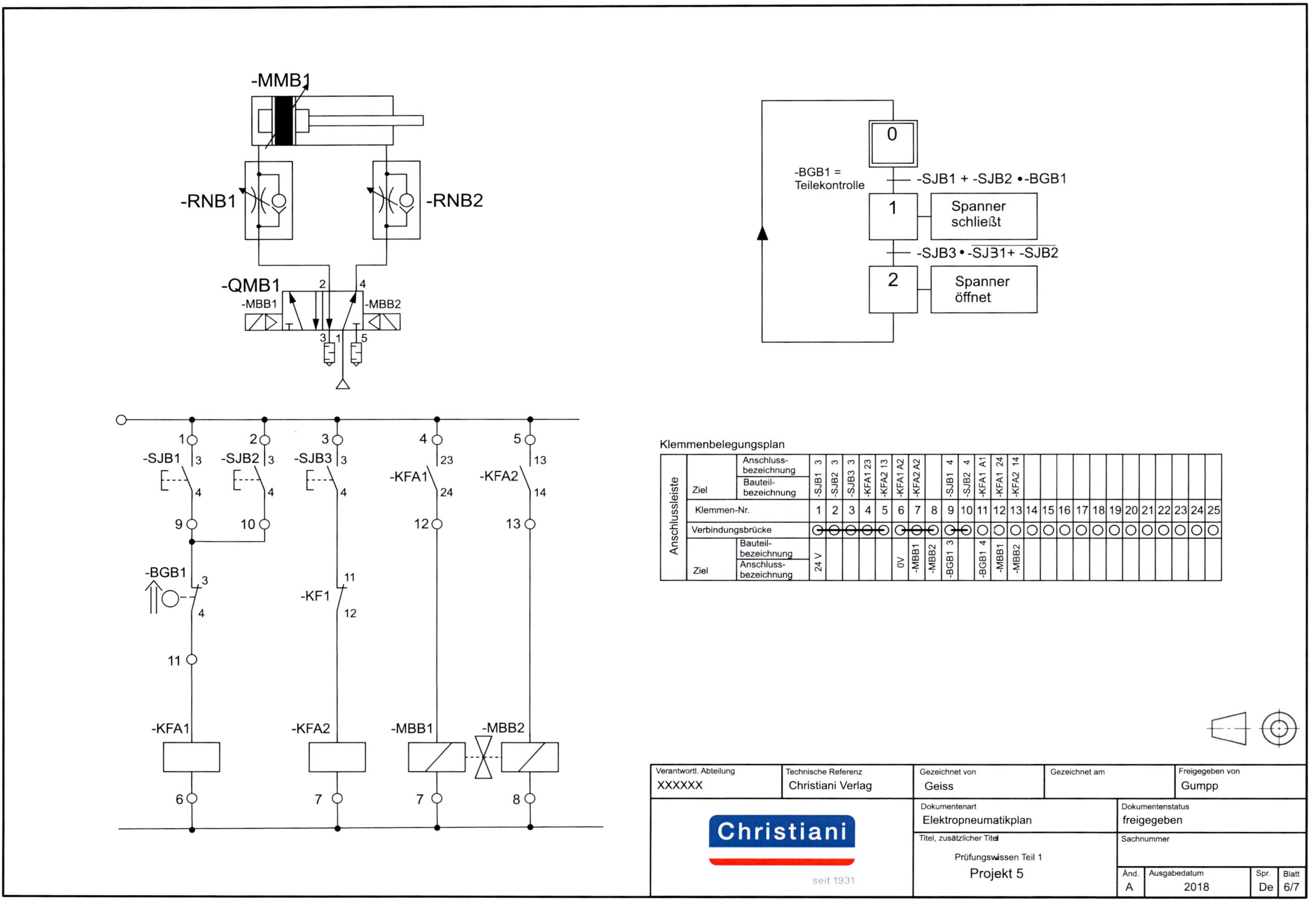
-MMB1
-RNB1
-RNB2
-QMB1
-MBB1
-MBB2
-BGB1 =
Teilekontrolle
0
-SJB1 + -SJB2 • -BGB1
1
Spanner schließt
-SJB3 • -SJ31+ -SJB2
2
Spanner öffnet
-SJB1
-SJB2
-SJB3
-KFA1
-KFA2
-BGB1
-KF1
-KFA1
-KFA2
-MBB1
-MBB2
Klemmenbelegungsplan
Anschlussleiste
Ziel
Anschluss-bezeichnung
Bauteil-bezeichnung
-SJB1 3, -SJB2 3, -SJB3 3, -KFA1 23, -KFA2 13, -KFA1 A2, -KFA2 A2, -SJB1 4, -SJB2 4, -KFA1 A1, -KFA1 24, -KFA2 14
Klemmen-Nr.
1 2 3 4 5 6 7 8 9 10 11 12 13 14 15 16 17 18 19 20 21 22 23 24 25
Verbindungsbrücke
Ziel
Bauteil-bezeichnung
Anschluss-bezeichnung
24 V, 0V, -MBB1, -MBB2, -BGB1 3, -BGB1 4, -MBB1, -MBB2
Verantwortl. Abteilung
XXXXXX
Technische Referenz
Christiani Verlag
Gezeichnet von
Geiss
Gezeichnet am
Freigegeben von
Gumpp
Christiani
seit 1931
Dokumentenart
Elektropneumatikplan
Dokumentenstatus
freigegeben
Titel, zusätzlicher Titel
Prüfungswissen Teil 1
Projekt 5
Sachnummer
Änd.
A
Ausgabedatum
2018
Spr.
De
Blatt
6/7

Stück	Benennung	Normblatt	Werkstoff	Pos.-Nr.	Halbzeug/Bemerkung
1	4kt-Hohlprofil	EN 10219-2	S355J0	30	CFRHS 20 x 20 x 2 x 60
1	O-Ring 16 x 2	ISO 3601-1	NBR	28	
1	O-Ring 10 x 1,3	ISO 3601-1	NBR	27	
2	Schlauchanschluss 6mm G1/8"			26	
2	Gewindestift M3 x 3	ISO 4026	A5 - 21H	25	
2	Scheibe 6	ISO 7090	200 HV	24	
1	Sechskantmutter M6	ISO 4032	.8	23	
4	Sicherungsscheibe 4	DIN 6799	Federstahl	22	
1	Zylinderschraube M6 x 35	ISO 4762	08.8	21	
10	Zylinderschraube M4 x 10	ISO 4762	8.8	20	
2	Zylinderschraube M3 x 12	DIN 7984	08.8	19	
4	Zylinderschraube M3 x 10	ISO 4762	8.8	18	
2	Zylinderstift Ø5 m6 x 14	ISO 8734	St.	17	
2	Zylinderstift Ø3 m6 x 14	ISO 8734	St.	16	
2	Zylinderstift Ø5 m6 x 25	ISO 2338	St.	15	(nachbearbeitet)
2	Zapfenschraube M6		11SMn30+C	14	Rd 14 x 23 EN 10278
1	Anschlagwinkel		DC01 Am	13	Bl 2 x 37 x 60 EN 10130
1	Spanngabel rechts		S235JR+C	12	Fl 14 x 4 x 67 EN 10278
1	Spanngabel links		S235JR+C	11	Fl 14 x 4 x 67 EN 10278
1	Spanngabel mitte		S235JR+C	10	Fl 14 x 6 x 53 EN 10278
1	Auflagewinkel rechts		S235JR+C	9	L 40 x 20 x 4 x 35 DIN 59370
1	Auflagewinkel links		S235JR+C	8	L 40 x 20 x 4 x 35 DIN 59370
1	Druckstück		CuZn39Pb3	7	4kt 18 x 31 EN12164
1	Kolben		11SMn30+C	6	Rd 20 x 70 EN 10278
2	Auslegearm		S235JR+C	5	Fl 47 x 10 x 68 EN 10278
2	Hebel		S235JR+C	4	Fl 10 x 3 x 51 EN 10278
1	Zylinderdeckel		AlMgSi0,5 F22	3	Rd 34 x 10 EN 755-3
1	Grundplatte		S235JR+C	2	Fl 70 x 10 x 160 EN 10278
1	Zylinder		AlMgSi0,5 F22	1	Rd 50 x 65 EN 755-3

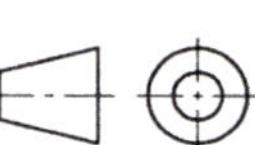

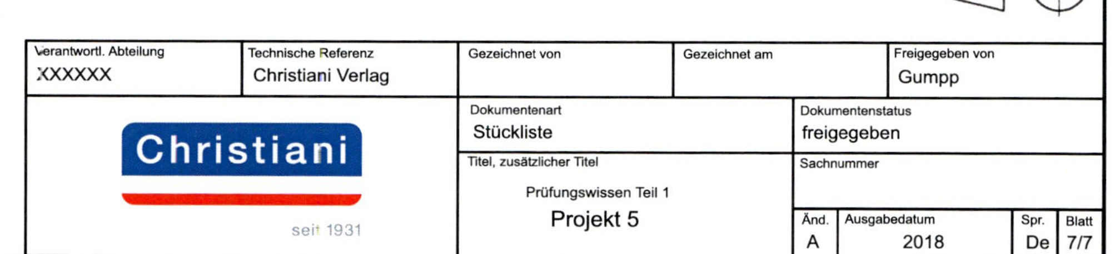

Verantwortl. Abteilung	Technische Referenz	Gezeichnet von	Gezeichnet am	Freigegeben von
XXXXXX	Christiani Verlag			Gumpp

Christiani seit 1931

Dokumentenart	Dokumentenstatus
Stückliste	freigegeben
Titel, zusätzlicher Titel: Prüfungswissen Teil 1 Projekt 5	Sachnummer

Änd.	Ausgabedatum	Spr.	Blatt
A	2018	De	7/7

Notizen

01

Der Auslegerarm Pos. 5 wird aus S235JR+C hergestellt. Um welchen Werkstoff handelt es sich bei diesem Material?

1. Gusseisen
2. Einsatzstahl
3. Unlegierten Baustahl
4. Vergütungsstahl
5. Automatenstahl

02

Der Auslegerarm Pos. 5 wird aus S235JR+C hergestellt.

Welche Bedeutung hat dabei die Bezeichnung „JR“?

1. Kerbschlagarbeit
2. Zähigkeitsklasse
3. Normalgeglüht
4. Kaltgezogen
5. Geschliffen

Stahlnormung

03

Der Auslegerarm Pos. 5 wird aus S235JR+C hergestellt.

Welche Eigenschaft ist für die Auswahl dieses Werkstoffes ausschlaggebend?

1. Härtbarkeit
2. Zähigkeit
3. Dichte
4. Zerspanbarkeit
5. Elastizität

04

Welche Antwort zu Einsatzstählen ist richtig? Einsatzstähle …

1. … müssen vor dem Härten aufgekohlt werden.
2. … sind uneingeschränkt härtbar.
3. … können durchgehärtet werden.
4. … müssen nach dem Härten nicht angelassen werden.
5. … sind nicht härtbar.

Einsatzhärten
case harden

05

Welche Dichte hat Aluminium?

1. 7,85 kg/dm^3
2. 8,96 kg/dm^3
3. 4,50 kg/dm^3
4. 7,29 kg/dm^3
5. 2,70 kg/dm^3

06

Für eine Spannvorrichtung soll eine Spindel mit einem Gewinde TR 18x4 hergestellt werden. Um welches Gewinde handelt es sich dabei?

1. Spitzgewinde
2. Sägengewinde
3. Trapezgewinde
4. Rundgewinde
5. UNF-Gewinde

Dichte

Die gefragte Gewindeart wird auch als Bewegungsgewinde bezeichnet.

07

Sie sollen in einem Werkstück ein Innengewinde M12 herstellen. Mit welchem Bohrer müssen Sie vorbohren?

1. Ø 11,8 mm
2. Ø 12,5 mm
3. Ø 10,2 mm
4. Ø 10,5 mm
5. Ø 10,0 mm

08

In einer Stückliste ist eine Schraube mit der Bezeichnung DIN EN ISO 10642 angegeben. Um welche Schraube handelt es sich?

1. Zylinderschraube mit Innensechskant.
2. Sechskantschraube mit Gewinde bis Kopf
3. Senkschraube mit Schlitz
4. Senkschraube mit Innensechskant
5. Linsenkopfschraube mit Kreuzschlitz

09

Bei der Montage einer Baugruppe wird eine Mutter mit der Normbezeichnung DIN 70852 M20x1,5 verwendet. Mit welchem Werkzeug wird diese Mutter angezogen?

1. Maulschlüssel
2. Schraubendreher
3. Drehmomentschlüssel
4. Sechskant-Stiftschlüssel
5. Hakenschlüssel

10

Welche Aussage über einen Spannstift ist richtig?

1. Die Bohrung braucht nicht gerieben zu werden.
2. Die Bohrung muss gerieben werden.
3. Die Einbaulage ist beliebig.
4. Er ist gehärtet und geschliffen.
5. Er benötigt eine kegelige Bohrung.

11

Die Grundplatte Pos. 1 soll mit einer Oberflächengüte mit einer gemittelten Rautiefe von 16 μ angefertigt werden. Welche Angabe der Oberflächenbeschaffenheit ist richtig dargestellt?

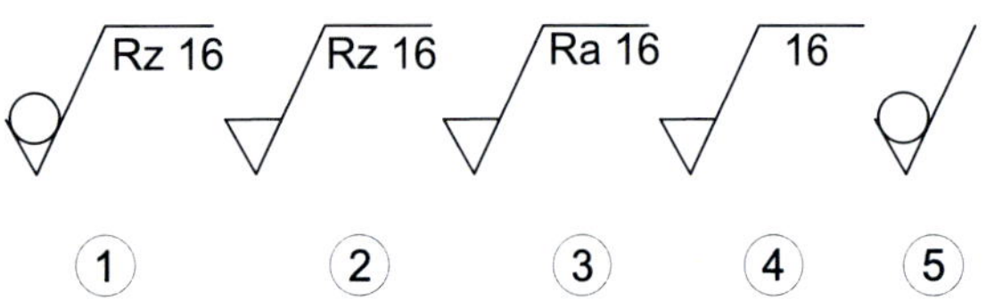

12

Bei spanenden Fertigungsverfahren werden Späne produziert. Welche Spanart ist am ungünstigsten?

1. Borckenspan
2. Fließspan
3. Wirrspan
4. Rissspan
5. Scherspan

Das Problem liegt oft daran, dass Werkzeuge anders bezeichnet werden als mit ihrer fachliche Bezeichnung. Z .B. wird der Sechskant-Stiftschlüssel oft als „Imbusschlüssel" bezeichnet.

Oberflächenkennzeichnung

13

Am Kolben Pos. 6 soll das Durchmessermaß Ø 10 f7 nachkontrolliert werden. Welches der aufgeführten Prüfmittel würden Sie verwenden?

1. Digitalen Messschieber
2. Messuhr
3. Fühlerlehre
4. Bügelmessschraube
5. Grenzlehrdorn

14

Für die Fertigung des Schnellspanners mussten Sie Normteile für 545,00 € bestellen. Der Lieferant gewährt Ihnen einen Rabatt von 20 %. Welchen Betrag müssen Sie überweisen?

1. 109,00 €
2. 408,75 €
3. 534,10 €
4. 436,00 €
5. 490,50 €

Nebenrechnung Aufgabe 14

15

Welche Aufgabe hat das Schutzgas beim MAG-Schweißen?

1. Es hält die Umluft von der Schweißnaht fern.
2. Es kühlt die Schweißnaht.
3. Es fügt Legierungsbestandteile hinzu.
4. Es gibt Sauerstoff zu.
5. Es erhöht die Schweißtemperatur.

16

Welches Schutzgas verwenden Sie beim MAG-Schweißen?

1. Sauerstoff
2. Argon
3. Mischgas aus CO_2 und Argon (Corgon)
4. Azetylen
5. Helium

17

Zum Anschlagen eines Maschinenelementes wird eine Ringschraube DIN 580 M16 verwendet. Wie hoch können Sie die Ringschraube bei senkrechter Belastung belasten?

1. 7,0 Tonnen
2. 0,5 kN
3. 0,7 kN
4. 0,5 Tonnen
5. 0,7 Tonnen

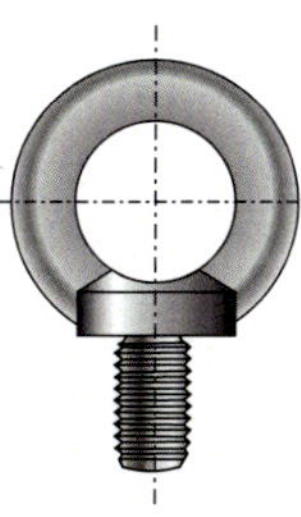

18

Für die Anfertigung eines Innengewindes M6 soll an der Bohrmaschine die Drehzahl eingestellt werden. Die Schnittgeschwindigkeit wird mit 28 m/min angegeben.

1. $n = 1485\ \text{min}^{-1}$
2. $n = 1612\ \text{min}^{-1}$
3. $n = 1782\ \text{min}^{-1}$
4. $n = 1812\ \text{min}^{-1}$
5. $n = 1913\ \text{min}^{-1}$

Nebenrechnung Aufgabe 18

19

Welche der genannten Schneidstoffe hat die höchste Verschleißfestigkeit?

1. Diamant
2. Hartmetall
3. Oxidkeramik
4. Schnellarbeitsstahl
5. Kubisches Bornitrid

20

Welches nachfolgende Toleranzkennzeichen zeigt die Eigenschaft Parallelität?

Form- und Lagetoleranzen

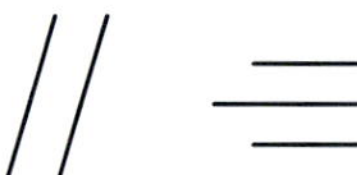

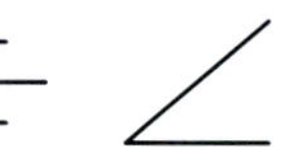

1 2 3 4 5

21

Welche Schneidkraft kann diese Zange am Werkstück ausüben?

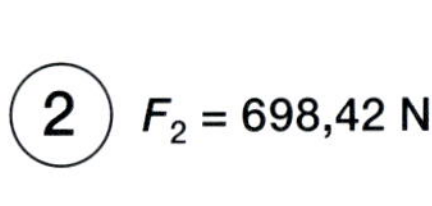

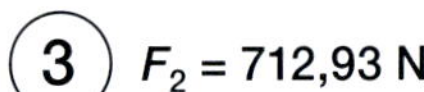

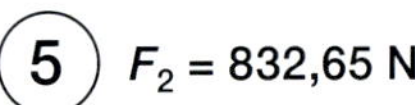

1. $F_2 = 382{,}21\ \text{N}$
2. $F_2 = 698{,}42\ \text{N}$
3. $F_2 = 712{,}93\ \text{N}$
4. $F_2 = 741{,}82\ \text{N}$
5. $F_2 = 832{,}65\ \text{N}$

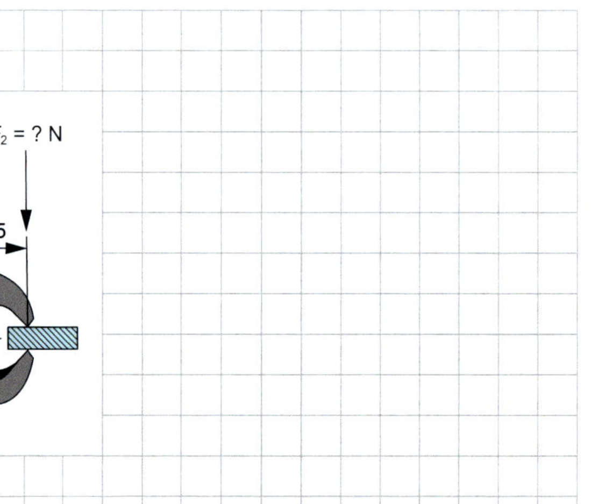

Nebenrechnung Aufgabe 21

Hebelberechnung

22

Mit welcher Ventilart wird die Verfahrrichtung eines Pneumatikzylinders gesteuert?

1. Stromventil
2. Sperrventil
3. Wegeventil
4. Druckventil
5. Absperrventil

23

Für die Herstellung einer Bohrung wird eine Drehzahl von 1850 min⁻¹ eingestellt. Der automatische Vorschub f beträgt 0,2 mm. Welche Vorschubgeschwindigkeit in mm/min ist eingestellt?

1. v_f = 370 mm/min
2. v_f = 185 mm/min
3. v_f = 120 mm/min
4. v_f = 420 mm/min
5. v_f = 195 mm/min

24

Aus welchen Bauteilen besteht ein pneumatisches Zeitglied (Zeitverzögerungsventil)?

1. 5/2-Wegeventil/Speicher/Drosselrückschlagventil.
2. 3/2-Wegeventil/Speicher/Drosselrückschlagventil.
3. 3/2-Wegeventil/Druckregelventil/Speicher.
4. 4/2-Wegeventil/Speicher/Druckregelventil.
5. 2/2-Wegeventil/Speicher/Drosselrückschlagventil.

Nebenrechnung Aufgabe 23

Pneumatikventil
pneumatic valve

25

Welche Aussage über pneumatische Energie ist richtig?

1. Das Medium ist brennbar.
2. Das Medium muss geölt werden.
3. Das Medium altert schnell.
4. Das Medium besteht hauptsächlich aus Sauerstoff und Stickstoff.
5. Das Medium ist nicht kompressibel.

26

Wie wird der mit β bezeichnete Winkel bezeichnet?

1. Freiwinkel
2. Keilwinkel
3. Spanwinkel
4. Spitzenwinkel
5. Neigungswinkel

γ β α

Druckluft ist eine der gefährlichsten und teuersten Energieformen.

27

Welches der nachfolgend aufgeführten Gewinde wird als Bewegungsgewinde eingesetzt?

1. Metrisches Feingewinde
2. Trapezgewinde
3. Rundgewinde
4. Whitworth-Rohrgewinde
5. Metrisches Spitzgewinde

28

Welche der aufgeführten UVV-Vorschriften gilt nicht für die Arbeiten an einer Säulenbohrmaschine?

1. Eng anliegende Kleidung tragen
2. Schutzbrille bei der Bearbeitung spröder Werkstoffe tragen
3. Sicherheitsschuhe tragen
4. Späne nicht mit der Hand entfernen
5. Schutzhandschuhe tragen

29

Was sind Betriebsanweisungen?

1. Anweisung des Werkschutzes an die Arbeitnehmer
2. Anweisungen des Betriebsrats an die Arbeitnehmer
3. Anweisungen des Arbeitsgebers an die Arbeitnehmer
4. Anweisung der Berufsgenossenschaft an die Arbeitnehmer
5. Medizinische Anweisungen an die Arbeitnehmer

30

Auf einem Behälter finden Sie das im nachfolgenden Bild dargestellte Sicherheitszeichen. Was besagt dieses Zeichen?

1. Ätzend
2. Gesundheitsgefährdend
3. Leicht entzündlich
4. Umweltgefährdend
5. Brandfördernd

Betriebsanweisungen sind für alle Maschinen und Anlagen erforderlich.

01

Zeichnen Sie die genormten Schaltzeichen für:

a) Aufbereitungseinheit

b) 5/2-Wege-Impulsventil

Pneumatische Schaltelemente

Punkte 10 bis 0

02

Im Hebel (Pos. 4) sollen die beiden Bohrungen hergestellt werden. Es werden insgesamt 20 Hebel hergestellt. Ermitteln Sie die Hauptnutzungszeit mit folgenden Daten:

f = 0,2 mm

v = 32 m/min

l_a und l_u = 1mm

$l_s = 0{,}3 \times d$

Hauptnutzungszeit

Bohren

Punkte 10 bis 0

03

Erstellen Sie für die Spanngabel rechts (Pos.12) den Schnitt A-A mit den fehlenden Maßen.

Punkte
10 bis 0

04

Erläutern Sie die Materialbezeichnung des Anschlagwinkels Pos. 13.

TB Werkstoffnormung

Punkte
10 bis 0

05

Welche Folgen kann es haben, wenn die Beleuchtung nicht den Anforderungen entspricht?

Punkte
10 bis 0

06

Berechnen Sie die mechanische Arbeit W (in Joule) eines Pneumatikzylinders, dessen Wirkungsgrad mit 90 % angegeben wird.

Technische Daten:

Kolbendurchmesser d = 32 mm

Kolbenhub s = 150 mm

Betriebsdruck p = 4 bar

TB Mecha-nische Arbeit

Punkte
10 bis 0

07

Geben Sie an, welches Prüfmittel für die angegebenen Maße des Zylinders (Pos. 1) geeignet sind.

Maßangabe	Prüfmittel
Durchmessermaß Ø 20 H7	
Längenmaß 40	
Durchmessermaß Ø 28	
Gewinde M6	
Tiefenmaß 55	
Oberflächengüte Rz16	

Prüf-mittel test equip-ment

Punkte 10 bis 0

08

(Pneumatikplan Projekt 5) Erklären Sie anhand des Pneumatikschaltplans und des GRAFCET die Signal-abfolge für den Spannvorgang und den Entspannvorgang.

Punkte 10 bis 0

09

Sicherheitskennzeichnung

Die genormte Sicherheitskennzeichnung ist eine wichtige sicherheitstechnische Einrichtung. Die Kennzeichnungen werden in Verbotszeichen, Gebotszeichen, Warnzeichen, Rettungszeichen und Brandschutzzeichen unterschieden.

Bezeichnen Sie die nachstehenden Sicherheitszeichen in Ihrer Aussage und in der Sicherheitsgruppe.

Zeichen	Bedeutung	Warnzeichengruppe

Punkte 10 bis 0

10

Gasflaschen-Kennzeichnung

In den Werkstätten werden verschiedene technische Gase verwendet. Gekennzeichnet werden die Gasflaschen mit einem Farbcode. Benennen Sie die Gase zu den dazugehörigen Gasflaschensymbolen.

Farbcode	Farben	Gasinhalt
	Dunkelgrün Grau	
	Kastanienbraun Kastanienbraun	
	Weiß Grau	
	Schwarz Grau	
	Grau Grau	

Punkte 10 bis 0

Notizen

Firma	Name	Datum	Gesamtergebnis

Single-Choice-Aufgaben

01	1	2	3	4	5	16	1	2	3	4	5
02	1	2	3	4	5	17	1	2	3	4	5
03	1	2	3	4	5	18	1	2	3	4	5
04	1	2	3	4	5	19	1	2	3	4	5
05	1	2	3	4	5	20	1	2	3	4	5
06	1	2	3	4	5	21	1	2	3	4	5
07	1	2	3	4	5	22	1	2	3	4	5
08	1	2	3	4	5	23	1	2	3	4	5
09	1	2	3	4	5	24	1	2	3	4	5
10	1	2	3	4	5	25	1	2	3	4	5
11	1	2	3	4	5	26	1	2	3	4	5
12	1	2	3	4	5	27	1	2	3	4	5
13	1	2	3	4	5	28	1	2	3	4	5
14	1	2	3	4	5	29	1	2	3	4	5
15	1	2	3	4	5	30	1	2	3	4	5

Single-Choice-Aufgaben, Teil 1

Punkte	Divisor		Ergebnis 1
	0,6	=	

Ungebundene Aufgaben, Teil 2

Punkte	Divisor		Ergebnis 2
	2	=	

Gesamtergebnis (Ergebnis 1 + Ergebnis 2)

Gesamtergebnis

Bewertungsschlüssel

Punkte	Note
0 bis 29	ungenügend
30 bis 49	mangelhaft
50 bis 66	ausreichend
67 bis 80	befriedigend
81 bis 91	gut
92 bis 100	sehr gut

Unterschrift Prüfer

Notizen

Hintergrundwissen

Aufgabensatz A

Stahlnormung

01

Bei dem Werkstoff S235JR+C handelt es sich um einen unlegierten Baustahl. Er eignet sich für einfache Maschinenteile. Er ist gut schweißbar. Daher findet man dieses Material sehr oft auch im Stahlbau.

02

Die Bezeichnung „JR“ gibt die Kerbschlagarbeit an. Bei dieser Bezeichnung beträgt die Kerbschlagarbeit 27 Joule bei einer Temperatur von 20 °C.

03

Die Haupteigenschaften dieses Materials beziehen sich auf die Zerspanbarkeit und die gute Schweißbarkeit. Ist Härtbarkeit und/oder Zähigkeit gefordert, muss man auf Einsatz- oder Vergütungsstahl ausweichen. Die Dichte für Stahl ändert sich, bedingt durch Legierungsbestandteile, nur sehr geringfügig.

04

Wärmebehandlungsverfahren

Einsatzstähle sind unlegierte oder niedriglegierte Stähle mit einem Kohlenstoffgehalt zwischen 0,1 % und 0,2 %. Dieser Kohlenstoffgehalt ist zum Härten zu wenig. Daher muss die Randschicht aufgekohlt werden. Dies geschieht bei einer Temperatur zwischen 880 °C und 1050 °C. Durch die Aufkohlung erhöht sich an der Randschicht der Kohlenstoffgehalt und das Material kann, je nach Aufkohltiefe, an der Randschicht gehärtet werden, wobei der Kern des Werkstückes weich und elastisch bleibt.

05

Aluminium gehört zu den Leichtmetallen. Es wird aus Bauxit erschmolzen. Je nach Legierungsbestandteilen können die Eigenschaften, wie Härte und Zähigkeit, beeinflusst werden. Die Dichte von Aluminium liegt bei 2,70 kg/dm^3 oder bei 2,70 g/cm^3.

06

Spitzgewinde sharp thread
Sägengewinde buttress thread
Trapezgewinde trapezoidal thread
Rundgewinde round thread

a) Spitzgewinde

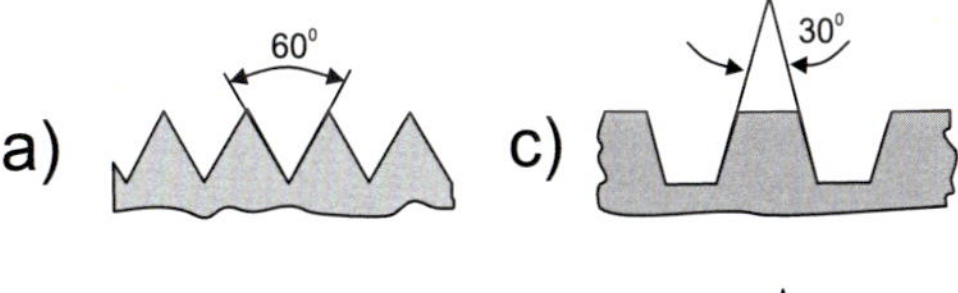

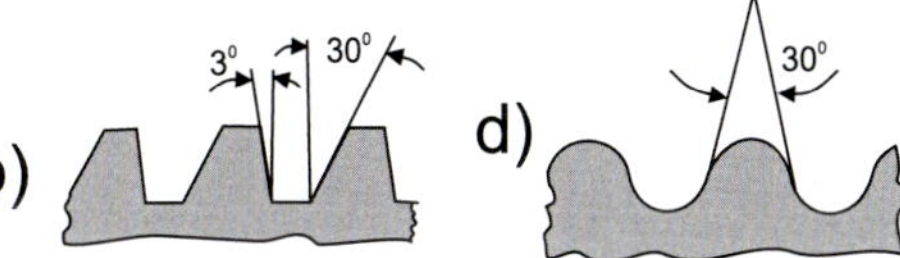

Das Spitzgewinde ist bei Schrauben und Muttern das wohl am meist verwendete Gewinde. Es wird sowohl für metrische ISO-Gewinde als auch für Whitworth-Gewinde, Rohrgewinde, UNF-Gewinde usw. verwendet. Je nach Maßsystem verändert sich der Spitzenwinkel zwischen 60° bei metrischen Gewinden zu Whitworth-Gewinden mit 55°. Das Spitzgewinde wird im allgemeinen als Befestigungsgewinde benutzt.

b) Sägengewinde

Das Sägengewinde wird meistens als Bewegungsgewinde benutzt. Der Name stammt von seinen sägenartigen Gewindegängen. Diese Gewindeform kann einseitige Druckkräfte aufnehmen.

c) Trapezgewinde

Das Trapezgewinde ist das klassische Bewegungsgewinde. Durch ihre große Steigung ist dieses Gewinde für Befestigungen nicht geeignet. Mit einem Spitzenwinkel von 30° findet man diese Gewinde hauptsächlich in Spindeln von Werkzeugmaschinen oder Werkzeugen.

d) Rundgewinde

Das Rundgewinde findet man in Bereichen, die in rauerer Umgebung eingesetzt sind. Durch die runden Gewindegänge sind diese relativ unempfindlich gegen Schläge und Stöße. Man findet diese Gewindeform in Lampenfassungen, Sicherungssockeln oder auch bei Kupplungen von Eisenbahnwaggons.

TB Gewinde

07

Der Kerndurchmesser eines Gewindes ist eine wichtige Größe. Ist er zu groß, leidet die Festigkeit eines Gewindes. Ist er zu klein, kann der Gewindebohrer brechen oder die Schraube lässt sich nicht einschrauben. Den richtigen Bohrungsdurchmesser findet man in Tabellenbüchern oder auch manchmal auf der Rückseite von Messschiebern. Hat man keine Tabelle zur Hand, hilft auch eine Faustregel. Der Kerndurchmesser wird um die Steigung des Gewindes kleiner gebohrt. Das heißt bei unserem Gewinde: Die Steigung beträgt 1,75 mm. Das heißt der Bohrungsdurchmesser beträgt 10,25 mm (also 10,2 mm).

08

Ist nur eine Norm angegeben, findet man in den meisten Tabellenbüchern ein Normenverzeichnis der gängigsten deutschen, europäischen und internationalen Normen.

09

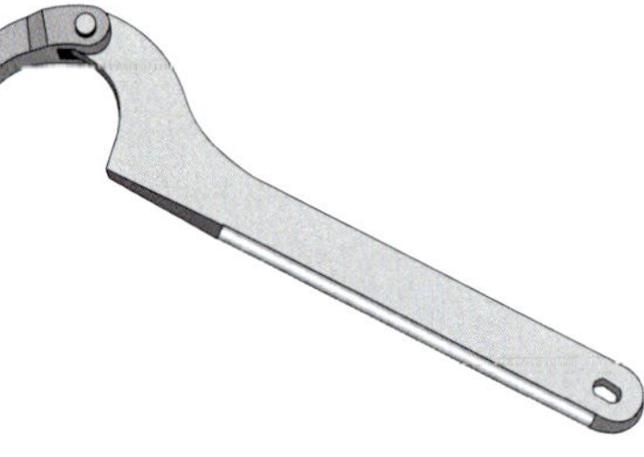

Hinter der DIN-Bezeichnung DIN 70852 verbirgt sich eine Nutmutter. Nutmuttern werden mit einem Hakenschlüssel angezogen oder gelöst. Die Größe eines Hakenschlüssels ergibt sich aus dem Außendurchmesser der Nutmutter.

10

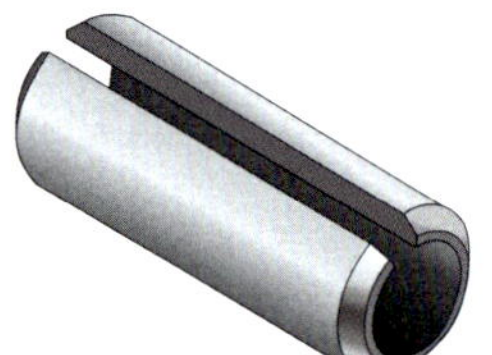

Spann-stifte

Spannstifte werden oft auch als Spannhülsen bezeichnet. Ihr Durchmesser ist größer als die Bohrung. Aus diesem Grund brauchen Bohrungen für Spannstifte nicht gerieben werden. Es reicht eine Bohrung mit einem normalen Bohrer mit dem Nenndurchmesser des Spannstiftes.

11

Der R_z-Wert stellt die größte Höhe des Profils einer Einzelmessstrecke dar. Zur Ermittlung des R_z-Wertes wird aus den Werten von fünf Einzelmessstrecken das arithmetische Mittel ermittelt. Daher die Bezeichnung „gemittelte Rautiefe“.

12

Wirrspäne sind bei der mechanischen Bearbeitung unerwünscht. Sie können auch gefährlich werden, wenn sie sich z. B. um drehende Teile wie Bohrer oder Werkstücke in Drehmaschinen wickeln. Spanleitstufen können diese Spanart zum Teil eingrenzen.

13

Zum Prüfen von Passmaßen in Bohrungen kommen in den meisten Fällen Grenzlehrdorne (1), Innentaster (2) oder Innenmessschrauben (3) zum Einsatz. Digitalmessschieber haben einen Genauigkeitsgrad von 0,1 mm, auch wenn die Anzeige meist im 1/100-mm-Bereich anzeigt. Daher sind Digitalmessschieber für die Messung von Passungen nicht geeignet.

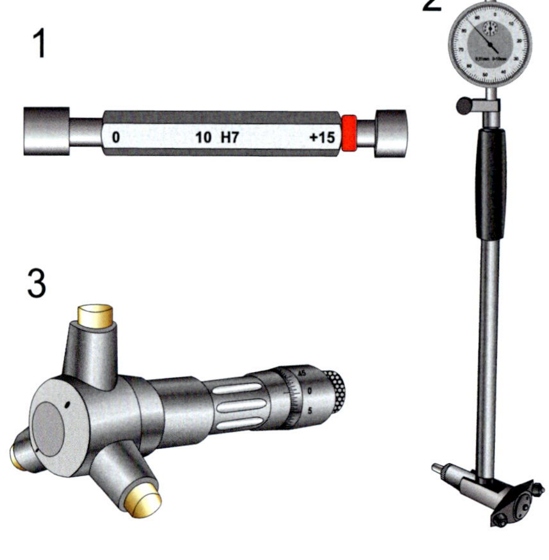

14

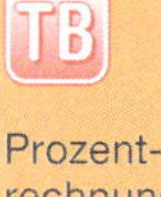

Prozent-rechnung

In Formelsammlungen findet man die Formel für Prozentrechnungen:

$$P_w = \frac{G_w \cdot P_s}{100}$$

P_w = Prozentwert
G_w = Grundwert
P_s = Prozentsatz

15

Beim Schutzgasschweißen schirmt das Schutzgas sowohl die Elektrode als auch das Schmelzbad von der Umgebungsluft ab. Dadurch werden ungewollte Reaktionen ausgeschlossen.

16

Beim Metall-Aktiv-Schweißen (MAG) wird ein Aktivgas verwendet. Es kann entweder reines CO_2 oder ein Mischgas aus Argon mit geringen Anteilen an CO_2 und O_2 verwendet werden. Durch die Variierung der Zusammensetzung des Mischgases kann der Einbrand, die Spritzerverluste und die Tropfengröße beeinflusst werden.

17

Ringschrauben sind sogenannte Anschlagmittel. Sie dienen im Allgemeinen zum Anheben, Sichern und Transportieren von Maschinen, Maschinenteilen oder ganzen Anlagen. Ein wichtiger Punkt ist die Belastbarkeit jeder Ringschraube. Da es sich um genormte Bauteile handelt, kann man deren technische Daten aus Tabellenbüchern entnehmen. Dabei ist auch die Belastungsrichtung von großer Wichtigkeit. Bei unserem Beispiel beträgt die senkrechte Belastung 0,7 Tonnen oder 700 kg. Bei einem Neigungswinkel von 45° beträgt die Belastbarkeit nur noch 0,5 Tonnen. Ringschrauben müssen bis zu ihrem Bund eingeschraubt werden. Ist dies nicht der Fall, kann über eine zusätzliche Hebelwirkung die Ringschraube vorzeitig reißen.

18

Wenn Sie im Tabellenbuch nachschlagen, werden Sie folgende Formel für rotierende Geschwindigkeit finden:

Schnittgeschwindigkeit

$$v = d \cdot \pi \cdot n$$

Der Nachteil bei dieser Formel ist es, dass Sie den Durchmesser in Meter eingeben müssen, da ja das Ergebnis m/min lauten muss.

Um diese Umrechnung von mm in m zu vermeiden, kann die Umrechnung gleich in der Formel vorgenommen werden. So lautet die Formel:

$$v = \frac{d \cdot \pi \cdot n}{1000}$$

Wenn Sie diese abgewandelte Formel für die rotierenden Geschwindigkeit verwenden, können Sie den Durchmesser wie gewohnt im mm angeben.

19

Je nach zu bearbeitendem Material ist die Auswahl des Schneidwerkstoffes ein entscheidender Faktor. Der Schneidwerkstoff mit der höchsten Verschleißfestigkeit ist der Diamant. Danach folgen Oxidkeramik, Hartmetall und Schnellarbeitsstahl.

20

Die aufgeführten Toleranzkennzeichen findet man an unter „Geometrischer Tolerierung“ in den Tabellenbüchern.

21

Die Schneidkraft der dargestellten Zange kann über das Hebelgesetz berechnet werden. Dazu findet man im Tabellenbuch die Formel für den zweiseitigen Hebel:

Hebelgesetz

$$F_1 \cdot l_1 = F_2 \cdot l_2$$

Wichtig bei der Hebelberechnung ist die Lage des Drehpunktes. Bei unserer Zange ist dieser problemlos zu bestimmen. Man unterscheidet einseitige und zweiseitige Hebel.

22

In der Automatisierungstechnik unterscheidet man verschiedene Ventilarten.

Stromventile steuern die Verfahrgeschwindigkeit von Zylindern oder die Drehzahlen von Motoren.

Sperrventile lassen die Druckluft oder das Hydrauliköl nur in eine Richtung strömen. Die Gegenrichtung wird abgesperrt.

Wegeventile steuern Start, Stopp oder die Richtung von Zylindern und Motoren.

Druckventile sind Ventile, die den Druck beeinflussen (Druckregelventile) oder vom Druck beeinflusst werden (Druckbegrenzungsventile).

Absperrventile sind Ventile, die den Volumenstrom absperren oder freigeben können (z. B. Kugelhahn).

23

Wenn Sie im Tabellenbuch nachschlagen, werden Sie folgende Formel für die Vorschubgeschwindigkeit finden:

$$v_f = f \cdot n$$

v_f = Vorschubgeschwindigkeit

f = Vorschub pro Umdrehung

n = Umdrehungsfrequenz

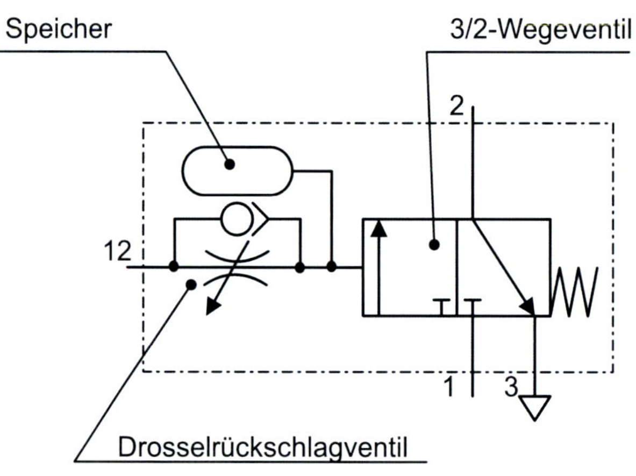

24

(Bild rechts) Zeitventile oder auch Zeitverzögerungsventile sind Baugruppen, die aus verschiedenen Bauteilen bestehen. Diese Baugruppe ist auch im Schaltzeichen erkennbar. Die einzelnen Komponenten werden mit einer strichpunktierten Linie eingefasst.

25

Das Medium für pneumatische Energie ist Druckluft. Was im allgemeinen als „Luft" bezeichnet wird, ist ein Gasgemisch. Die Hauptbestandteile von Luft sind die Gase Stickstoff mit ca. 78 % und Sauerstoff mit ca. 21 %. Daneben findet man noch weitere Komponenten wie Argon und Kohlendioxid.

Freiwinkel clearance angle

Keilwinkel wedge angle

Spanwinkel angle of rake

26

(Bild rechts) Hier die Winkel an Werkzeugschneiden:

α = Freiwinkel

β = Keilwinkel

γ = Spanwinkel

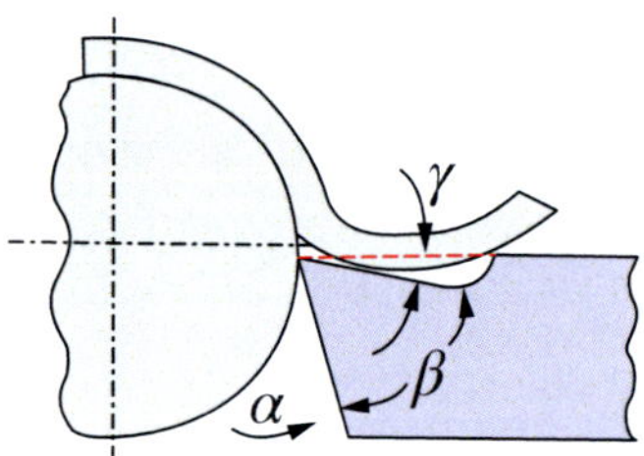

27

Gewinde werden als Befestigungsgewinde und Bewegungsgewinde unterschieden. Befestigungsgewinde dienen, wie der Name schon sagt, zu der Befestigung von Bauteilen. Die Spannkraft ist dabei auch von der Steigung abhängig. Bewegungsgewinde haben große Steigungen. Somit lassen sich mit wenigen Umdrehungen große Wege zurücklegen. Das klassische Bewegungsgewinde ist das Trapezgewinde. Diese Gewinde findet man fast in jeder Spindel an Werkzeugmaschinen und Werkzeugen.

Metrische Feingewinde sind metrische Spitzgewinde und gelten als Befestigungsgewinde, ebenso wie Withworth-Rohrgewinde, die man hauptsächlich bei Installationen findet. Rundgewinde werden bei gröberen Umgebungen eingesetzt. Durch ihre runde Gewindeform sind sie relativ unempfindlich gegen Beschädigungen. Rundgewinde findet man z. B. bei LED-Lampen.

28

In der UVV werden die Unfallverhütungsvorschriften der Berufsgenossenschaften erlassen. Eine Besonderheit bei Arbeiten mir rotierenden Werkzeugen ist das Verbot von Handschuhen. Wird ein Handschuh von einem Bohrer erfasst, wird dieser nicht von der Hand gezogen. Dadurch entstehen schwerste Unfälle.

29

Betriebsanweisungen sind Dokumente, welche ausschließlich auf Gefahren hinweisen und Schutzmaßnahmen aufzeigen sollen. Betriebsanweisungen müssen für Maschinen und andere technische Anlagen erstellt werden.

Betriebsanweisungen müssen folgende Inhalte aufweisen:

- Anwendungsbereich
- Gefahr für Mensch und Umwelt
- Schutzmaßnahmen und Verhaltensregeln
- Verhalten bei Störungen
- Verhalten bei Unfällen und Erste Hilfe
- Sachgerechtes Entsorgen/Instandhaltung bei Maschinen
- Folgen bei Nichtbeachtung

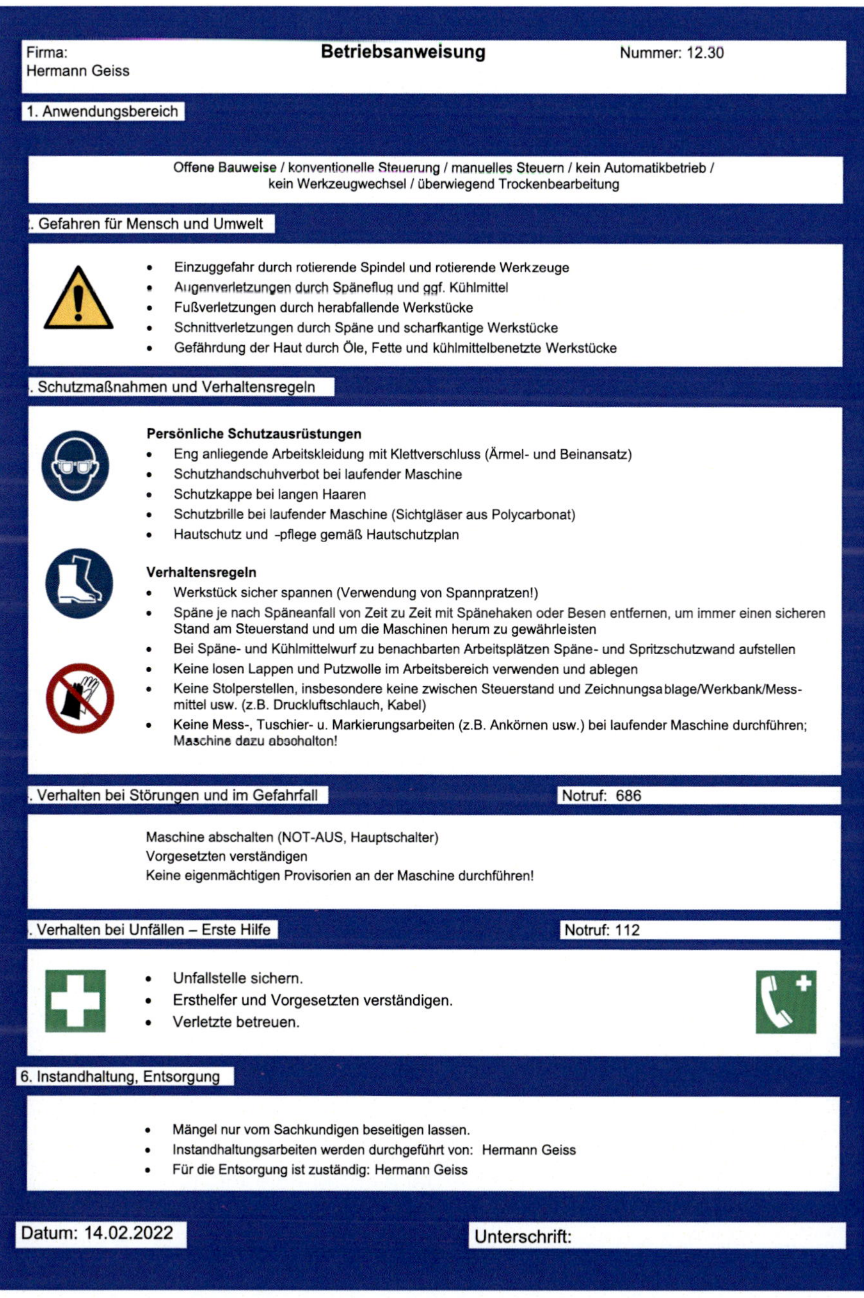

Firma:
Hermann Geiss

Betriebsanweisung

Nummer: 12.30

1. Anwendungsbereich

Offene Bauweise / konventionelle Steuerung / manuelles Steuern / kein Automatikbetrieb / kein Werkzeugwechsel / überwiegend Trockenbearbeitung

. Gefahren für Mensch und Umwelt

- Einzuggefahr durch rotierende Spindel und rotierende Werkzeuge
- Augenverletzungen durch Späneflug und ggf. Kühlmittel
- Fußverletzungen durch herabfallende Werkstücke
- Schnittverletzungen durch Späne und scharfkantige Werkstücke
- Gefährdung der Haut durch Öle, Fette und kühlmittelbenetzte Werkstücke

. Schutzmaßnahmen und Verhaltensregeln

Persönliche Schutzausrüstungen

- Eng anliegende Arbeitskleidung mit Klettverschluss (Ärmel- und Beinansatz)
- Schutzhandschuhverbot bei laufender Maschine
- Schutzkappe bei langen Haaren
- Schutzbrille bei laufender Maschine (Sichtgläser aus Polycarbonat)
- Hautschutz und -pflege gemäß Hautschutzplan

Verhaltensregeln

- Werkstück sicher spannen (Verwendung von Spannpratzen!)
- Späne je nach Späneanfall von Zeit zu Zeit mit Spänehaken oder Besen entfernen, um immer einen sicheren Stand am Steuerstand und um die Maschinen herum zu gewährleisten
- Bei Späne- und Kühlmittelwurf zu benachbarten Arbeitsplätzen Späne- und Spritzschutzwand aufstellen
- Keine losen Lappen und Putzwolle im Arbeitsbereich verwenden und ablegen
- Keine Stolperstellen, insbesondere keine zwischen Steuerstand und Zeichnungsablage/Werkbank/Messmittel usw. (z.B. Druckluftschlauch, Kabel)
- Keine Mess-, Tuschier- u. Markierungsarbeiten (z.B. Ankörnen usw.) bei laufender Maschine durchführen; Maschine dazu abschalten!

. Verhalten bei Störungen und im Gefahrfall — Notruf: 686

Maschine abschalten (NOT-AUS, Hauptschalter)
Vorgesetzten verständigen
Keine eigenmächtigen Provisorien an der Maschine durchführen!

. Verhalten bei Unfällen – Erste Hilfe — Notruf: 112

- Unfallstelle sichern.
- Ersthelfer und Vorgesetzten verständigen.
- Verletzte betreuen.

6. Instandhaltung, Entsorgung

- Mängel nur vom Sachkundigen beseitigen lassen.
- Instandhaltungsarbeiten werden durchgeführt von: Hermann Geiss
- Für die Entsorgung ist zuständig: Hermann Geiss

Datum: 14.02.2022

Unterschrift:

30

2009 wurde in Deutschland das global harmonisierte System zur Einstufung und Kennzeichnung von Chemikalien mit der Abkürzung „GHS“ eingeführt.

Dieses System dient zur Einstufung von Chemikalien sowie deren Kennzeichnung auf Verpackungen und in Sicherheitsdatenblättern.

Durch diese global gültige Einstufungsmethode wurden einheitliche Piktogramme entwickelt. Dadurch sollen Gefahren für die Gesundheit und die Umwelt bei der Herstellung, dem Transport und der Verwendung von Gefahrstoffen und Chemikalien minimiert werden.

Die Piktogramme findet man in Tabellenbüchern.

Das in der Aufgabe dargestellte Piktogramm weist auf eine Umweltgefährdung hin.

Aufgabensatz B

01

Die Schaltzeichen für Pneumatik und Hydraulikkomponenten sind nach DIN ISO 1219-1 genormt.

DIN ISO 1219-1

Für die Aufbereitungseinheit wird ein vereinfachtes Schaltzeichen verwendet. Das Bauteil besteht aus Filter und Wasserabscheider, Druckregelventil und Druckluftöler.

Wegeventile, die beidseitig druckbeaufschlagt oder beidseitig magnetbetätigt sind, werden auch als Impulsventile bezeichnet. Impulsventile benötigen im Gegensatz zu Ventilen mit Federrückstellung für den Schaltvorgang nur einen kurzen Schaltimpuls. Das Ventil bleibt so lange in der geschalteten Stellung, bis es ein Gegensignal erhält.

02

Wenn Sie im Tabellenbuch nachschlagen, werden Sie folgende Formel für die Hauptnutzungszeit beim Bohren finden:

Haupt-nutzungs-zeit Bohren

$$t_h = \frac{L \cdot i}{n \cdot f}$$

Die Hauptnutzungszeit wird in Minuten angegeben

- L bezieht sich auf die Länge oder Gesamtlänge. Hier muss die Bohrungstiefe im Werkstück sowie der An- bzw. der Überlaufweg und die Bohrerspitze zusammenaddiert werden. Die Bohrerspitze wird bei einem Bohrer mit einem Spitzenwinkel von 118° mit 0,3 × d angegeben.
- i Bezieht sich auf die Anzahl der Schnitte, bzw. die Anzahl der Bohrungen.
- n gibt die Umdrehungsfrequenz (Drehzahl) des Bohrers an (min^{-1}).
- f gibt den Vorschub in mm/Umdrehung an.

04

Im Bezeichnungssystem für Stähle werden Stähle nach ihrem Verwendungszweck bezeichnet. Die Bezeichnung für Stähle besteht aus dem Hauptsymbol und den Zusatzsymbolen. Dabei entspricht das Hauptsymbol dem Verwendungszweck oder der chemischen Zusammensetzung. Die Zusatzsymbole hängen von der Stahlgruppe bzw. der Erzeugnisgruppe ab.

Hier ein Auszug aus dem Verwendungszweck:

S = Stahl für den Stahlbau

E = Stahl für den Maschinenbau

D = Flacherzeugnisse zum Kaltumformen

05

Die Beleuchtung am Arbeitsplatz muss ausreichend für die Aufgaben der Beschäftigten sein, die gutes Sehen erfordern. Die technische Regel für Arbeitsstätten nach der Arbeitsstättenrichtlinie und nach DIN EN 12464-1 beschreibt visuelle und lichttechnische Anforderungen an die Beleuchtung von Arbeitsstätten in Innenräumen. In dieser Verordnung findet man die notwendigen Beleuchtungsstärken des Arbeitsplatzes und Vorgaben zur Begrenzung von Blendung.

06

Wenn Sie im Tabellenbuch nachschlagen, werden Sie folgende Formel für die Arbeit finden:

$$W = F \cdot s$$

W = Einheit für die Arbeit = Joule

F = Kraft in N (in unserem Fall die Kolbenkraft des Zylinders)

s = Der zurückgelegte Weg in m

TB Mechanische Arbeit

07

Messwerkzeuge werden im Allgemeinen nach ihrer Genauigkeit verwendet.

Grenzlehrdorne/Gewindelehrdorne/Bügelmessschrauben und Innenmessschrauben verwendet man im Maßbereich von 1/100 mm.

Messschieber und Tiefenmessschieber (digital oder analog) haben einen Genauigkeitsgrad von 1/10 mm.

Maßblätter oder Gliedermaßstäbe haben einen Genauigkeitsgrad von 1 mm.

Winkelmesser haben einen Genauigkeitsgrad von 10°.

Universalwinkelmesser haben einen Genauigkeitsgrad von 5°.

09

Rettungszeichen findet man im beruflichen Leben überall. Sie werden in Warnzeichen, Gebotszeichen, Verbotszeichen, Rettungszeichen und Brandschutzzeichen unterschieden. Durch ihre Form- und Farbgebung sind diese Zeichen leicht voneinander zu unterscheiden.

Warnzeichen
dreieckig / schwarzer Rand
gelbe Innenfläche

Gebotszeichen
rund / Innenfläche blau
weißes Symbol

Verbotszeichen
rund / roter Rand
weiße Innenfläche
schwarzes Symbol

Rettungszeichen
quadratisch
grüne Fläche
weißes Symbol

Brandschutzzeichen
quadratisch
rote Fläche
weißes Symbol

10

Gasflaschen sind über eine Farbcodierung gekennzeichnet. Dieser Farbcode gibt Aufschluss über den Inhalt und die Gefahr des Gases. Der Farbcode ist EU-weit unter DIN EN 1089-3 genormt. Er soll Verwechslungen ausschließen. Die aktuelle Norm bezieht sich nur auf den Flaschenhals, allerdings nicht auf die Mantelfarbe einer Gasflasche. Daher können Gasflaschen auch eine andere Mantelfarbe haben.

Diese Kennfarben ersetzen nicht die Gefahrgutaufkleber. Jede Gasflasche muss über einen Gefahrgutaufkleber verfügen, welcher verbindlich über den Inhalt Auskunft gibt.

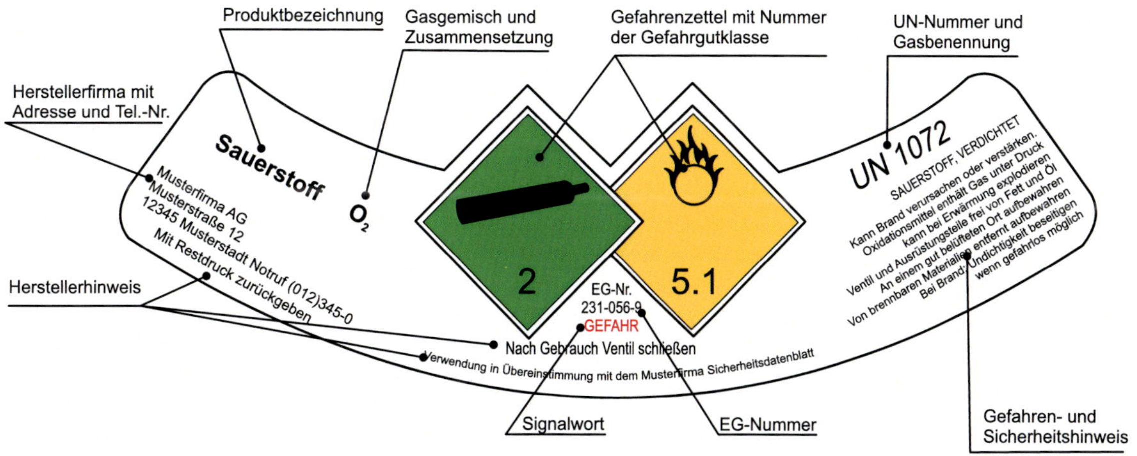

Notizen

Firma	Name	Datum	Gesamtergebnis

Single-Choice-Aufgaben

01	1	2	**3**	4	5		16	1	2	**3**	4	5
02	**1**	2	3	4	5		17	1	2	3	4	**5**
03	1	2	3	**4**	5		18	1	2	**3**	4	5
04	**1**	2	3	4	5		19	**1**	2	3	4	5
05	1	2	3	4	**5**		20	1	**2**	3	4	5
06	1	2	**3**	4	5		21	1	2	3	**4**	5
07	1	2	**3**	4	5		22	1	2	**3**	4	5
08	1	2	3	**4**	5		23	**1**	2	3	4	5
09	1	2	3	4	**5**		24	1	**2**	3	4	5
10	**1**	2	3	4	5		25	1	2	3	**4**	5
11	1	**2**	3	4	5		26	1	**2**	3	4	5
12	1	2	**3**	4	5		27	1	**2**	3	4	5
13	1	2	3	**4**	5		28	1	2	3	4	**5**
14	1	2	3	**4**	5		29	1	2	**3**	4	5
15	**1**	2	3	4	5		30	1	2	3	**4**	5

Single-Choice-Aufgaben, Teil 1

Punkte	Divisor		Ergebnis 1
	0,6	=	

Ungebundene Aufgaben, Teil 2

Punkte	Divisor		Ergebnis 2
	2	=	

Gesamtergebnis (Ergebnis 1 + Ergebnis 2)

Gesamtergebnis

Bewertungsschlüssel

Punkte	Note
0 bis 29	ungenügend
30 bis 49	mangelhaft
50 bis 66	ausreichend
67 bis 80	befriedigend
81 bis 91	gut
92 bis 100	sehr gut

Unterschrift Prüfer

Notizen

Aufgabensatz B

01

a)

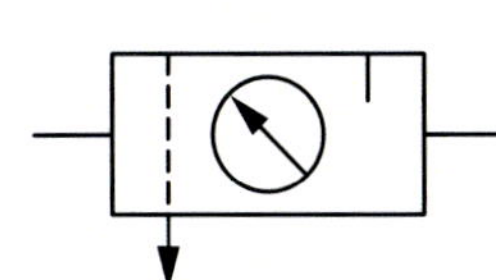

b)

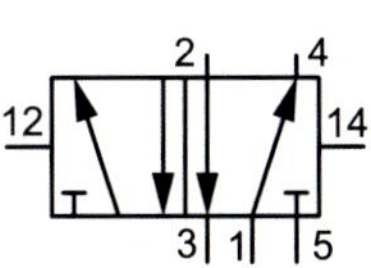

02

$$t_h = \frac{L \cdot i}{n \cdot f}$$

$$t_h = \frac{6{,}3\ \text{mm} \cdot 40}{1997{,}24\ \text{min}^{-1} \cdot 0{,}2\ \text{mm}} = 0{,}63\ \text{min}$$

$$L = l + l_a + l_u + l_s = 3\ \text{mm} + 1\ \text{mm} + 1\ \text{mm} + 1{,}53\ \text{mm} = 6{,}53\ \text{mm}$$

$$v = \frac{d \cdot \pi \cdot n}{1000} \qquad n = \frac{v \cdot 1000}{d \cdot \pi} = \frac{32\ \text{m/min} \cdot 1000\ \text{mm/m}}{5{,}1\ \text{mm} \cdot \pi} = 1997{,}24\ \text{min}^{-1}$$

03

A–A

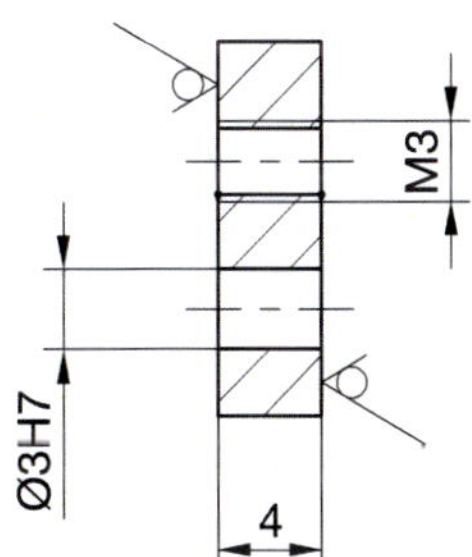

04

DC01Am

D = Flacherzeugnis

C = Kaltgewalzt

01 = Stahlsorte = Zugfestigkeit 270 – 410 N/mm²/Streckgrenze 140 – 280 N/mm²

A = Fehler, die die Umformbarkeit und Haftung von Oberflächenbezügen nicht beeinträchtigen, sind zulässig.

m = matt

05

- Schnellere Ermüdung
- Konzentrationsprobleme
- Verringerung der Reaktionsfähigkeit
- Konzentrationsprobleme
- Aufmerksamkeitsdefizit
- Reizbarkeit
- Gesundheitsprobleme mit den Augen

06

$$W = F \cdot s$$

$$W = 289{,}44 \text{ N} \cdot 0{,}15 \text{ m} = 43{,}42 \text{ J}$$

$$F = p \cdot A \cdot \eta$$

$$F = 40 \text{ N/cm}^2 \cdot 8{,}04 \text{ cm}^2 \cdot 0{,}9 = 289{,}44 \text{ N}$$

$$A = \frac{d^2 \cdot \pi}{4} = \frac{(3{,}2 \text{ cm})^2 \cdot \pi}{4} = 8{,}04 \text{ cm}^2$$

07

Maßangabe	Prüfmittel
Durchmessermaß Ø 20 H7	Grenzlehrdorn
Längenmaß 40	Messschieber oder Tiefenmessschieber
Durchmessermaß Ø 28	Messschieber
Gewinde M6	Gewindelehrdorn
Tiefenmaß 55	Tiefenmessschieber
Oberflächengüte Rz16	Tastschnittgerät

08

Spannvorgang:

Nach Betätigung des Tasters -SJB1 oder -SJB2 und der Teilekontrolle -BGB1 wird das 5/2-Wege-Impulsventil -QMB1 umgeschaltet. Somit fährt der doppeltwirkende Zylinder -MMB1 aus und die Spannvorrichtung schließt.

Entspannvorgang:

Wird der Taster -SJB3 betätigt, wird das 5/2-Wegeventil -QMB1 umgesteuert. Dadurch fährt der doppeltwirkende Zylinder -MMB1 ein. Der Entspannvorgang darf aber nur dann erfolgen, wenn weder der Taster -SJB1 noch -SJB2 betätigt sind.

09

Zeichen	Bedeutung	Warnzeichengruppe
	Arzt	Rettungszeichen
	Maske benutzen	Gebotszeichen
	Warnung vor Flurförderfahrzeugen	Warnzeichen
	Brandmelder	Brandschutzzeichen
	Schalten verboten	Verbotszeichen
	Hände waschen	Gebotszeichen

10

Farbcode	Farben	Gasinhalt
	Dunkelgrün Grau	Argon
	Kastanienbraun Kastanienbraun	Acetylen
	Weiß Grau	Sauerstoff
	Schwarz Grau	Stickstoff
	Grau Grau	Kohlendioxid

Notizen

Projekt 6

01

Welche der aufgeführten Behauptungen über eine Pneumatiksteuerung ist richtig?

1. Das Druckmittel ist kompressibel.
2. Das verbrauchte Druckmittel muss in den Druckbehälter zurückgeführt werden.
3. Das Druckmittel kann nur schwierig gespeichert werden.
4. Pneumatik ist die billigste Energieform.
5. Das Druckmittel ist leicht entzündlich.

02

Welche Anschlüsse des hier abgebildeten Ventils zeigen die Steueranschlüsse?

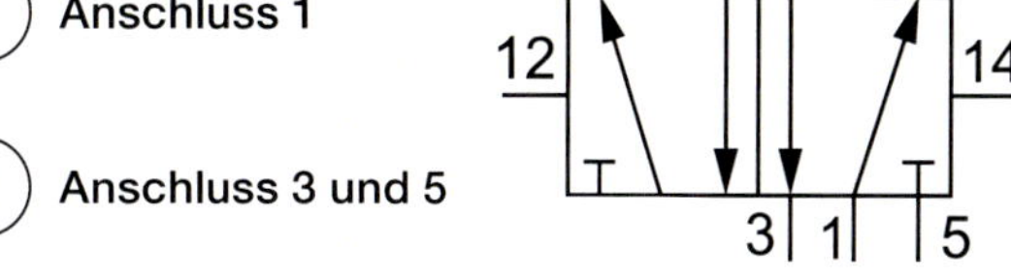

1. Anschluss 1
2. Anschluss 3 und 5
3. Anschluss 12 und 14
4. Anschluss 2 und 4
5. Die Anschlüsse 1, 3 und 5

Die Anschlüsse werden in der Pneumatik mit Zahlen und in der Hydraulik mit Buchstaben gekennzeichnet.

03

Welches der aufgeführten Bauteile des Elektroschaltplans ist in betätigtem Zustand dargestellt?

1. -SJB2
2. -SJB3
3. -BGB1
4. -BGB2
5. -KFA2

04

Um welches Bauteil handelt es sich bei der Bezeichnung -MBB1?

1. Näherungsschalter
2. Relais
3. Schütz
4. Schaltmagnet am Wegeventil
5. Zeitrelais

Näherungsschalter werden oft auch als Reedkontakte bezeichnet.

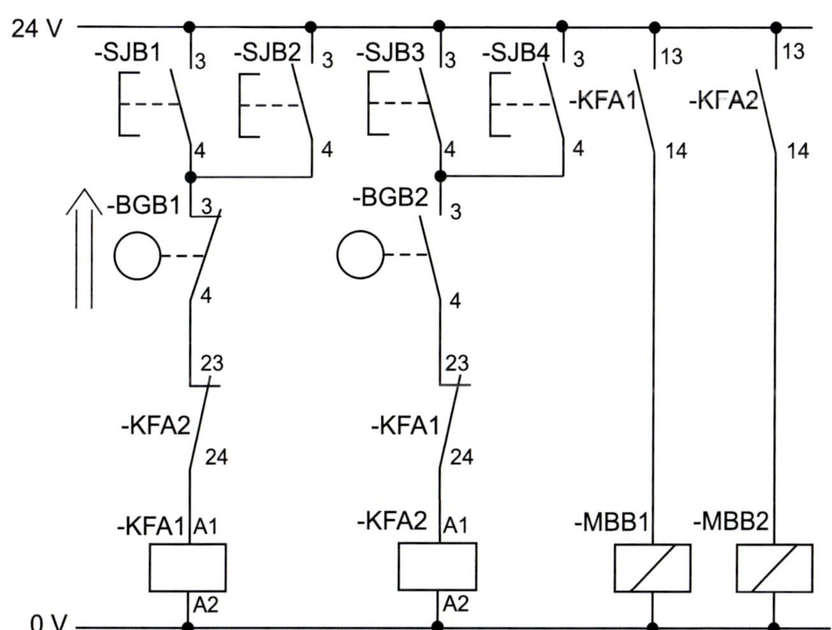

Elektroschaltplan zu den Aufgaben 03, 04 und 05

05

Mit welcher Spannung wird die auf der vorherigen Seite dargestellte Steuerung betrieben?

1. 12 V Gleichspannung
2. 12 V Wechselspannung
3. 24 V Gleichspannung
4. 24 V Wechselspannung
5. 230 V Wechselspannung

06

Der Schritt 4 bei dem unten dargestellten GRAFCET wird nicht ausgeführt. Welche Transition ist für diese Störung verantwortlich?

1. SJB1
2. -BGB1
3. -BGB2 oder -BGB3
4. -BGB2 und -BGB3
5. -SJB1 und -BGB1

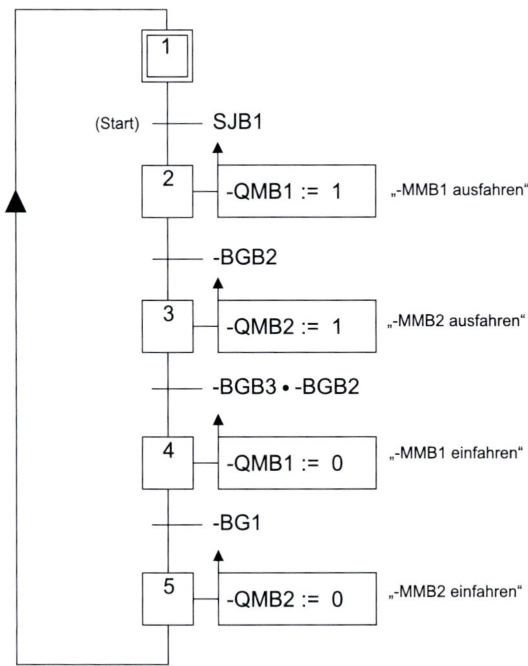

GRAFCET erleichtert die Fehlersuche. Fehler lassen sich dadurch leichter lokalisieren.

07

Welche Bauteile sind in der unten abgebildeten Steuerung enthalten?

1. Doppelwirkender Zylinder/3/2-Wegeventil/Drosselrückschlagventil.
2. Doppeltwirkender Zylinder/Zweidruckventil/Schalldämpfer.
3. Einfachwirkender Zylinder/5/2-Wegeventil/Drosselrückschlagventil.
4. 3/2-Wegeventil/Drosselrückschlagventil/Tandemzylinder.
5. Vorgesteuertes 5/2-Wegeventil/doppeltwirkender Zylinder/Drosselrückschlagventil.

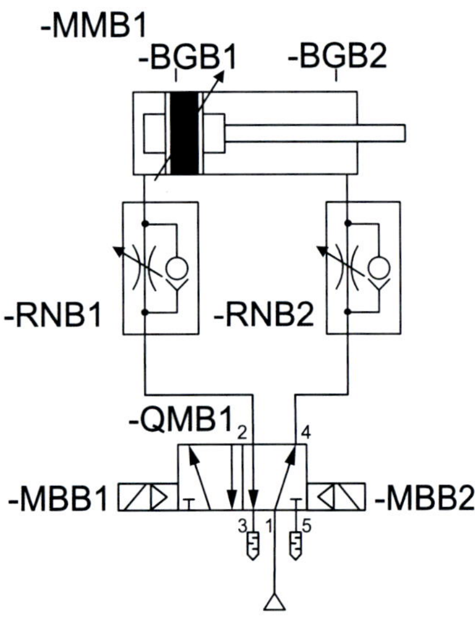

Steuerung zu den Aufgaben 07, 08 und 09

08

Das Ventil -QMB1 ist defekt. Das passende Ventil ist leider nicht verfügbar. Welches der nachstehenden Ventile kann eingebaut werden?

1. 4/2-Wegeventil, magnetbetätigt, vorgesteuert
2. 4/3-Wegeventil, magnetbetätigt, Sperr-Mittelstellung
3. 3/2-Wegeventil einseitig magnetbetätigt, Sperr-Null-Stellung
4. 5/3-Wegeventil, federzentriert, Umlauf-Mittelstellung
5. 3/3-Wegeventil, vorgesteuert, magnetbetätigt

09

Bei den Schaltmagneten -MBB1 und -MBB2 der auf der vorherigen Seite abgebildeten Steuerung wird jeweils ein Widerstand R von 150 Ω gemessen. Das Netzgerät liefert eine Spannung U von 24 V. Welcher Strom in mA fließt, wenn jeweils ein Magnet angesteuert wird?

1. 1,6 mA
2. 16 mA
3. 160 mA
4. 80 mA
5. 8 mA

Nebenrechnung Aufgabe 09

TB Ohmsches Gesetz

10

Ein Pneumatikzylinder hat einen Durchmesser von D = 30 mm und eine Hublänge von 130 mm. Der Betriebsdruck wird mit 5 bar angegeben. Der Wirkungsgrad beträgt 92 %.
Welche Kraft kann der Zylinder im Vorhub erreichen?

1. F = 3252 N
2. F = 325,22 N
3. F = 32,52 N
4. F = 353,50 N
5. F = 35,35 N

Nebenrechnung Aufgabe 10

TB Kolbenkraft

11

Durch welches Signalglied kann eine Wegposition elektrisch erfasst werden?

1. Schütz
2. Näherungsschalter
3. Wegeventil
4. Druckmessdose
5. Potenziometer

Werden Anschlüsse in einem Wegeventil nicht benötigt, können diese mit einem Stopfen verschlossen werden.

12

Welches der dargestellten Schaltzeichen zeigt ein Druckregelventil?

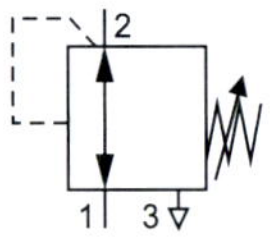

1. Bild 1
2. Bild 2
3. Bild 3
4. Bild 4
5. Bild 5

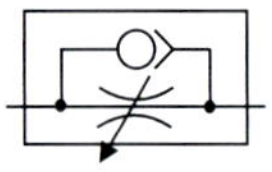

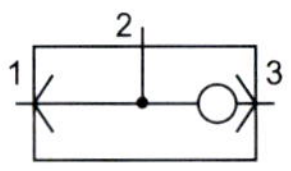

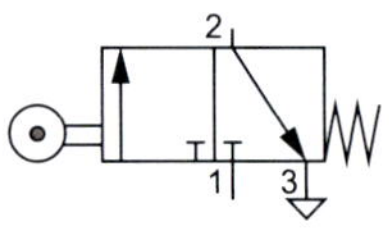

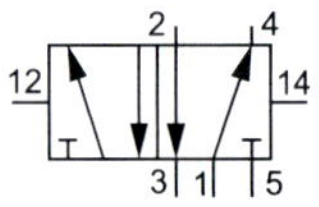

13

(S. Abbildung unten) Mit welcher Liniengruppe muss das Bauteil -KHB1 eingefasst werden?

1. Breite Volllinie
2. Schmale Volllinie
3. Breite Strichpunktlinie
4. Schmale Strichpunktlinie
5. Strichlinie

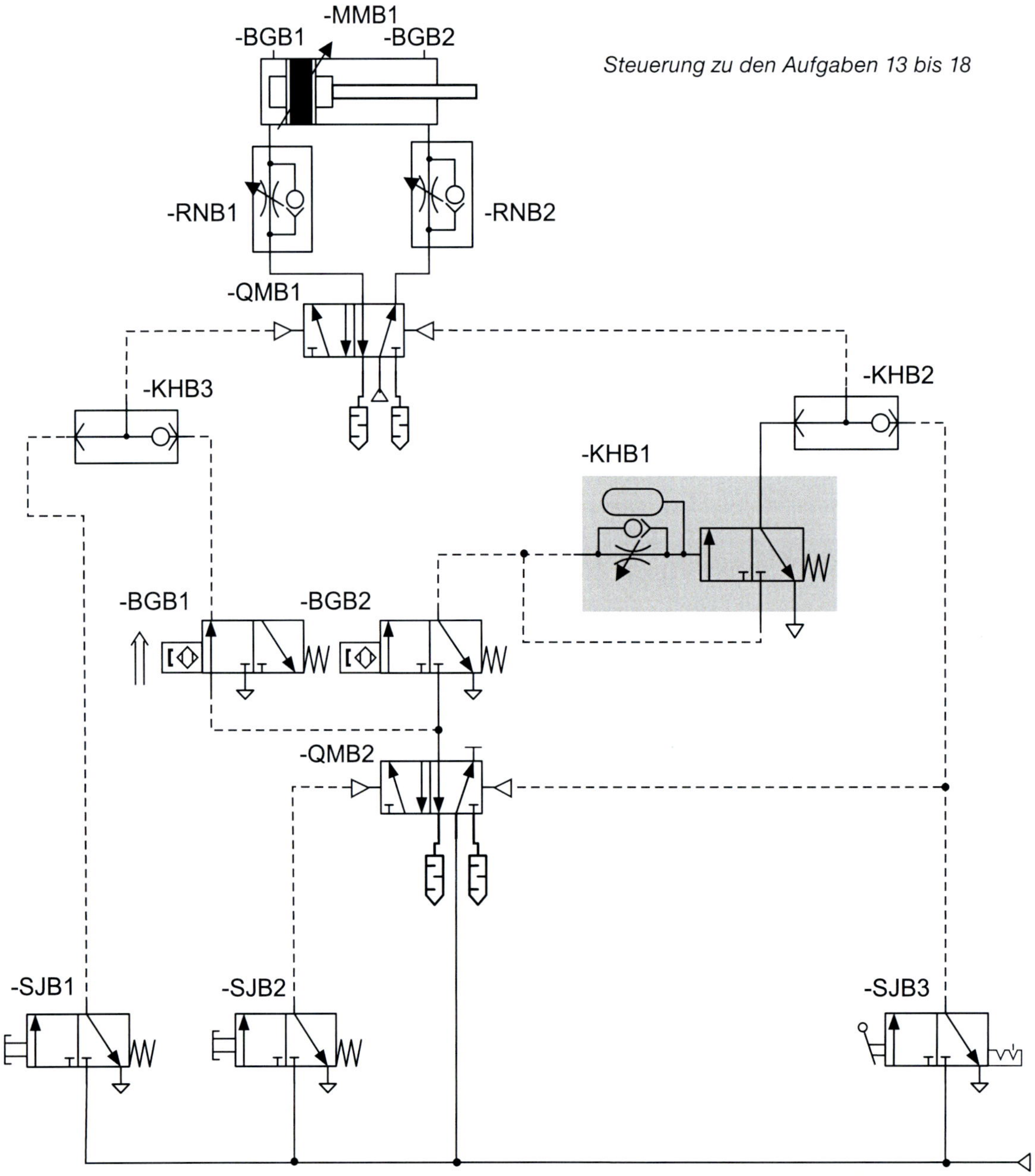

Steuerung zu den Aufgaben 13 bis 18

14

(S. Steuerung S. 176) Das Ventil -QMB2 ist defekt und muss ersetzt werden. Dasselbe Ventil ist nicht auf Lager. Durch welche der aufgeführten Ventile kann das Ventil -QMB2 ersetzt werden?

1. 4/3-Wegeventil beidseitig druckbeaufschlagt
2. Druckzuschaltventil
3. Wechselventil
4. Zweidruckventil
5. 3/2-Wegeventil beidseitig druckbeaufschlagt

15

(S. Steuerung S. 176) Durch welches Bauteil wird der Dauerlaufzyklus dieser Steuerung eingeschaltet?

1. -SJB2
2. -SJB1
3. -BGB1
4. -SJB3
5. -KHB1

16

(S. Steuerung S. 176) Der Zylinder der dargestellten Steuerung hat einen Kolbendurchmesser von 30 mm und einen Kolbenstangendurchmesser von 15 mm. Die Hublänge beträgt 300 mm bei einem Wirkungsgrad von 92 %.

Welche Kraft kann der Zylinder bei einem Betriebsdruck von 4 bar beim Rückhub erreichen?

1. 192 N
2. 205 N
3. 128 N
4. 195 N
5. 432 N

Nebenrechnung Aufgabe 16

17

(S. Steuerung S. 176) Der Pneumatikzylinder -MM1 benötigt für seinen Kolbenweg von 300 mm eine Zeit von 4 Sekunden.

Mit welcher Geschwindigkeit in m/min fährt der Zylinder -MMB1 aus?

1. 4,5 m/min
2. 45 m/min
3. 0,45 m/min
4. 0,08 m/min
5. 2,4 m/min

Nebenrechnung Aufgabe 17

Kolbenkraft

18

(S. Steuerung S. 176) Welches der aufgeführten Ventile realisiert die logische Verknüpfung ODER?

(1) -KHB1

(2) -KHB2

(3) -QMB2

(4) -RNB1

(5) -BGB2

19

Zwischen den Buchsen 1 und 2 der unten dargestellten Steckdose besteht ein besonderer elektrischer Zustand. Welche der getroffenen Aussagen trifft zu?

(1) Zwischen den Buchsen liegt ein elektrischer Widerstand.

(2) Zwischen den Buchsen liegt eine elektrische Leistung.

(3) Zwischen den Buchsen liegt eine elektrische Spannung.

(4) Zwischen den Buchsen liegt ein elektrischer Strom.

(5) Zwischen den Buchsen liegt elektrische Energie.

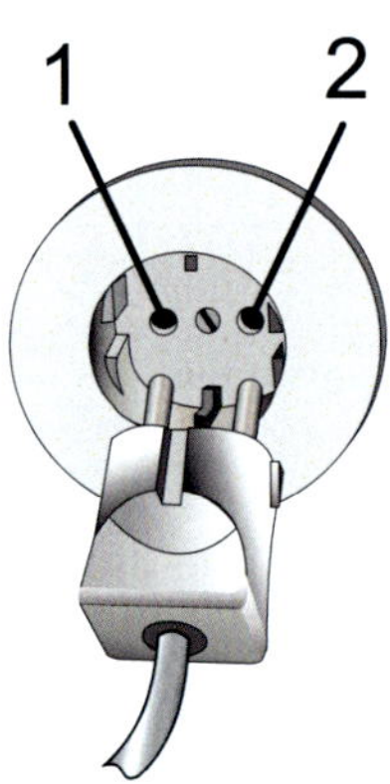

Arbeiten mit 230 Volt dürfen nur von Inhabern einer elektrotechnischen Ausbildung durchgeführt werden.

20

Welche Aufgabe hat eine Endlagendämpfung an einem Pneumatikzylinder?

(1) Sie dient zur Geschwindigkeitsreduzierung.

(2) Sie dient zur Geschwindigkeitserhöhung.

(3) Sie erhöht die Zylinderkraft.

(4) Sie dämpft Abluftgeräusche.

(5) Sie verhindert ein hartes Anschlagen des Zylinders an seiner Endlage.

21

Welche dieser SI-Einheiten bezeichnet den Druck in N/m^2?

(1) Pascal (Pa)

(2) Bar (bar)

(3) Fahrenheit (F)

(4) Fuß (ft)

(5) Pound Sqare Inch (PSI)

22

Bei einem doppeltwirkenden Zylinder ist die Kraft beim Ausfahren anders als beim Einfahren des Zylinders. Welche der nachstehenden Antworten ist richtig?

(1) Die Reibung ist beim Ausfahren kleiner als beim Einfahren.

(2) Der Druck ist beim Ausfahren höher als beim Einfahren.

(3) Beim Ausfahren wirken Zugkräfte auf den Zylinder.

(4) Die Kraft beim Einfahren des Zylinders ist größer als beim Ausfahren.

(5) Die Kraft beim Ausfahren ist durch die größere Kolbenfläche größer.

Bei einem doppeltwirkenden Zylinder ist die Einfahrgeschwindigkeit höher als die Ausfahrgeschwindigkeit.

23

In welcher Zeile sind die Einheit und das Formelzeichen für die elektrische Stromstärke richtig eingetragen?

1. Ohm (Ω) *U*
2. Volt (V) *I*
3. Ampere (A) *R*
4. Ampere (A) *I*
5. Ampere (R) *I*

24

Ein doppeltwirkender Zylinder hat einen Kolbendurchmesser von 32 mm und eine Hublänge von 200 mm. Wie groß ist der Luftverbrauch Q in l/min bei drei Doppelhüben pro Minute?

Der Durchmesser der Kolbenstange wird vernachlässigt. Der Betriebsdruck beträgt 5 bar.

1. Q = 3,25 l/min
2. Q = 5,76 l/min
3. Q = 8,12 l/min
4. Q = 7,25 l/min
5. Q = 1,92 l/min

Nebenrechnung Aufgabe 24

Luftverbrauch eines doppeltwirkenden Zylinders

25

Welches der nebenstehenden Schaltzeichen zeigt ein Schnellentlüftungsventil?

1. Bild 1
2. Bild 2
3. Bild 3
4. Bild 4
5. Bild 5

1 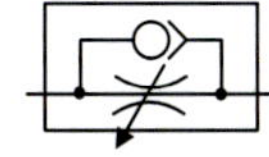

2

3

4 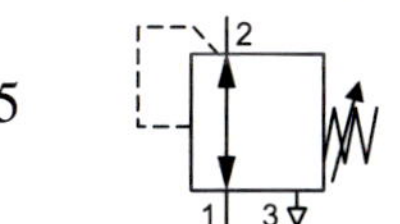

5

Durch Schnellentlüftungsventile kann die Zylindergeschwindigkeit erhöht werden.

26

Welches Schaltzeichen zeigt ein Zeitrelais?

1. -KFA1
2. -KFB1
3. -MBB1
4. -BGB1
5. -PGA1

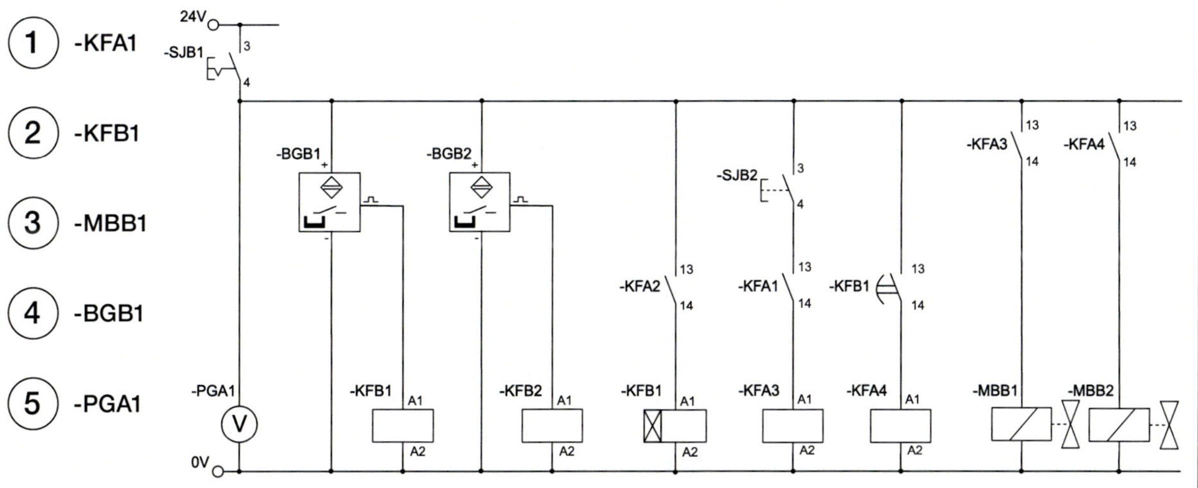

27

Welches Bauteil ist hier dargestellt?

1. Schalldämpfer
2. Druckluftöler
3. Rückschlagventil
4. Druckquelle
5. Druckluftkupplung

28

Welche Aussage über die unten dargestellte Aufbereitungseinheit ist richtig?

1. Die Druckluft strömt zuerst durch Bauteil 3.
2. In Bauteil 3 sammelt sich das Kondenswasser aus der Zuleitung.
3. Mit dem Bauteil 2 kann der Systemdruck eingestellt werden.
4. Mit dem Bauteil 2 kann der Arbeitsdruck am Verbraucher eingestellt werden.
5. Bauteil 1 versetzt die Druckluft mit einem Ölnebel.

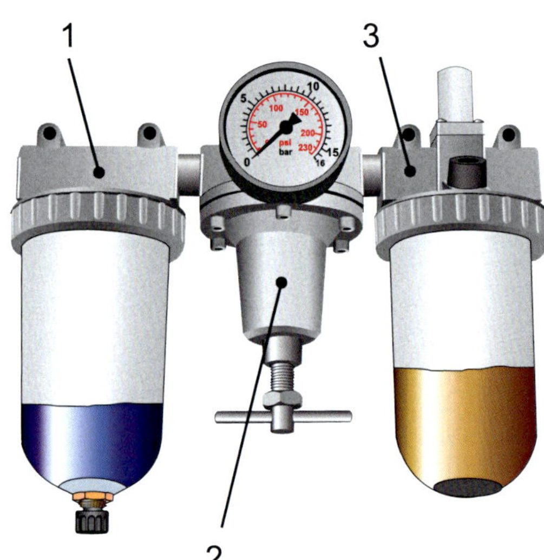

Aufbereitungseinheiten werden auch als Wartungseinheiten bezeichnet.

29

Welches der nebenstehenden Schaltzeichen zeigt ein Impulsventil?

1. Bild 1
2. Bild 2
3. Bild 3
4. Bild 4
5. Bild 5

1
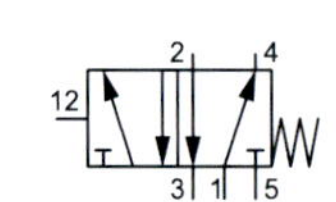

2
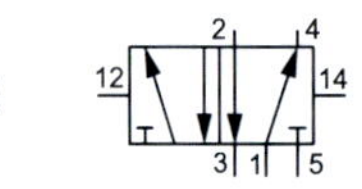

3
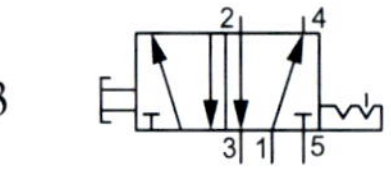

4
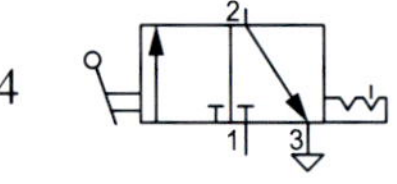

5
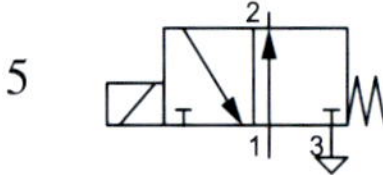

30

Wie wird der rechts dargestellte Plan bezeichnet?

1. Weg-Schritt-Diagramm
2. Funktionsdiagramm
3. Kontaktplan
4. Stromlaufplan
5. Funktionsplan nach GAFCET

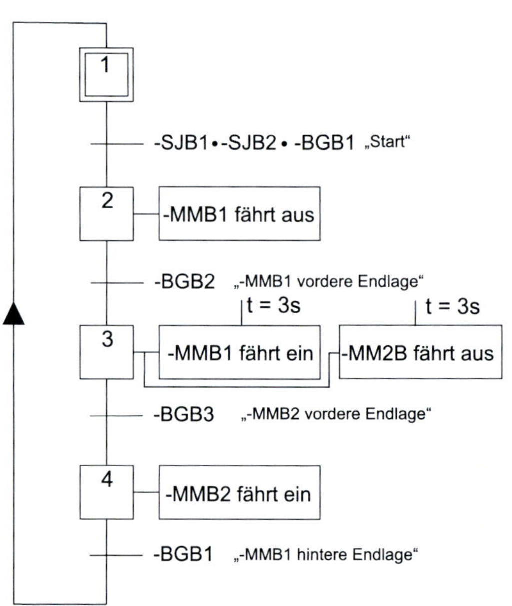

In der Technik existieren verschiedene Arten von Ablaufplänen, z. B. Zustandsdiagramme.

01

Die Anschlüsse an Pneumatikventilen werden durch Zahlen gekennzeichnet. Geben Sie die Bezeichnungen für die in der Tabelle aufgeführten Anschlussbezeichnungen an.

1	
2 / 4	
3 / 5	
12 / 14	

An-schluss-bezeich-nungen von Wege-ventilen

Punkte 10 bis 0

02

Schreiben Sie unter die aufgeführten Schaltzeichen der Pneumatikzylinder deren richtige Benennung.

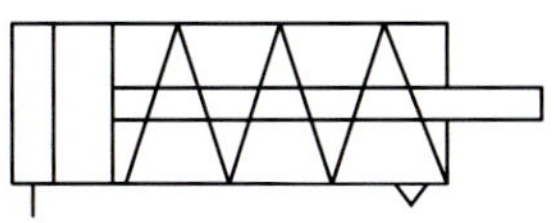
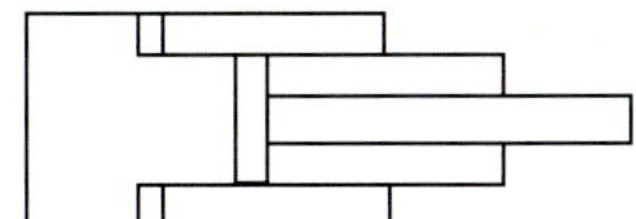
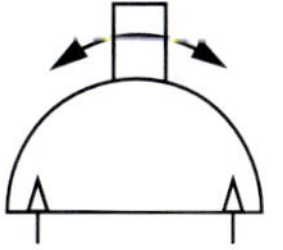

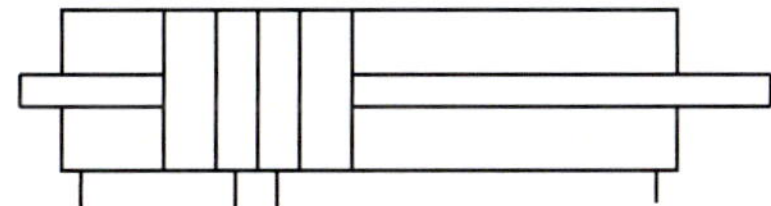
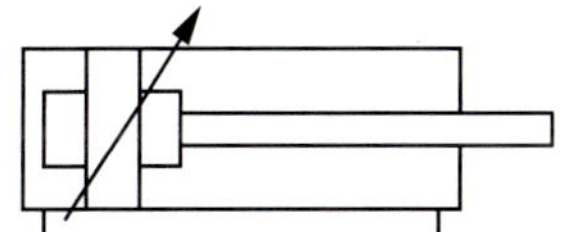

Punkte 10 bis 0

03

Ein doppeltwirkender Pneumatikzylinder mit einem Kolbendurchmesser von 50 mm und einer Hublänge von 500 mm wird mit einem Druck von 4 bar betrieben. Er führt 15 Doppelhübe pro Minute aus. Errechnen Sie den Luftverbrauch des Zylinders in l/min.

Luftver-brauch eines doppelt-wirkenden Zylinders

Punkte 10 bis 0

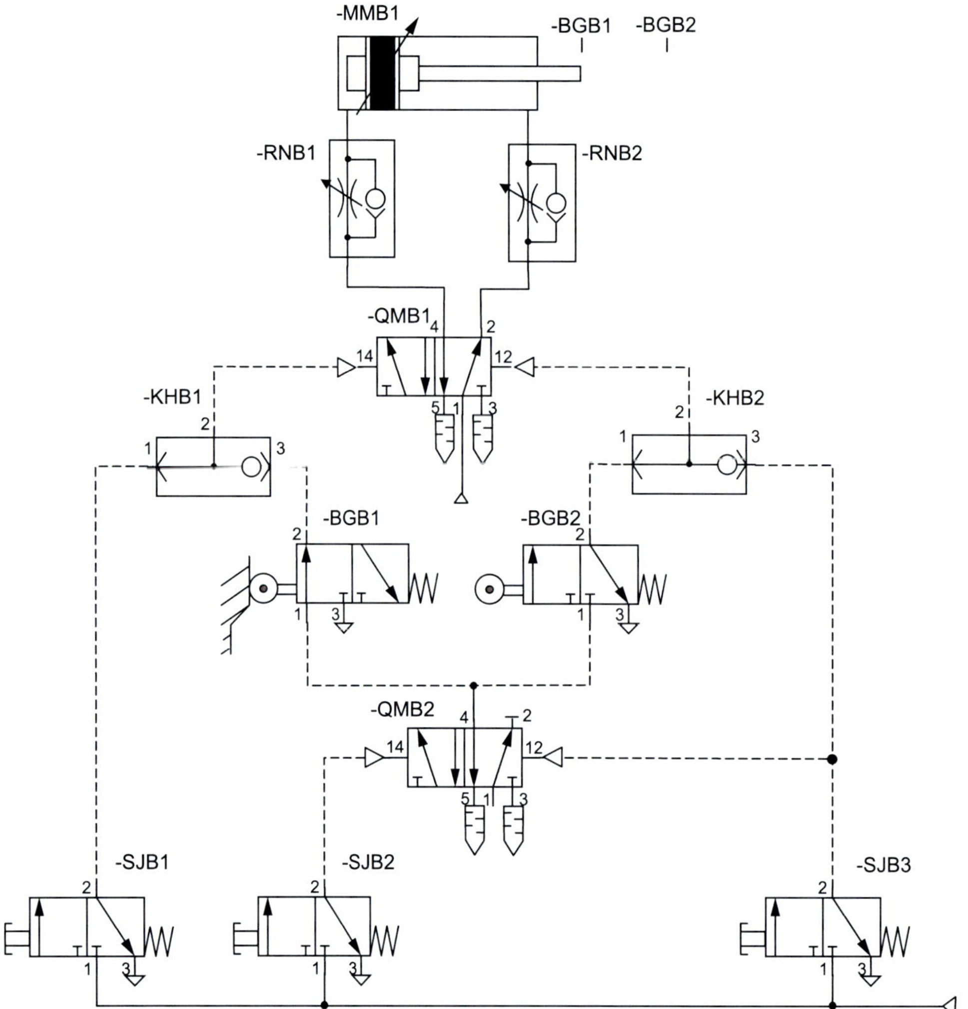

In der Hydraulik werden die Drosselungsarten als Zulaufdrossel und Ablaufdrossel bezeichnet.

04

a) (S. obere Abb.) In welcher Drosselungsart erfolgt die Geschwindigkeitssteuerung des Zylinders -MMB1?

b) Begründen Sie diese Art der Geschwindigkeitssteuerung.

Punkte
10 bis 0

05

(S. obere Abb.) Welche Signale müssen vorhanden sein, um den Automatikzyklus zu beenden?

Punkte
10 bis 0

06

(S. Abbildung vorherige Seite) Der Pneumatikzylinder -MMB1 fährt nach der Betätigung des Start-Tasters im Automatikzyklus aus. Er bleibt in seiner Endstellung stehen und fährt nicht mehr in seine Grundstellung zurück. Über das Signalglied -SJB3 kann der Zylinder in seine Grundstellung zurückgesteuert werden. Was könnte die Ursache für diese Störung sein?

Punkte
10 bis 0

07

a) Erklären Sie das nebenstehende Schaltzeichen vollständig.

b) Welche Aufgabe hat der geschwärzte Backen im Kolben des Pneumatikzylinders?

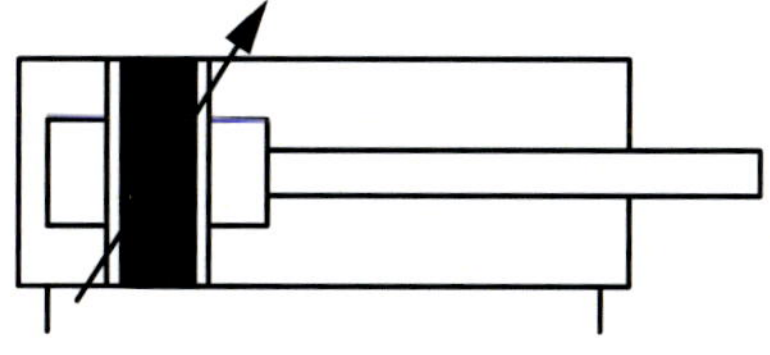

Punkte
10 bis 0

08

Benennen Sie die dargestellten Schaltzeichen vollständig.

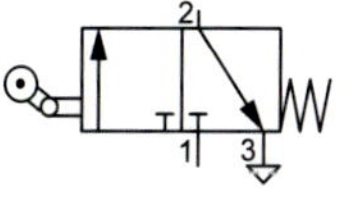

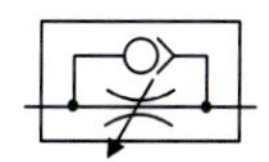

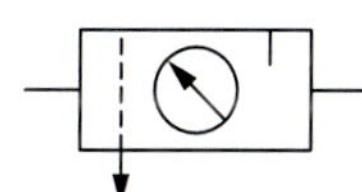

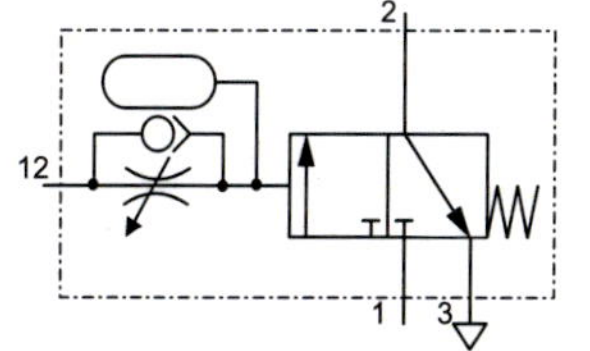

Schalt-
zeichen
nach
DIN ISO
1219-1

Punkte
10 bis 0

09

Kolben-
kraft

Der Prägezylinder soll Werkstücke mit einer Kraft von 510 N stempeln. Der Kolbendurchmesser beträgt 40 mm bei einem Wirkungsgrad von 90 %.

Welcher Druck muss eingestellt werden, um diese Kraft zu erreichen?

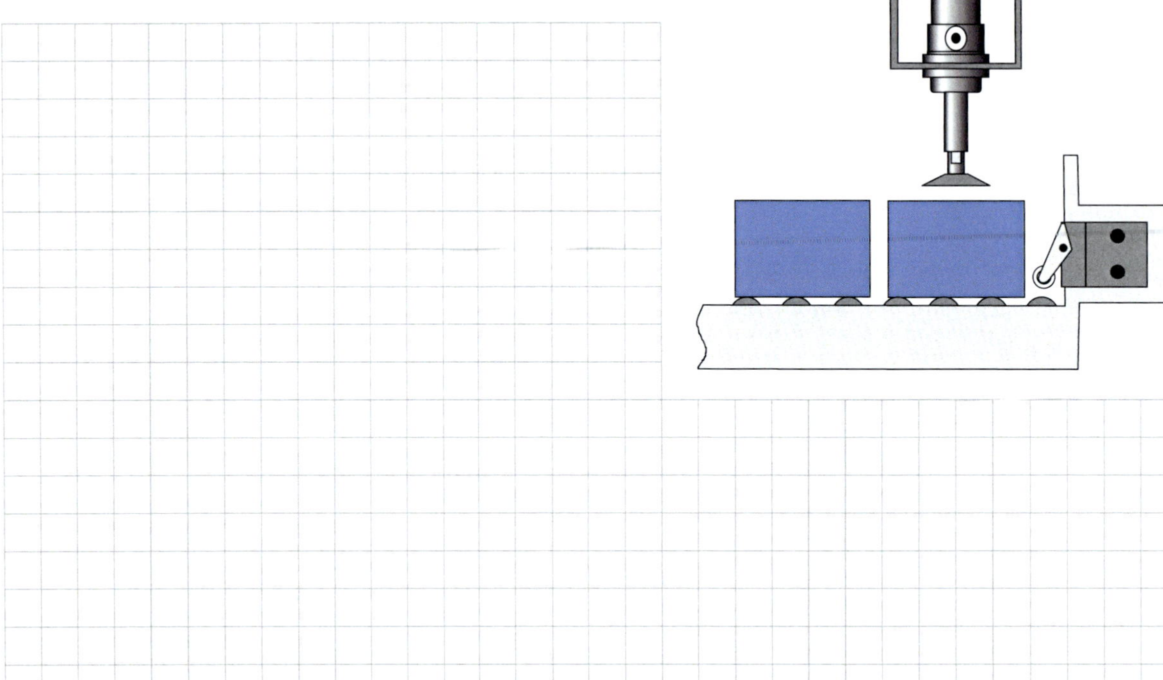

Punkte
10 bis 0

10

Erklären Sie das dargestellte Bildzeichen vollständig.

Punkte
10 bis 0

Firma	Name	Datum	Gesamtergebnis

Single-Choice-Aufgaben

01	1	2	3	4	5	16	1	2	3	4	5
02	1	2	3	4	5	17	1	2	3	4	5
03	1	2	3	4	5	18	1	2	3	4	5
04	1	2	3	4	5	19	1	2	3	4	5
05	1	2	3	4	5	20	1	2	3	4	5
06	1	2	3	4	5	21	1	2	3	4	5
07	1	2	3	4	5	22	1	2	3	4	5
08	1	2	3	4	5	23	1	2	3	4	5
09	1	2	3	4	5	24	1	2	3	4	5
10	1	2	3	4	5	25	1	2	3	4	5
11	1	2	3	4	5	26	1	2	3	4	5
12	1	2	3	4	5	27	1	2	3	4	5
13	1	2	3	4	5	28	1	2	3	4	5
14	1	2	3	4	5	29	1	2	3	4	5
15	1	2	3	4	5	30	1	2	3	4	5

Single-Choice-Aufgaben, Teil 1

Punkte	Divisor		Ergebnis 1
	0,6	=	

Ungebundene Aufgaben, Teil 2

Punkte	Divisor		Ergebnis 2
	2	=	

Gesamtergebnis (Ergebnis 1 + Ergebnis 2)

Gesamtergebnis

Bewertungsschlüssel

Punkte	Note
0 bis 29	ungenügend
30 bis 49	mangelhaft
50 bis 66	ausreichend
67 bis 80	befriedigend
81 bis 91	gut
92 bis 100	sehr gut

Unterschrift Prüfer

Notizen

Hintergrundwissen

Aufgabensatz A

01

Das Druckmedium in der Pneumatik ist ein Gas. Gase sind kompressibel. Das heißt, durch Kompression des Mediums wird Druck erzeugt. Beispiel: Verdoppelt man die Luftmenge in einem Druckbehälter, so steigt der Druck um 1 bar.

02

Die Anschlüsse an Pneumatikventilen werden mit Buchstaben gekennzeichnet. Dabei wird der Druckanschluss mit 1 gekennzeichnet. Die Arbeitsanschlüsse werden mit 2/4/6 gekennzeichnet. Die Entlüftungsanschlüsse kennzeichnet man mit 3 und 5. Die Steueranschlüsse kennzeichnet man mit 10/12/14.

Die Anschlüsse an Hydraulikventilen werden mit Buchstaben gekennzeichnet. Dabei wird der Druckanschluss mit P gekennzeichnet, die Arbeitsanschlüsse mit A und B sowie der Tankanschluss mit T. Die Steueranschlüsse kennzeichnet man mit X/Y/Z.

Die Anschlüsse werden in der Pneumatik mit Zahlen und in der Hydraulik mit Buchstaben gekennzeichnet.

03

Wird vor den Schalter ein Pfeil gesetzt, heißt dieses, dass es sich um einen betätigten Schalter handelt. In unserem Beispiel wird zwar ein Öffner gezeichnet, allerdings dreht der Pfeil die Funktion um. Es muss also ein Schließer angeklemmt werden. Die Funktion des Schließers kann man auch durch die Klemmenbezeichnung erkennen. Die Klemmenbezeichnungen 3 und 4 weisen darauf hin, dass es sich um einen Schließer handelt. Ein Öffner hätte die Klemmenbezeichnungen 1 und 2.

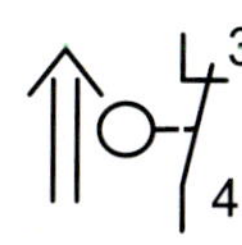

04

Das Bauteil mit der Bezeichnung -MBB.. ist ein Schaltmagnet an einem Wegeventil. Dieses Bauteil mit dieser Bezeichnung findet man im Elektroschaltplan und im Pneumatikschaltplan. Der Schaltmagnet ist das Bindeglied zwischen der Elektrik und der Pneumatik.

Die gebräuchlichsten Spannungen von Schaltmagneten sind 24 V Gleichspannung und auch 230 V Wechselspannung.

05

Ein großer Teil der elektropneumatischen Steuerung wird mit einer Schutzkleinspannung von 24 V Gleichspannung betrieben. Ist die Nennspannung bei Gleichspannungen kleiner als 60 V und bei Wechselspannungen kleiner als 25 V, werden diese als Schutzkleinspannungen bezeichnet. Ein Schutz gegen direkte Berührung ist dabei nicht erforderlich. An einer Schutzkleinspannung darf auch ein elektrotechnischer Laie arbeiten. Es muss allerdings gewährleistet sein, dass es zu keinerlei Berührung mit elektrischen Spannungen kommen kann, die 25 V Wechselspannung oder 60 V Gleichspannung übersteigen.

06

Eine Grafik nach GRAFCET erleichtert auf jeden Fall die Fehlersuche. Ausschlaggebend ist hierfür die Lesbarkeit der Schreibweise für die logischen Verknüpfungen. Hier die Erklärung für die Darstellung der gängigsten logischen Funktionen.

-SJB1 • -BGB1 ⟶ -SJB1 UND -BGB1

-SJB1 + -BGB1 ⟶ -SJB1 ODER -BGB1

$-\text{BGB1} + -\overline{\text{BGB2}}$ ⟶ -BGB1 ODER -BGB2 NICHT

07

Vorgesteuerte Wegeventile werden dort eingesetzt, wo Schaltkräfte reduziert werden müssen oder sollen. Dabei wird das großvolumige Hauptsteuerventil durch ein kleineres Vorsteuerventil angesteuert. Obwohl das Schaltzeichen nur das Hauptsteuerventil zeigt, besteht diese Ventilkombination aus drei Ventilen, also dem Hauptsteuerventil und den beiden Vorsteuerventilen. Somit kann mit einem kleinen Steuersignal ein großes Ventil mit hohen Schaltkräften gesteuert werden. Die Vorsteuerventile werden im Schaltzeichen nur durch ihre Betätigungsart angezeigt. Daher hat dieses Ventil zwei Betätigungsarten,zum einen eine Magnetbetätigung und zum anderen eine Druckbeaufschlagung.

Vorgesteuerte Ventile, ob Wegeoder auch Druckventile, findet man in der Pneumatik und der Hydraulik.

08

Der Unterschied zwischen einem 5/2-Wegeventil und einem 4/2-Wegeventil liegt an den Entlüftungsleitungen. Das 5/2-Wegeventil besitzt 2 Entlüftungsanschlüsse. Bei einem 4/2-Wegeventil sind im Ventil die beiden Entlüfungsleitungen im Ventil zu einer Entlüfungsleitung zusammengefasst. Daher können beide Ventile problemlos gegeneinander ausgetauscht werden.

09

Im Tabellenbuch steht für die Berechnung des ohmschen Gesetzes die Formel:

Ohmsches Gesetz

$$U = R \cdot I$$

Dabei steht für die Spannung (Volt) das Formelzeichen U, für den Widerstand (Ohm) das Formelzeichen R und für die Stromstärke (Ampere) das Formelzeichen I.

Berechnet man die Stromstärke, erhält man das Ergebnis in Ampere. Zur Umrechnung auf Milliampere wird der errechnete Wert durch 1000 geteilt.

10

Im Tabellenbuch steht für diese Berechnung die Formel:

TB

Kolbenkraft

$$F = p_e \cdot A \cdot \eta$$

Bei der Berechnung ist allerdings wichtig, die richtigen Einheiten zu verwenden.

Kraft F = N

Druck p_e = N/cm² 1 bar = 10 N/cm²

Kolbenfläche A in cm²

Wirkungsgrad η = Einheit in %

11

Wegpositionen können durch Näherungsschalter, Endschalter, Initiatoren usw. erfasst werden.

Schütze sind elektrisch betätigte Schalter. Sie können nur Schaltoperationen ausführen.

Wegeventile können Start, Stopp oder die Richtung eines Zylinders steuern, aber nicht eine Wegposition abfragen. Druckmessdosen können Kräfte messen. Sie werden z. B. eingesetzt, um Spannkräfte von Maschinenschraubstöcken zu messen. Ein Potenziometer ist ein verstellbarer Widerstand. Er funktioniert ähnlich wie ein Drosselventil in der Pneumatik.

12

Mit einem Druckregelventil kann der Systemdruck in den benötigten Arbeitsdruck reduziert werden. Daher werden diese Ventile oft auch als Druckreduzierventile oder auch als Druckminderer bezeichnet. Man unterscheidet zwei verschiedene Bauformen, zum einen das 2-Wegedruckregelventil und zum anderen das 3-Wegedruckregelventil. Das 3-Wegedruckregelventil besitzt einen Entlüftungsanschluss. Diese Ventilarten finden auch in der Hydraulik ihre Anwendung.

13

Baugruppen werden in der Pneumatik und Hydraulik mit einer schmalen Strichpunktline eingefasst. Dies soll uns zeigen, dass es sich um ein Bauteil handelt, das aus den einzelnen Komponenten in der Umrandung besteht.

14

Bei dem Ventil -QMB2 ist ein Arbeitsanschluss mit einem Stopfen verschlossen. Dadurch handelt es sich bei der Funktion nicht mehr um ein 5/2-Wegenventil, sondern um ein 3/2-Wegeventil. Daher kann es durch ein 3/2-Wegeventil ersetzt werden.

Ein 4/3-Wegeventil kann bei dieser Steuerung nicht eingesetzt werden, da es sich bei dieser Ventilbauform immer um eine Federrückstellung handelt. Wir benötigen aber für diese Steuerung ein Impulsventil.

Über Wechsel- oder Zweidruckventile können Signale zusammengefasst werden, aber diese Funktionen sind hier nicht gefordert.

Bei Druckzuschalt- oder Druckabschaltventilen handelt es sich um Druckschalter, die bei bestimmten Drücken ein Signal abgeben oder löschen. Da hier keine Druckabfragen gefordert sind, können sie hier auch nicht eingesetzt werden.

15

Durch den Taster -SJB2 wird das Ventil -QMB2 umgeschaltet. Dadurch werden die beiden Näherungsschalter -BGB1 und -BGB2 mit Druck versorgt, welche die Steuerung in den Dauerlaufzyklus bringt. Ausgeschaltet wird dieser Zyklus durch die Betätigung des Ventils -SJB3. Dieses Ventil setzt das Ventil -QMB2 wieder in seine Grundstellung zurück. Dadurch wird die Druckversorgung der beiden Näherungsschalter unterbrochen und der Dauerlaufzyklus beendet.

16

Kolbenkraft

Im Tabellenbuch steht für diese Berechnung die Formel:

$$F = p_e \cdot A \cdot \eta$$

Bei der Berechnung ist allerdings wichtig, die richtigen Einheiten zu verwenden.

Kraft F = N

Druck p_e = N/cm² 1 bar = 10 N/cm²

Kolbenfläche A in cm²

Wirkungsgrad η = Einheit in %

17

Konstante lineare oder geradlinige Bewegung

Im Tabellenbuch steht für diese Berechnung der linearen Geschwindigkeit die Formel:

$$v = \frac{s}{t}$$

Die Einheiten, in denen die Geschwindigkeit üblicherweise angegeben wird, sind m/s, m/min oder km/h. Daher ist es wichtig, die richtigen Einheiten in die Formel einzusetzen. Soll die errechnete Geschwindigkeit m/s sein, so muss die Strecke s in Meter angegeben werden und die Zeit t in Sekunden.

18

Die logische Funktion ODER wird durch ein Wechselventil realisiert.

19

Zwischen den beiden Buchsen der Steckdose liegt eine Spannung, nämlich eine Wechselspannung von 230 V.

Der Widerstand wird durch den Verbraucher, z. B. eine Lampe, realisiert. Der fließende Strom bzw. die Strommenge in Ampere wird durch den Verbraucher bestimmt. Die maximal fließende Strommenge, die durch eine Sicherung begrenzt wird, liegt in der Regel bei 16 Ampere.

20

Durch die Endlagendämpfung wird der Zylinder durch ein Druckpolster abgebremst. Dadurch wird ein hartes Anschlagen an den Endlagen des Zylinders verhindert. In der Pneumatik werden meistens einstellbare Endlagendämpfungen verwendet. Die Stärke der Endlagendämpfung kann über eine Drosselschraube eingestellt werden. Die Endlagendämpfung wird im Schaltzeichen angegeben. Dabei gibt der Pfeil die Einstellbarkeit an.

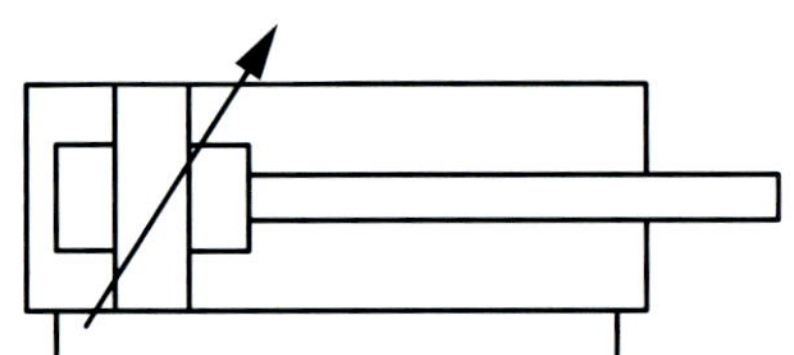

Doppeltwirkender Zylinder double-acting cylinders

21

Die Druckangabe „bar" wird als N/cm² definiert. Die Druckangabe „Pascal" wird als N/m² definiert. „Fahrenheit" ist eine Temperaturangabe, die vorwiegend in den USA zur Anwendung kommt. Fuß ist eine Längeneinheit. Diese Einheit wird vorwiegend in den USA und auch in England verwendet, 1 Fuß = 0,3048 m. „PSI" ist eine Druckangabe, die vorwiegend wieder in den USA Anwendung findet. 1 PSI entspricht 0,068 bar.

22

Beim Ausfahren eines Zylinders ist seine wirksame Kolbenfläche größer als beim Einfahren. Durch die Fläche der Kolbenstange reduziert sich die Kolbenfläche in der Einfahrbewegung. Daher reduziert sich auch die Kraft in der Einfahrbewegung.

23

Hier die Formelzeichen und die Einheiten, die in der Elektrik Verwendung finden.

SI-Einheiten s.i. units

	Einheit	Zeichen	Formelzeichen
Widerstand	Ohm	Ω	R
Spannung	Volt	V	U
Stromstärke	Ampere	A	I

24

Im Tabellenbuch steht für diese Berechnung die Formel:

Luftverbrauch eines doppeltwirkenden Zylinders

$$Q = 2 \cdot A \cdot s \cdot n \cdot \frac{p_e + p_{amb}}{p_{amb}}$$

Bei der Berechnung ist allerdings wichtig, die richtigen Einheiten zu verwenden.

Das Ergebnis Q wird in l/min angegeben (1 l = 1 dm³). Daher ist es sinnvoll, alle Längenmaße auf dm umzurechnen.

Da es sich um einen doppeltwirkenden Zylinder handelt, muss die Fläche A verdoppelt werden.

A = Kolbenfläche – dm²

s = Hublänge – dm

n = Anzahl der Doppelhübe in einer Zeiteinheit

p_e = Systemdruck – bar

p_{amb} = Atmosphärendruck – 1 bar

25

Schnellentlüftungsventile werden sehr oft mit Wechselventilen verwechselt. Sie haben die Aufgabe, Leitungen schnell zu entlüften. Dadurch lässt sich die Zylindergeschwindigkeit erhöhen. Wichtig ist, dass dieses Ventil unmittelbar am Zylinder angebracht werden muss. Jede Leitung zwischen Zylinder und Ventil würde wieder eine Drosselstelle darstellen und den Zylinder wieder ungewollt verlangsamen. Schnellentlüftungsventile entlüften sehr geräuschvoll. Daher wird immer ein Schalldämpfer angebracht.

26

Bei Zeitrelais unterscheidet man zwischen anzugverzögerten und abfallverzögerten Zeitrelais. Bei anzugverzögerten Zeitrelais erfolgt die Schaltfunktion erst nach einer einstellbaren Zeit. Bei abfallverzögerten Zeitrelais erfolgt die Schaltfunktion sofort nach Signaleingang. Allerdings fällt die Schaltfunktion erst nach einer einstellbaren Zeit, nachdem das Signal abgefallen ist. Die Unterscheidung der beiden Zeitrelais erfolgt über das Schaltzeichen (s. Bild rechts).

Anzugverzögertes Zeitrelais

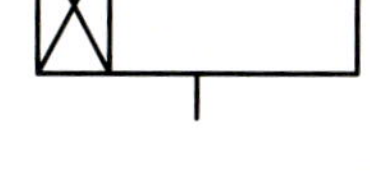

Schaltkontakt

Abfallverzögertes Zeitrelais

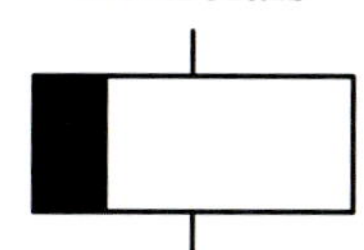

Schaltkontakt

Zeitrelais
time relay

Relais
relay

27

Der Schalldämpfer hat die Aufgabe, die Abluftgeräusche an den Entlüftungsleitungen zu reduzieren. Pneumatik ist eine sehr laute Energieform. Daher werden die meisten Wegeventile mit Schalldämpfern ausgestattet.

28

Die Aufbereitungseinheit oder auch Wartungseinheit besteht aus zwei oder drei Komponenten.

Die erste Komponente ist der Filter und Wasserabscheider. Er soll Kondenswasser und Schmutz, die sich in der Leitung gebildet haben, entfernen. Die zweite Komponente ist der Druckregler oder auch Druckminderer. Hier kann der Arbeitsdruck eingestellt werden. Die dritte Komponente ist der Druckluftöler. Er versetzt die Druckluft mit Öl und schmiert damit die Bauteile und Arbeitselemente. Sind aber ölfreie Komponenten in der Steuerung verbaut, wird auf den Druckluftöler verzichtet.

29

Impulsventile sind Wegeventile ohne Federrückstellung. Impulsventile benötigen zum Schalten nur einen kurzen Schaltimpuls. Der Impuls muss nur so lange sein, wie das Ventil zum Umschalten benötigt. Dabei ist es unerheblich, ob das Ventil druckbeaufschlagt oder magnetbetätigt wird.

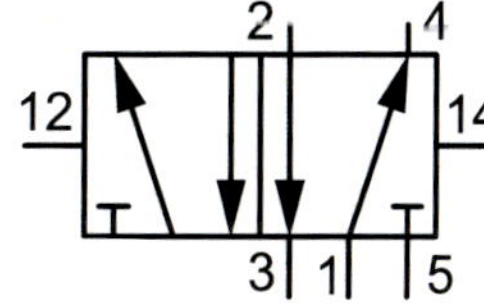

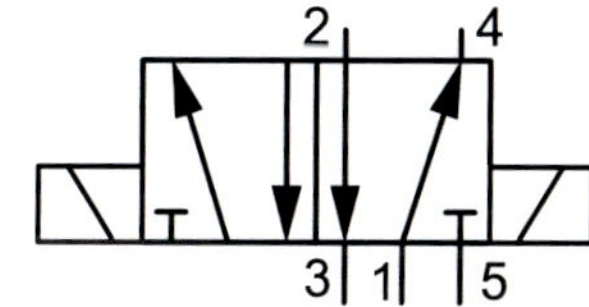

30

Seit 1992 ist GRAFCET in Deutschland zu finden. 2002 wurde es als verbindliche europäische Norm festgelegt und ersetzt seither alle nationalen Normen.

Die Abläufe werden in Schritte und Transaktionen (Weiterschaltungsbedingungen) unterteilt.

Im Schriftfeld findet man die alphanumerische Kennzeichnung. Kommentare können beliebig hinzugefügt werden. Rechts von der Transaktion steht die Weiterschaltungsbedingung. Sie darf durch einen Transaktionsnamen auf der linken Seite der Transaktion ergänzt werden. Er muss in Klammern stehen.

Aufgabensatz B

01

Anschlussbezeichnungen werden in der Pneumatik als Zahlen ausgeführt. In der Hydraulik werden hierzu Buchstaben verwendet.

Anschlussbezeichnung	Zahlen	Buchstaben
Arbeitsleitung	2/4/6	A/B
Druckanschluss	1	P
Entlüftung/Tankanschluss	3/5	R/S/T
Leckölanschluss	---	L
Steueranschlüsse	10/12/14	X/Y/Z

02

Einfachwirkende Zylinder können nur Arbeit in einer Richtung verrichten. Die Rückstellung erfolgt über Feder oder äußere Kraft.

Teleskopzylinder haben eine große Hublänge bei kleinen Baumassen. Teleskopzylinder werden als einfachwirkend und doppeltwirkend ausgeführt.

Schwenkzylinder oder auch Schwenkmotoren formen pneumatische Energie in eine mechanische Schwenkbewegung um.

Mehrstellungszylinder werden vorwiegend für Positionieraufgaben verwendet. Sie bestehen aus zwei mechanisch miteinander verbundenen doppeltwirkenden Zylindern.

Doppeltwirkender Zylinder werden sehr oft mit einstellbarer Endlagendämpfung ausgeführt. Die Endlagendämpfung verhindert ein hartes Anschlagen des Zylinders an seinen Endlagen.

03

Luftverbrauch eines doppeltwirkenden Zylinders

Im Tabellenbuch steht für diese Berechnung die Formel:

$$Q = 2 \cdot A \cdot s \cdot n \cdot \frac{p_e + p_{amb}}{p_{amb}}$$

Bei der Berechnung ist allerdings wichtig, die richtigen Einheiten zu verwenden.

Das Ergebnis Q wird in l/min angegeben (1 l = 1 dm^3). Daher ist es sinnvoll, alle Längenmaße auf dm umzurechnen.

Da es sich um einen doppeltwirkenden Zylinder handelt, muss die Fläche A verdoppelt werden.

A = Kolbenfläche – dm^2

s = Hublänge – dm

n = Anzahl der Doppelhübe in einer Zeiteinheit

p_e = Systemdruck – bar

p_{amb} = Atmosphärendruck – 1 bar

04

Die gebräuchlichste Geschwindigkeitssteuerung ist sowohl in der Pneumatik als auch in der Hydraulik die Abluftdrosselung oder in der Hydraulik die Ablaufdrosselung.

Hier wird der Kolben des Zylinders zwischen zwei Druckpolstern eingeklemmt. Dadurch wird der sogenannte „Stick-Slip-Effekt“ vermieden.

07

Doppeltwirkende Zylinder werden, wie auf unserem Schaltzeichen, sehr oft mit einstellbarer Endlagendämpfung ausgeführt. Die Endlagendämpfung verhindert ein hartes Anschlagen des Zylinders an seinen Endlagen. Der geschwärzte Balken im Kolben des Schaltzeichens symbolisiert einen Permanentmagneten. Durch dieses Magnetfeld können Näherungsschalter oder Reedkontakte geschaltet werden.

09

Im Tabellenbuch steht für diese Berechnung die Formel:

TB Kolbenkraft

$$F = p_e \cdot A \cdot \eta$$

Bei der Berechnung ist allerdings wichtig, die richtigen Einheiten zu verwenden.

Kraft F = N

Druck p_e = N/cm² 1 bar = 10 N/cm²

Kolbenfläche A in cm²

Wirkungsgrad η = Einheit in %

10

Ventile, wie Wegeventile und auch Druckventile, werden sehr oft vorgesteuert. Die Vorsteuerung bewirkt eine Reduzierung der Schaltkräfte. Bei der Vorsteuerung wird ein großvolumiges Ventil (Hauptsteuerventil) über ein kleines Steuerventil [Vorsteuerventil] angesteuert. Dieses Verfahren wird sowohl in der Pneumatik als auch in der Hydraulik angewandt. Im Schaltzeichen erscheint nur das Hauptsteuerventil. Die Vorsteuerventile werden nur in der Betätigungsart gekennzeichnet. Somit erhält z. B. ein Wegeventil zwei Betätigungsarten. Zum einen, wie in unserem Beispiel, eine Magnetbetätigung und zum anderen eine Druckbeaufschlagung. Im unten dargestellten Bild sehen Sie den internen Aufbau eines vorgesteuerten Wegeventils sowie das Schaltzeichen nach DIN ISO 1219.

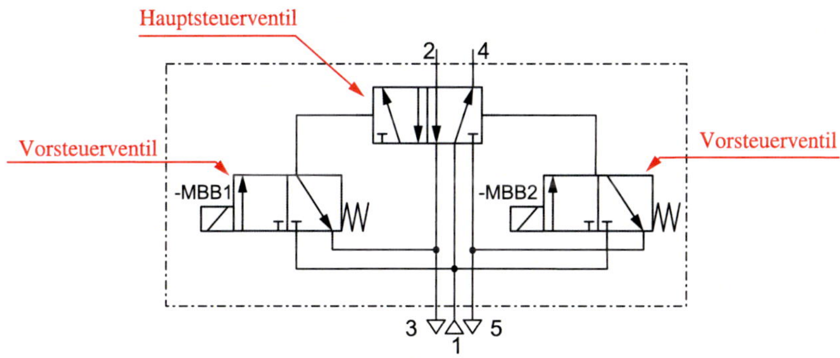

Ausführliches Schaltzeichen

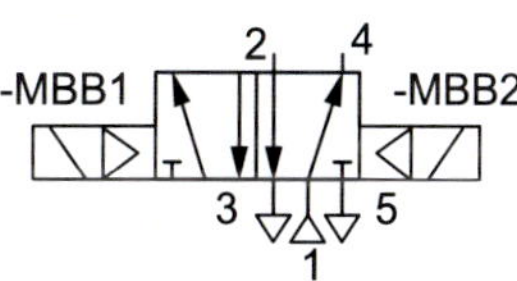

Schaltzeichen nach DIN ISO 1219

Notizen

Firma	Name	Datum	Gesamtergebnis

Single-Choice-Aufgaben

Nr.						Nr.					
01	**1**	2	3	4	5	16	1	2	3	**4**	5
02	1	2	**3**	4	5	17	**1**	2	3	4	5
03	1	2	**3**	4	5	18	1	**2**	3	4	5
04	1	2	3	**4**	5	19	1	2	**3**	4	5
05	1	2	**3**	4	5	20	1	2	3	4	**5**
06	1	2	3	**4**	5	21	**1**	2	3	4	5
07	1	2	3	4	**5**	22	1	2	3	4	**5**
08	**1**	2	3	4	5	23	1	2	3	**4**	5
09	1	2	**3**	4	5	24	1	**2**	3	4	5
10	1	**2**	3	4	5	25	1	2	3	**4**	5
11	1	**2**	3	4	5	26	1	**2**	3	4	5
12	1	2	3	4	**5**	27	**1**	2	3	4	5
13	1	2	3	**4**	5	28	1	2	3	**4**	5
14	1	2	3	4	**5**	29	1	**2**	3	4	5
15	**1**	2	3	4	5	30	1	2	3	4	**5**

Single-Choice-Aufgaben, Teil 1

Punkte	Divisor		Ergebnis 1
	0,6	=	

Ungebundene Aufgaben, Teil 2

Punkte	Divisor		Ergebnis 2
	2	=	

Gesamtergebnis (Ergebnis 1 + Ergebnis 2)

Gesamtergebnis

Bewertungsschlüssel

Punkte	Note
0 bis 29	ungenügend
30 bis 49	mangelhaft
50 bis 66	ausreichend
67 bis 80	befriedigend
81 bis 91	gut
92 bis 100	sehr gut

Unterschrift Prüfer

Notizen

Aufgabensatz B

01

1	Druckanschluss
2 / 4	Arbeitsanschluss
3 / 5	Entlüftungsanschluss
12 / 14	Steueranschluss

02

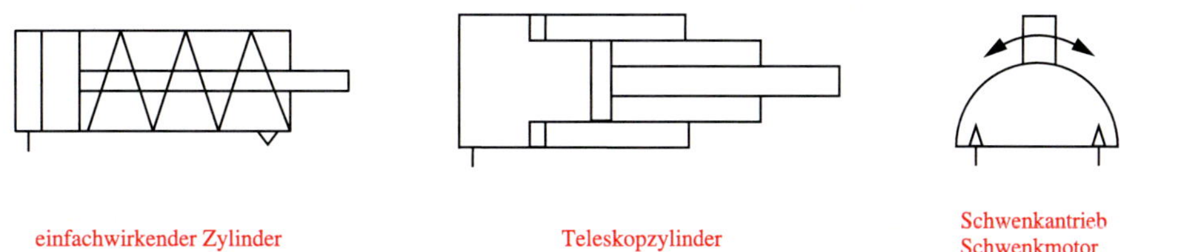

einfachwirkender Zylinder — Teleskopzylinder — Schwenkantrieb Schwenkmotor

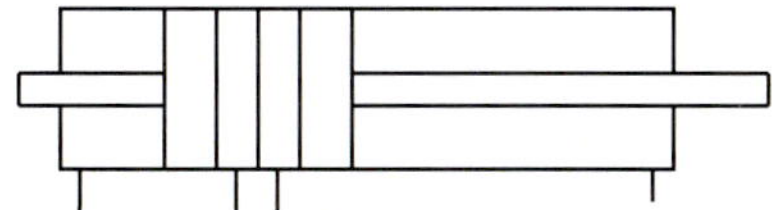

Mehrstellungszylinder

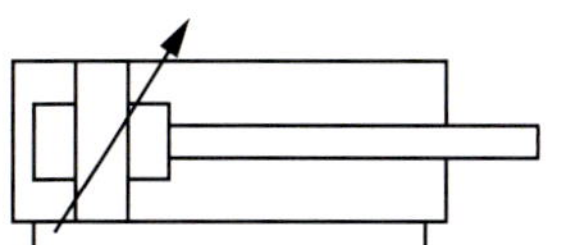

doppeltwirkender Zylinder mit einstellbarer Endlagendämpfung

03

$$Q = 2 \cdot A \cdot s \cdot n \cdot \frac{p_e + p_{amb}}{p_{amb}}$$

$$A = \frac{d^2 \cdot \pi}{4} = \frac{(0{,}5\ \text{dm})^2 \cdot \pi}{4} = 0{,}20\ \text{dm}^2$$

$$Q = 2 \cdot 0{,}20\ \text{dm}^2 \cdot 5\ \text{dm} \cdot 15\ \text{min}^{-1} \cdot \frac{4\ \text{bar} + 1\ \text{bar}}{1\ \text{bar}}$$

$$Q = 150\ \text{dm}^3/\text{min} = 150\ \text{l/min}$$

04

a) Abluftdrosselung

b) Durch die gedrosselte Abluft baut sich zwischen den beiden Kolbenflächen ein Druckpolster auf, das den Kolben praktisch einspannt. Dadurch wird ein „Stick-Slip-Effekt“ vermieden.

05

Durch das Signalglied -SJB3 wird der Automatikzyklus beendet und zugleich der Pneumatikzylinder -MMB1 in seine Grundstellung zurückgesteuert.

06

Der Rollenstößel -BGB2 ist falsch justiert.

07

a) Doppeltwirkender Pneumatikzylinder

Beidseitig einstellbare Endlagendämpfung

Kolben mit Permanentmagnet

b) Durch den Permanetmagneten können Näherungsschalter (als Pneumatikventil oder elektrischer Schalter) geschaltet werden.

08

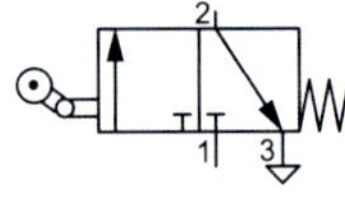

3/2-Wegeventil, Sperr-Null-Stellung (Sperr-Grund-Stellung) Rollenhebel mit Federrückstellung.

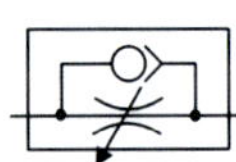

Drosselrückschlagventil

Manometer (Druckmessgerät)

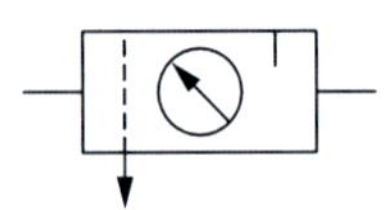

Aufbereitungseinheit (Wartungseinheit)

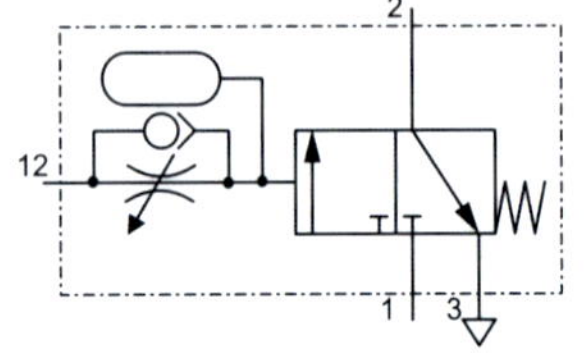

Zeitverzögerungsventil (Zeitglied) mit Sperr-Null-Stellung (Sperr-Grund-Stellung)

09

$$F = p \cdot A \cdot \eta \qquad p = \frac{F}{A \cdot \eta}$$

$$A = \frac{d^2 \cdot \pi}{4} = \frac{(4\ \text{cm})^2 \cdot \pi}{4} = 12{,}57\ \text{cm}^2$$

$$p = \frac{510\ \text{N}}{12{,}57\ \text{cm}^2 \cdot 0{,}9} = 45{,}1\ \text{N/cm}^2 = 4{,}51\ \text{bar}$$

10

- 5/2-Wegeventil
- Beidseitig magnetbetätigt
- Vorgesteuert
- (Impulsventi)